MW01181250

Reinhard Mehring

Martin Heidegger und die
»Konservative Revolution«

VERLAG KARL ALBER

Reinhard Mehring

Martin Heidegger und die »Konservative Revolution«

Verlag Karl Alber Freiburg/München

Reinhard Mehring

Martin Heidegger and the
»Conservative Revolutionary Movement«

Rightwing intellectualism of the interwar period (1918–1938) is
usually approached from the perspective of the so-called »conservative revolutionary movement.« Martin Heidegger's notion of »an-
other beginning« that would spark from a »retrograde step« toward
»the first beginning« of philosophy arguably makes him a main proponent of the movement. Nevertheless, his involvement with the
movement is often ignored. Mehring's book wants to fill this gap
and discusses Heidegger in light of the movement as a conservative
revolutionary, a Nietzschean and even a utopian advocate of the
»Übermensch.« Mehring compares Heidegger with Ernst Jünger and
Carl Schmitt and he discusses Manfred Riedel's and Friedrich Kittler's
prolific adoptions of some of Heidegger's tenets. Thomas Mann, who
was a main proponent of a classically liberal version of the conserva-
tism, is introduced as a positive alternative to Heidegger.

The Author:

Reinhard Mehring, Habilitation in Philosophy in 2000 at the Humboldt University of Berlin. Since 2007 Professor of Political Sciences
at the Heidelberg University of Education. Mehring has published
several monographs i. a. on Carl Schmitt, Martin Heidegger and Thomas Mann. Most recent publication: *Heideggers ›große Politik‹. Die
semantische Revolution der Gesamtausgabe*, Tübingen 2016; *Carl
Schmitt: Denker im Widerspruch. Werk – Wirkung – Aktualität*,
Freiburg/Munich 2017.

Reinhard Mehring

Martin Heidegger und die
»Konservative Revolution«

Der Rechtsintellektualismus der Zwischenkriegszeit (1918–1938)
wird oft unter dem Stichwort der »konservativen Revolution« diskutiert. Martin Heidegger wird selten dazu gezählt, war mit seiner
Traditionskritik und seiner Denkfigur vom »anderen Anfang« im
»Schritt zurück« aber ein Hauptvertreter dieser Bewegung. Das vor-
liegende Buch betrachtet Heidegger innerhalb dieser Bewegung primär als Revolutionär, Nietzscheaner und Utopiker des Übermenschen. Es vergleicht ihn mit Ernst Jünger und Carl Schmitt, erörtert
produktive Aneignungen bei Manfred Riedel und Friedrich Kittler
und spielt Thomas Mann als positive Alternative und Hauptvertreter
einer liberalen Variante konservativer Revolution gegen Heidegger
aus.

Der Autor:

Reinhard Mehring, 2000 Habilitation HU-Berlin (Philosophie), seit
2007 Professor für Politikwissenschaft an der PH-Heidelberg; zahl-
reiche Monographien u. a. über Carl Schmitt, Martin Heidegger und
Thomas Mann. Zuletzt: *Heideggers ›große Politik‹. Die semantische
Revolution der Gesamtausgabe*, Tübingen 2016; *Carl Schmitt:
Denker im Widerspruch. Werk – Wirkung – Aktualität*, Freiburg/
München 2017.

Originalausgabe

© VERLAG KARL ALBER
in der Verlag Herder GmbH, Freiburg / München 2018
Alle Rechte vorbehalten
www.verlag-alber.de

Umschlagmotiv: Graf Zeppelin Takeoff, 1938, © Archivist – stock adobe

Satz: SatzWeise GmbH, Trier
Herstellung: CPI books GmbH, Leck

Printed in Germany

ISBN 978-3-495-48979-6

Inhalt

Teil III
Humanistische Wendung

Vorwort

Von Freias Frucht
genosset ihr heute noch nicht:
die goldnen Äpfel
in ihrem Garten
sie machten euch tüchtig und jung,
aßt ihr sie jeden Tag.
Des Gartens Pflegerin
ist nun verpfändet;
an den Ästen darbt
und dorrt das Obst:
bald fällt faul es herab. −[1]

Der umstrittene Sammelbegriff der »Konservativen Revolution« bezeichnet in enger Auffassung eine publizistische Bewegung der Zwischenkriegszeit nach 1918 zwischen liberaler Demokratie und nationalsozialistischer Diktatur, die das Präsidialsystem der Weimarer Endzeit in einen »autoritären Staat« umbauen wollte und oft auch mit dem Nationalsozialismus verfassungspolitische Hoffnungen und Ziele verband. In weiterer Auslegung meint er einen kulturpolitischen Traditionsbezug. Die »Neue Rechte« unserer Tagung vereinnahmt das Label gerne für ihren anti-liberalen und anti-universalistischen Neo-Nationalismus und will sich damit begriffspolitisch auch vom Nationalsozialismus distanzieren.

Heidegger wird der Konservativen Revolution selten zugerechnet, weil er sich vor 1933 nicht offen in den nationalistischen Kreisen und Organen engagierte. Die Universitätsphilosophie versteht sich gerne als »unpolitisch« und betont ihre eigenlogische Selbständigkeit und Autonomie. Politische Kontextualisierungen gelten ihr nicht als

---

[1] Loge, in: Richard Wagner, Das Rheingold, in: ders., Gesammelte Schriften und Dichtungen, hrsg. Wolfgang Golther, Berlin o. J., Bd. V, 232

philosophisches Argument. Heidegger-Orthodoxie trennt deshalb die
»Seinsgeschichte« gerne von der Realgeschichte ab. Heideggers »politische Ontologie«[2] ist aber nur im historisch-politischen Kontext
einigermaßen verständlich.

Mit dem Erscheinen der sog. *Schwarzen Hefte* ging das alte
Geschäft der politischen Heidegger-Kontroverse 2014 in eine neue
Runde. Die Zuspitzung auf eine Antisemitismus-Debatte[3] war verwunderlich, fanden sich hier buchstäblich doch nur wenige deutliche
Äußerungen. Heidegger war ein sehr durchschnittlicher Vertreter des
antiliberalen und antidemokratischen Nationalismus der Zwischenkriegszeit und vertrat allenfalls in der Universitätspolitik profilierte
Positionen und Ambitionen. Seit den Debatten der 1980er Jahre um
die Rektoratsrede und den nachträglichem Rektoratsbericht[4] erschienen mir deshalb editorische Fragen und eine genaue Form- und Sinn-
analyse der Gesamtausgabe vordringlicher.[5] Dabei zielte ich über die
Heidegger-Forschung hinaus auf eine Kontroversdiskussion des universitären Typus des akademischen Sinnstifters und Verführers:
Heidegger repräsentiert einen Irrweg der deutschen Geisteswissenschaften.

Meine Auffassung wurde in der Kontroverse gehört und ich
wurde verschiedentlich eingeladen, meine Position zu vertreten.
Einige der hier abgedruckten – stark überarbeiteten – Beiträge entstanden zu solchen Gelegenheiten. Die folgende Sammlung stellt

[2] Pierre Bourdieu, Die politische Ontologie Martin Heideggers, Frankfurt 1976
[3] Ausgelöst von Peter Trawny, Heidegger und der Mythos der jüdischen Weltver-
schwörung, Frankfurt 2014; gründlicher dann: Donatella Di Cesare, Heidegger, die
Juden, die Shoah, Frankfurt 2016; Replik von Friedrich-Wilhelm v. Herrmann / Francesco Alfieri, Martin Heidegger. Die Wahrheit über die *Schwarzen Hefte*, Berlin 2017;
dazu auch meine Rezensionen in: Literaturanzeiger 67 (2014), 130–141 und 69
(2016), 137–146 und 70 (2017), 216–221; weitere Beiträge zur Debatte u. a. Silvio
Vietta, ›Etwas rast um den Erdball ...‹ Martin Heideggers ambivalente Existenz und
Globalisierungskritik, Paderborn 2015; Marion Heinz / Sidonie Kellerer (Hg.), Martin Heideggers ›Schwarze Hefte‹. Eine philosophisch-politische Debatte, Berlin 2016;
Walter Homolka / Arnulf Heidegger (Hrsg.), Heidegger und der Antisemitismus. Positionen im Widerstreit, Freiburg 2016; Hans-Helmuth Gander / Magnus Striet
(Hg.), Heideggers Weg in die Moderne. Eine Verortung der ›Schwarzen Hefte‹, Frankfurt 2017
[4] Martin Heidegger, Die Selbstbehauptung der deutschen Universität. Das Rektorat
1933/34. Tatsachen und Gedachten, hrsg. Hermann Heidegger, Frankfurt 1983
[5] Dazu schon Verf., Heideggers Überlieferungsgeschick. Eine dionysische Selbstinszenierung, Würzburg 1992; zuletzt: Heideggers »große Politik«. Die semantische
Revolution der Gesamtausgabe, Tübingen 2016

Heideggers Politik aber in den Kontext der Konservativen Revolution und zielt auf eine breitere Debatte dieser Intellektuellenpolitik. Das umstrittene Label markierte nach 1918 einen Bruch mit einem traditionalen und dynastischen Konservativismus. Es erscheint mir nicht gänzlich irrig; ich unterscheide innerhalb des Autorenspektrums, und nur seiner avancierten Vertreter, aber zwischen einer engen und weiten Auslegung, einem »konservativen« und einem »revolutionären« Flügel, fasse Konservatismus weit, rechne Thomas Mann und Hugo v. Hofmannsthal als zentrale Vertreter hinzu und exkludiere Heidegger im Verlauf der Studien als revolutionären Utopiker des »Übermenschen« aus dem Kanon. Die folgende Sammlung zielt über die Heidegger-Kritik hinaus auf eine Revision des neueren Konservatismus. Die gewichtigsten Vertreter der »Konservativen Revolution«, Thomas Mann und Carl Schmitt, möchte ich nicht der Vereinnahmung durch die sog. »Neue Rechte« überlassen, die ich strikt ablehne. Ich vergleiche Heideggers Ansatz deshalb u. a. mit Carl Schmitt und Ernst Jünger und verdeutliche seine Konstruktion des »Übermenschen«, seine Adressatenumstellung von der Mitwelt auf die Nachwelt, in der Linie eines publikationspolitischen Wandels nach Goethe. Schließlich erörtere ich, wie 2016 nur angedeutet,[6] mit Manfred Riedel und Friedrich Kittler zwei produktive Weiterführungen und Aneignungen, thematisiere mit Thomas Mann den gewichtigsten Vertreter einer neuhumanistischen politischen Philosophie, die – anders als Heidegger – wahrhaft den Anspruch auf »Konservative Revolution« machen kann, und ende mit grundsätzlichen Bemerkungen zum Konservatismus. Das Buch verteidigt das neuhumanistische Erbe der Weimarer Klassik – von Goethe und Nietzsche zu Thomas Mann[7] – gegen das nationalistische Pathos der Hölderlin-Linie Heideggers und wendet sich so gegen eine zeitgebundene generationelle Sicht, die Carl Schmitt am 18. Mai 1948 in seinem *Glossarium* prägnant so formulierte:

»›Jugend ohne Goethe‹ (Max Kommerell), das war für uns seit 1910 in concreto Jugend mit Hölderlin, d. h. der Übergang vom optimistisch-irenisch-neutralisierenden Genialismus zum pessimistisch-aktiven-tragischen Genialismus. Er blieb aber im genialistischen Rahmen, ja, vertiefte ihn noch

---

[6] Heideggers ›große Politik‹, 2016, 312 ff.
[7] Dazu vgl. Dieter Borchmeyer, Richard Wagner. Ahasvers Wandlungen, Frankfurt 2002; Was ist deutsch? Die Suche einer Nation nach sich selbst, Berlin 2017

in unendliche Tiefen. Norbert von Hellingrath ist wichtiger als Stefan George und Rilke.«[8]

Nietzsche hatte den »armen Hölderlin« (KSA I, 148) schon in seiner ersten *Unzeitgemässen Betrachtung* gegen den Typus des »Bildungsphilisters« ausgespielt. Auch Dilthey, Cassirer und Jaspers hatten sich zwar schon früh interessiert auf Hölderlin bezogen.[9] Für Heidegger ist aber die scharfe geschichtsphilosophische Disjunktion kennzeichnend. Goethe und Hölderlin repräsentierten ihm zwei Epochen. Heidegger hätte auch zeitlebens zugestimmt, wo Schmitt sich mit Kommerell nach 1945 von der Hölderlin-Linie distanzierte. Kommerell[10] optierte mit seiner Broschüre 1931, nach seinem Bruch mit George, für Goethe, und auch Schmitt suchte nach 1945, anders als Heidegger, die positive Identifikation mit einem »anderen Goethe«.[11] Ich ziehe Goethes irenische Sicht der esoterischen Vertiefung des »Genialismus« vor, die Heidegger als »Seinserfahrung« und »Ereignisdenken« für sich reklamierte, und ich betrachte Thomas Mann, anders als Heidegger, als einen integren und authentischen Vertreter eines Konservatismus, der das »Problem der Humanität«[12] für seine Zeit konstruktiv bedachte.

Im Rahmen der Debatte konnte ich in den letzten Jahren mit vielen Akteuren sprechen und habe für manche Innenansichten der Heidegger-Kontroverse zu danken. Alle Texte wurden für die geschlossene Lesbarkeit überarbeitet, gekürzt oder teils stark erweitert.

---

[8] Carl Schmitt, Glossarium. Aufzeichnungen aus den Jahren 1947 bis 1958, hrsg. Gerd Giesler / Martin Tielke, Berlin 2015, 115
[9] Wilhelm Dilthey, Friedrich Hölderlin, in: ders., Das Erlebnis und die Dichtung, 5. Aufl. Berlin 1916, 349–459; Ernst Cassirer, Hölderlin und der deutsche Idealismus, in: ders., Idee und Gestalt, Berlin 1921, 109–152; Karl Jaspers, Strindberg und van Gogh. Versuch einer pathographischen Analyse unter vergleichender Heranziehung von Swedenborg und Hölderlin, 2. Aufl. Berlin 1926, 98 ff.
[10] Max Kommerell, Jugend ohne Goethe, Frankfurt 1931
[11] Dazu Verf., Carl Schmitt: Denker im Widerstreit. Werk, Wirkung, Aktualität, Freiburg 2017, 337 ff.
[12] Thomas Mann, Sechzehn Adel des Geistes. Versuche zum Problem der Humanität, Stockholm 1945

Teil I
»Schritt zurück« im Kontext

I. Stabilisierungsmodelle der »Konservativen Revolution«

1. Umstrittenes Label

Die Geschichte des Konservatismus verheißt ein reiches Arsenal an Stabilitätsvisionen und Stabilisierungskonzepten. Schon der »klassische« Konservatismus formierte sich nach 1789 aber gegenrevolutionär als moderne Bewegung und es ist für die Geschichte des Konservatismus nicht wirklich zwischen einem anfänglichen und »naiven« Stadium und einer sentimentalischen Epoche zu unterscheiden. Von einem urwüchsigen oder »naiven« Konservatismus wäre allenfalls in einem mythischen Weltbild zu sprechen, das Gott und Welt nicht deutlich trennt. Wo der Konservatismus politisch wird, wo er auf säkulare Ereignisse antwortet, ist er sentimentalisch und reaktiv. Eine prägnante Formel lautet dafür: »konservative Revolution«. Versteht man darunter ein Label oder eine Epochenbezeichnung für ein bestimmtes Stadium des Konservatismus, so meint man meist ein heterogenes Autorenspektrum des Rechtsintellektualismus der Zwischenkriegszeit.

Die Rede von einer »konservativen Revolution« wurde in den 1920er Jahren in Deutschland mehr gelegentlich von Thomas Mann und Hugo v. Hofmannsthal eingeführt. Wilhelm Stapel, Hans Zehrer und Edgar Julius Jung übersetzten die Formel dann vor 1933 stärker in ein politisches Programm. Franz v. Papen gebrauchte sie als Vizekanzler unter Hitler 1933/34 mehrfach. Er bekannte sich 1933 unter der Formel der »konservativen Revolution« zur antidemokratischen und antipluralistischen »Entpolitisierung des deutschen Volkes«[1] und sagte am 17. März 1933 in Breslau:

---

[1] Franz von Papen, Appell an das deutsche Gewissen. Reden zur nationalen Revolution, Oldenburg 1933, 103; Bekenntnis zum »Kreis« der »konservativen Revolution« hier: 10

»Der Unterschied zwischen der konservativ-revolutionären und der national-sozialistischen Bewegung lag entscheidend in der Taktik. Die erste lehnte folgerichtig jede weitere Demokratisierung des Volkes ab und glaubte, mit den pluralistischen Kräften, die sich des Staates bemächtigt hatten, dadurch fertig zu werden, dass ein präsidentielles System allmählich ihre Ausschaltung vollziehen würde. […] Als die präsidentielle Politik an den Grenzen der Verfassung und der Volksabstimmung zum Stillstand gekommen war, blieb nur der Rückgriff auf die nationalsozialistische Taktik übrig, die sich vielleicht in die Formel pressen lässt: die Demokratie mit ihren eigenen Waffen zu schlagen.«[2]

In seiner Marburger Rede[3] vom 17. Juni 1934 bezog er sich erneut auf diese früheren Sätze und forderte ein Ende der Revolution ein. Wenige Tage später wurde der Autor der Marburger Rede, Edgar Julius Jung, am 30. Juni 1934 dann – ironischerweise parallel zu den SA-Spitzen der »zweiten Revolution« – im Auftrag Hitlers ermordet. Er wurde deshalb nach 1945 eine Art Märtyrer der Konservativen Revolution. Thomas Mann griff die Formel, gegen die antiliberale Verwertung des Schlagworts, 1937 erneut programmatisch im Vorwort zur Zeitschrift *Maß und Wert* auf. Als apologetische Abgrenzungsformel profilierte sie 1941 dann Hermann Rauschning, indem er seiner Kritik der nationalsozialistischen *Revolution des Nihilismus*[4] unter Berufung auf Hofmannsthal und Jung ein persönliches Bekenntnis folgen ließ. Unter dem Titel *The Conservative Revolution* – 1941 in New York auch unter dem deutschen Titel *Die konservative Revolution. Versuch und Bruch mit Hitler* erschienen – schrieb er einleitend: »It is the counterpart of the process in Germany which I tried to depict as a ›Revolution of Nihilism‹. That revolution threatens to become a world revolution. The enterprise I refer to came to nothing; it collapsed almost unnoticed.«[5] Rauschning betrachtete die Konservative Revolution also als Gegenrevolution zur nationalsozialistischen »Revolution des Nihilismus«. Diese Disjunktion machte das Label für den Rechtsintellektualismus nach 1945 interessant und anschlussfähig.

Größere Bedeutung erhielt es als Sammlungsbegriff 1950 durch

---

[2] Papen, Appell an das deutsche Gewissen, 98 f.

[3] Franz v. Papen, Rede vor dem Universitätsbund Marburg am 17. Juni 1934, Berlin 1934

[4] Hermann Rauschning, Die Revolution des Nihilismus. Kulisse und Wirklichkeit des Dritten Reiches, Zürich 1938

[5] Hermann Rauschning, The Conservative Revolution, New York 1941, V

Armin Mohler[6] in dessen von Jaspers betreuter Dissertation. Mohler war vor 1945 als gebürtiger Schweizer ein bekennender Faschist gewesen, der 1942 aus der Schweizer Armee desertierte, um sich der Waffen-SS anzuschließen. Nach wenigen Monaten und kurzem Studium in Berlin kehrte er allerdings in die Schweiz zurück. Carl Schmitt[7] nannte ihn gerne seinen »Arminius« und stellte ihn damit in den Nationalismus der Weimarer Republik. Bei der Arbeit beklagte Mohler noch die Schwierigkeiten, »aus einer Autobiographie eine Dissertation zu machen«.[8] Bei Erscheinen interessierte Schmitt sich dann brennend für den »Kairos« des Buches und dessen Rezeption. »Über Ihr Buch muss ich tagelang mit Ihnen sprechen«, schrieb er nach der Lektüre im Oktober 1950.[9]

Bei Mohler lässt sich zwischen einer weiten und einer engen Fassung der »Bewegung« unterscheiden: der breiten analytischen und typologisierenden Sondierung des deutschen Nationalismus seit 1789 und 1914 und der engeren Fassung der Konservativen Revolution insbesondere für die Übergangszeit und das »Interregnum« von 1929 bis 1934. Mohler bezieht sich einleitend auf Hofmannsthal und Rauschning und unterscheidet die Konservative Revolution, wie Rauschning, vom Nationalsozialismus. Er betont, dass »der Nationalsozialismus nicht am 30. Januar 1933 fertig ausgebildet«[10] war, und schreibt im ersten Absatz des Vorworts von 1950 schon: »Vor allem die anderthalb Jahre von der Übergabe des Reichskanzleramtes an die Nationalsozialisten im Januar 1933 bis zum Tode Hindenburgs im August 1934 sind von einer dichten Tabu-Schicht überdeckt.«[11]

Mohler definiert die Kreise der Konservative Revolution, vom Nationalsozialismus absetzend, als »›Trotzkisten‹ des Nationalsozialismus« und spricht religionssoziologisch von Häresien, »Ketzergruppen« und »Ketzerverfolgungen«. Er bezieht sich dabei insbeson-

[6] Armin Mohler, Die konservative Revolution in Deutschland 1918–1932. Grundriß ihrer Weltanschauungen, Stuttgart 1950
[7] Carl Schmitt. Briefwechsel mit einem seiner Schüler, hrsg. Armin Mohler, Berlin 1995
[8] Dazu Schmitt am 22. Dezember 1948 an Mohler, in: Schmitt. Briefwechsel mit einem seiner Schüler, 41
[9] Schmitt am 3. Oktober 1950 an Mohler, in: Schmitt. Briefwechsel mit einem seiner Schüler, 87, vgl. 91
[10] Armin Mohler, Die konservative Revolution in Deutschland 1918–1932, 1950, 9; vgl. ders., Die konservative Revolution in Deutschland 1918–1932. Ein Handbuch, 2. Aufl. Darmstadt 1972, XXVIII-XXIX
[11] Mohler, Die konservative Revolution in Deutschland 1918–1932, 1950, 7, vgl. 66

dere auf Hans Zehrer und den Tatkreis sowie auf den Kanzler Schleicher[12] und schweigt mehr von Papen. Das ist politisch interessant, weil Schleicher ein Gegner des Nationalsozialismus war und eine Machtübernahme Hitlers durch Spaltungs- und Querfrontbestrebungen verhindern wollte, während Papen mit Hitler vor und nach 1933 kollaborierte. Schleicher wurde deshalb auch am 30. Juni 1934 ermordet und Papen nicht. Die unterschiedliche Einschätzung von Schleicher und Papen spielt etwa in der Schmitt-Forschung eine beachtliche Rolle: Einige sehen Schmitt primär als Anwalt Schleichers, andere als strategischen Unterstützer Papens.[13] Mohlers Unterscheidung zwischen Schleicher und Papen geht deshalb auch evtl. auf Einflüsse Schmitts bei der Abfassung der Dissertation zurück. Jedenfalls zielte Mohler mit seiner Abgrenzung vom Nationalsozialismus insgesamt auf eine Rehabilitierung des deutschen Nationalismus gegen die scharfe Nationalismuskritik nach 1945.

Zwar verheißt Mohlers typologische Analyse den Grundriss einer »Weltanschauung«. Starke weltanschauliche Identifikationskriterien formulierte Mohler aber eigentlich nicht, betrachtete er Konservatismus doch primär als »Haltung«[14] und nicht als Doktrin. Er markierte mit dem Label dennoch einen weltanschaulichen Bruch innerhalb des Konservatismus, indem er die Rolle Nietzsches betonte und die »allgemeine geistige Lage« postchristlich durch den Mythos der »ewigen Wiederkehr« charakterisierte.[15] Diese Nietzsche-These wurde schon im Baseler Rigorosum vom »Inquisitionsgericht« der Prüfer Jaspers und Schmalenbach abgelehnt.[16] Wilhelm Stapel, ein Hauptvertreter der Konservativen Revolution, schrieb 1950 in einer scharf ablehnenden Rezension: »Mohler selbst lehnt Christentum und Christlichkeit ab. Er kommt von Nietzsche her und hält Nietzsche für konservativ, für den großen ›konservativen Revolutionär‹. Aber wenn etwas nicht konservativ ist, sondern das Gegenteil davon,

---

[12] Mohler, Die konservative Revolution in Deutschland 1918–1932, 1950, 69
[13] Dazu vgl. Verf., Carl Schmitt zur Einführung, 5. Aufl. Hamburg 2017, 54 ff.; für Schmitts Orientierung an Schleicher argumentierten u. a. Wolfram Pyta, Lutz Berthold und Gabriel Seibert, dagegen insbesondere Andreas Koenen. Schmitts nachträgliche Betonung seiner Orientierung an Schleicher ist auch eine Exkulpationslegende.
[14] Mohler, Die konservative Revolution in Deutschland 1918–1932, 1950, 163
[15] Mohler, Die konservative Revolution in Deutschland 1918–1932, 1950, 229 ff.
[16] So Mohler am 8. Juli 1949 an Schmitt, in: Schmitt. Briefwechsel mit einem seiner Schüler, 62

so ist es Nietzsche und seine Welt.«[17] Die nietzscheanische Disjunktion von Christentum und Konservativer Revolution wurde Mohler auch später noch sehr verübelt.[18] Überzeugend ist daran aber die Relativierung der Rolle des Christentums. Schon Zarathustra verwunderte sich: »›Dieser alte Heilige hat in seinem Walde noch Nichts davon gehört, dass Gott todt ist!‹« (KSA IV, 14) Christliche Orthodoxie und dogmatisches Vertrauen gibt es nach 1800 im politischen Diskurs und intellektuellen Milieu eigentlich kaum noch.

Mit dem »weltanschaulichen« Identifikationskriterium relativierte Mohler den politischen Charakter seines Autorenspektrums und seiner publizistischen Bewegung. Indem er Anspruchskriterien einer fachphilosophischen Dissertation erfüllte, neutralisierte er die politische Anstößigkeit seiner philosophischen Nobilitierung des Weimarer Rechtsintellektualismus und seines historischen Revisionsversuches. Später bauten Mohler und in der Nachfolge Karlheinz Weißmann die analytische Sondierung des rechtsintellektuellen Autorenspektrums zu einem enzyklopädischen Who is Who des Rechtsintellektualismus aus. Heute finden sich im *Handbuch* eine Reihe von Autoren, die man lieber in Schmuddelkisten beisetzte. Die »Neue Rechte« knüpft heute oft ausdrücklich an die Konservative Revolution an und feiert sich dabei gerne auch als europäische Bewegung. Die politischen Absichten des pseudophilosophischen Labelings demontierte Stefan Breuer[19] seit seiner *Anatomie der Konservativen Revolution* in zahlreichen Umgruppierungen, indem er den Sammlungsbegriff der »Konservativen Revolution« durch den Titel des

---

[17] Wilhelm Stapel, Kann ein Konservativer Gegner des Christentums sein?, in: Deutsches Pfarrerblatt 51 (1950), 323–325; hier zitiert nach: Sebastian Maass, Starker Staat und Imperium Teutonicum. Wilhelm Stapel, Carl Schmitt und der Hamburger Kreis, Kiel 2011, 154
[18] So die wütenden Einwände von Günter Maschke und Heinrich Meier in der »Aussprache« zu Armin Mohler, Carl Schmitt und die »Konservative Revolution«. Unsystematische Beobachtungen, in: Helmut Quaritsch (Hg.), Complexio Oppositorum. Über Carl Schmitt, Berlin 1988, 129–157; »Aussprache« hier 153–157
[19] Stefan Breuer, Anatomie der konservativen Revolution, Darmstadt 1993; dazu Verf., Kritische Theorie und Konservative Revolution. Zu Stefan Breuers Auseinandersetzung mit der Konservativen Revolution, in: Politische Vierteljahrsschrift 34 (1993), 476–482; Breuer kategorisierte das Diskursfeld dann neu. Dazu ders., Ordnungen der Ungleichheit. Die deutsche Rechte im Widerstreit ihrer Ideen 1871–1945, Darmstadt 2001; Nationalismus und Faschismus. Frankreich, Italien und Deutschland im Vergleich, Darmstadt 2005; Die radikale Rechte in Deutschland 1871–1945, Stuttgart 2010; Carl Schmitt im Kontext. Intellektuellenpolitik in der Weimarer Republik, Berlin 2012

»neuen Nationalismus« ersetzte und damit einem Kampfbegriff Ernst Jüngers seit dessen Bruch mit dem »Stahlhelm« folgte. Breuers Label hat den Vorzug, »weltanschauliche« Kriterien wieder herunterzufahren und das heterogene Autorenspektrum primär politisch zu stellen. Auch Breuers Label schwankt aber zwischen einer polemischen Selbstbezeichnung (Ernst Jüngers) und einem nationalismustheoretisch entwickelten Idealtyp. Für einen engeren Bezug auf die »Jungkonservativen« als »eigentliche Vertreter« der Konservativen Revolution argumentierte etwa Pfahl-Traughber.[20] Ich möchte einen dritten – nicht zu engen und nicht zu weiten – Weg zwischen Mohler und Breuer einschlagen und wenige anspruchsvolle Konzepte innerhalb des üblichen Autorenkreises sondieren, suche also gleichsam »Klassiker« der »Konservativen Revolution«, die ein Konzept vertraten, das die intellektuelle Auseinandersetzung lohnt.

2. Weltanschauungsfermente

Mohler ist immerhin zuzugeben, dass politische Ideen eine relative substantielle Konsistenz haben müssen, um zu wirken, und dass es paradigmatische Wandlungen im Weltbild nach 1789 gab, auf die der Konservatismus reagierte. Eine erste Antwort, die er gab, war die Wendung zur Geschichte und zur Geschichtswissenschaft selbst, die man schon Burke und Ranke zuschreibt. Der Konservatismus modernisierte sein Weltbild zunächst durch eine historische Betrachtungsweise und akzeptierte damit einen Primat wissenschaftlicher, und das heißt: säkularer Betrachtungsweise. Diese historische Denkweise beeinflusste auch sein politisches Weltbild tiefgreifend. Für die zweite Hälfte des 19. Jahrhunderts wird dann von einem paradigmatischen Umbruch zur »positivistischen«, »naturwissenschaftlichen« und »materialistischen« Betrachtungsweise gesprochen, auf die schon Nietzsche reagierte. Das christliche Weltbild geriet unter den Druck des Darwinismus und das Menschenbild naturalisierte sich. Von Hegel zu Nietzsche und Dilthey wurde der deutsche Idealismus nun durch eine »Lebensphilosophie« ersetzt, die in diversen Kreisen vielfach rassistisch und antisemitisch aufgeladen wurde.

---

[20] Armin Pfahl-Traughber, »Konservative Revolution« und »Neue Rechte«. Rechtsextremistische Intellektuelle gegen den demokratischen Verfassungsstaat, Opladen 1998, 52 ff.

Der lebensphilosophische Diskurs nach 1900 brachte dann diverse mehr oder weniger interessante Weltanschauungsautoren hervor, die auf den Rechtsintellektualismus der Zwischenkriegszeit wirkten. Die intellektuelle Lage der Weimarer Republik ist deshalb durch konkurrierende Leitwissenschaften und Semantiken gekennzeichnet. Dieser Zwang zur dilettierenden und eklektischen Synthese kennzeichnet den neueren Konservatismus. Früher bestimmten der Streit zwischen Philosophie und Theologie und die geschichtswissenschaftliche Destruktion christlich-theologischer Überzeugungen (durch Leben-Jesu-Forschung u. ä.) das Terrain. Dann traten mit Darwin die Biologie und später dann die Physik aus dem naturphilosophischen Traum in eine neue Evidenz, die zu neuen weltanschaulichen Diskursen und Spekulationen führte. Die weltanschauliche Verwertung und Politisierung der neuen Leitwissenschaften brachte neue Stabilisierungssemantiken. Während der Biologismus sich dabei schon vor 1900 formierte, revolutionierte die Quantenphysik den älteren Physikalismus und das ganze kosmologische Weltbild. Diese Revolution der modernen Physik erfolgte mit Einstein grundlegend schon im expressionistischen Kriegsjahrzehnt vor 1918.

Alle diese Diskurse wirkten als Fermente im Weltanschauungsprozess der Zwischenkriegszeit. Die Autoren der Konservativen Revolution lassen sich nicht zuletzt dadurch gruppieren, ob und wie sie auf diese Tendenzen antworteten und welchen paradigmatischen Leitsemantiken sie folgten. Dachten sie säkular und wissenschaftlich? Waren sie historisch, philosophisch, theologisch, biologisch oder sonstwie gebildet? Ernst Jünger beispielsweise hatte in Leipzig Biologie bei Hans Driesch studiert, einem bedeutenden theoretischen Biologen seiner Zeit. Man kann die Autoren durch ihre leitwissenschaftlichen Prägungen sondieren. Aber auch das Begriffsfeld der Stich- und Schlüsselworte der Konservativen Revolution lässt sich nach Herkunftssemantiken analysieren. Im Wortfeld finden sich Alternativbegriffe wie »Reaktion«, »Restauration«, Renovation«, »Regeneration«, »Revokation«, »Restitution«, »Rekonstruktion«. Die Re-Rhetorik indiziert die Figur des »Schritts zurück« und Neustarts, wie sie Heidegger prononciert vertrat. Die Selbstbezeichnung der »Konservativen Revolution« mied die eingeführten polemischen Kampfbegriffe der »Reaktion« und »Restauration« und grenzte sich sowohl vom dynastischen Konservatismus nach 1815 als auch von der Definitionshoheit der progressistischen Linken ab. Von der »renovatio« wurde eher historisch gelehrt im Kontext von Reichsideologien gesprochen; Worte wie »Regeneration« oder »Rekreation« stehen mehr in mythischen oder biologischen Kontexten. Mancher Streit um Worte ist sachlich irrelevant. Manche Stichworte reklamieren nur sektiererische Alleinstellungsmerkmale. Sigmund Freud kreierte die »Regression«, die Stabilisierung pathogener Prozesse durch Rückkehr zu früheren stabilen Zuständen. Freud betrachtete alle Arten von Symptomen und Neurosen als solche »Kompromissbildungen«. Bekanntlich entwickelte er seine Psychoanalyse als talking cure zunächst am Fall weiblicher Hysterien nach dem Scheitern neurophysiologischer Grundlegungsmodelle und medizinischer Therapien. Mangels wirksamer Pillen verschrieb er das Placebo der Couch. Sein Werk lässt sich als Auszug aus dem medizinischen Paradigma in naturphilosophische Traditionen und Praktiken beschreiben.

Mitte des 19. Jahrhunderts formulierte die Physik – Robert von Mayer und dann Hermann Helmholtz 1847 – als thermodynamisches Gesetz den Energieerhaltungssatz, dass »Bewegungsenergie bei vollständiger Umwandlung in Wärme stets die gleiche Wärmemenge ergibt«.[21] Nach Einsteins allgemeiner Relativitätstheorie wurde auch dieser Erhaltungssatz für die Kosmologie modifiziert. Umgangssprachlich wissen wir von »Entropie«. Wikipedia belehrt, dass Entropie dem thermodynamischen Gesetz der Energieerhaltung strenggenommen nicht widerspricht. Wikipedia schreibt: »Energie kann nicht vernichtet werden. Es kann im System jedoch Entropie entstehen.« Die moderne Physik und Kosmologie hat die antike Vorstellung von der Ewigkeit der Welt ad acta gelegt. Uns erwartet keine Sphärenmusik, an der wir als reine Seelen teilnehmen, von Stern zu Stern ewig singend, wie es Platon am Ende der *Politeia* (617b) leicht ironisch visioniert hatte. Monotheismus und moderne Physik konvergieren im Glauben an die radikale Endlichkeit der Welt. Die Berechnungsgrundlagen haben sich aber präzisiert. Der Kältetod des Universums ist heute ziemlich berechenbar und es winkt kein außerirdischer Fluchtpunkt mehr. Solche schnellschlüssige weltanschauliche Synthesen hatte die Konservative Revolution noch vielfach gezogen. Viele Autoren drifteten in eigenartige Esoteriken ab. Ernst Jüngers graphologische und astrologische Spekulationen sind akademisch kaum gehaltvoller als die Geschichtsmythen Heinrich Himmlers oder Hitlers Vegetarismus und Anti-Alkoholismus. Hans Blumenberg las metaphysische Konzepte als Metaphorologie. Die

---

[21] Ich zitiere Wikipedia.

Leitsemantiken der jeweiligen Weltanschauungen verraten sich nicht zuletzt in der Esoterik.

3. Stabile Diktaturen

Viele Autoren der Konservativen Revolution lassen sich als mehr oder wenige dilettantische und spekulative Synoptiker oder Weltanschauungsautoren mit mehr oder weniger ausgeprägten Leitsemantiken betrachten. Wer innerhalb des Spektrums relativ starke Autoren rekonstruieren möchte, dem bietet sich ein breites Versuchsterrain. Henning Ottmann[22] beispielsweise, der klarste Kenner der politischen Ideengeschichte, erörterte als interessante Autoren Moeller van den Bruck, Thomas Mann, Oswald Spengler und Ernst Jünger und betonte dabei, wie viele andere auch, die politische Zwischenstellung jenseits des älteren Konservatismus wie des Nationalsozialismus. Thomas Mann bekehrte sich dabei schon früh zur liberalen Demokratie und wurde dann einer der wichtigsten Autoren einer sozialdemokratischen Weiterentwicklung der Republik. Viele andere Autoren der Weimarer Republik standen dagegen zwischen allen Systemen: Sie lehnten den Wilhelminismus ab, beerdigten aus nationalistischer Überzeugung die überlieferten Dynastien und die konstitutionelle Monarchie und optierten antiliberal und antiparlamentarisch gegen Weimar für die caesaristische und plebiszitäre Demokratie als Staatsform des 20. Jahrhunderts, wie sie der italienische Fascismus in den 20er Jahren prototypisch zu verwirklichen schien. Dafür sprachen sie gelegentlich auch von »preußischem« oder »deutschem« Sozialismus. Als Stabilitätsgarant galt der »starke« Diktator und Führer, demokratische Massenloyalität schien ihnen propagandistisch herstellbar.

Dass die Konservative Revolution mit der Markierung einer Epochenwende seit 1900 und der Unterscheidung zwischen einem liberalen und »bürgerlichen« Rechtsstaat des 19. Jahrhunderts und der plebiszitären und diktatorischen Massendemokratie des 20. Jahr-

---

[22] Henning Ottmann, Geschichte des politischen Denkens Bd. IV/1: Der Totalitarismus und seine Überwindung, Stuttgart 2010; vgl. jetzt Helmuth Kiesel, Geschichte der deutschsprachigen Literatur 1918 bis 1933, München 2017, 875 ff.; vgl. auch Wolfgang Hardtwig (Hg.), Ordnungen in der Krise. Zur politischen Kulturgeschichte Deutschlands 1900–1933, München 2007

hunderts politisch-soziologisch manches sah, wird man heute – angesichts rechtspopulistischer und autoritär-präsidialer Tendenzen in vielen Ländern – erneut zugeben müssen. Die caesaristischen Massensysteme haben sich nach 1918 zwar nirgends als friedensfähig erwiesen. Überall mobilisierten sie ihre Bevölkerung revanchistisch und aggressiv-imperialistisch und führten die Völker in Kriege. Leider müssen wir aber zwischen der Stabilität der Gesellschaften und der diktatorischen Regimes unterscheiden: Die Massendiktaturen des 20. Jahrhunderts erwiesen sich oft als langlebige Systeme. Und die Dauer der Systeme hing nicht zuletzt am Leben der Diktatoren. Der innen- und außenpolitische Terror war – nicht nur bei Stalin – eine effektive Strategie der Machterhaltung. Die Option für die caesaristische Massendemokratie oder plebiszitär verankerte Diktatur, wie manche Autoren sie formulierten, bewirkte also mitunter politische Stabilität, versteht man darunter nur bloßen Machterhalt und nicht etwa komplexe Gesellschaftsentwicklungen.

Ein relativer Konsensposten vieler Autoren der Konservativen Revolution war also die Option für eine antiliberale und antiparlamentarische caesaristische Massendemokratie, im Schlagwort der Zeit gesprochen: für den »autoritären Staat«. Am ehesten war er im Präsidialsystem der Weimarer Endzeit verkörpert, allerdings in einem auf Dauer und jenseits der Krise gestellten Präsidialsystem. Davon haben Theoretiker wie Edgar Jung und Carl Schmitt geträumt. Dieses Zukunftmodell fanden sie weder im Wilhelminismus noch im Nationalsozialismus, am ehesten noch im italienischen Fascismus verwirklicht. Einige Nationalbolschewisten hofften in den 1920er Jahren auch auf die Sowjetunion. Politische Köpfe denken in »objektiven Möglichkeiten« (Max Weber). Ein relativ stabiler Umbau der Weimarer Republik zum autoritären Staat war vielleicht eine solche Möglichkeit. Viele Autoren der Konservativen Revolution entwickelten aber mehr Tiefgang. Sie dachten nicht nur politisch, sondern auch irgendwie »weltanschaulich«. Sie suchten letzte Gründe und wollten gegenwärtige Entwicklungen und Krisen von reinen Anfängen und Prinzipien her lösen.

4. Exklusive Gesellschaft: Hofmannsthal

Friedrich Nietzsche hatte dem humanistischen Diskurs mit seiner Rede vom »Übermenschen« ein neues Stichwort gegeben. Der Expressionismus übersetzte es dann in die appellative Suche und Sehnsucht nach dem »neuen Menschen«. Der Erste Weltkrieg verstärkte die Evidenz eines fundamentalen Epochenumbruchs vom »bürgerlichen« 19. Jahrhundert in die elektrifizierte Industriegesellschaft des 20. Jahrhunderts. Die Großstadt (Berlin)[23] wurde zum Signum der neuen Zeit. Dabei herrschte am Beginn der Weimarer Republik noch die Hoffnung, der »klassische« Neuhumanismus der Goethezeit könne die von Verfassungs- und Klassenkämpfen krisengeschüttelte Nachkriegsgesellschaft als »nationalen« Kultur- und Wertekonsens noch einigermaßen zusammenhalten und tragen. Die verfassunggebende Nationalversammlung tagte deshalb auch in Weimar unter den Manen von Goethe und Schiller. Friedrich Ebert formulierte die Hoffnung auf den Neuhumanismus als Hintergrundkonsens bei seiner Eröffnungsrede am 6. Februar 1919 im Weimarer Nationaltheater ausdrücklich. Er sagte:

»Jetzt muss der Geist von Weimar, der Geist der großen Philosophen und Dichter, wieder unser Leben erfüllen. Wir müssen die großen Gesellschaftsprobleme in dem Geiste behandeln, in dem Goethe sie im zweiten Teil des ›Faust‹ und in ›Wilhelm Meisters Wanderjahren‹ erfasst hat. Nicht ins Unendliche schweifen und sich nicht im Theoretischen verlieren. Nicht zaudern und schwanken, sondern mit klarem Blick und fester Hand ins praktische Leben hineingreifen!«[24]

Eberts schlichte Gegensetzung von Theorie und Praxis, unter Berufung auf den »Geist der großen Philosophen und Dichter«, und der Verweis auf Goethes Spätwerk, mit Anklängen an Fausts Kolonialprojekt, deutet bereits einen gleichermaßen hochtrabenden wie verkürzten Goethe-Rekurs an: Fausts imperiales »Streben« war schwerlich Goethes Position. Ob Goethe der Weimarer Republik und der modernen Industriegesellschaft noch humane Orientierung bieten konnte, war damals auch in hohem Maße umstritten. Diese Frage wurde insbesondere im Goethe-Jahr 1932 intensiv diskutiert und die liberalen und neuhumanistischen Anwälte Goethes, die in seinem Werk noch gültige Humanitätsvisionen und Antworten fanden, waren eher in der Defensive. Thomas Mann und Ernst Cassirer waren

---

[23] Dazu zeitgenössisch Robert Michels, Weltstädte und ihre Bewohner, hrsg. Rolf Riess, Berlin 2014; Friedrich Lenger, Metropolen der Moderne. Eine europäische Stadtgeschichte seit 1850, München 2013
[24] Ebert hier zitiert nach: Kiesel, Geschichte der deutschsprachigen Literatur 1918 bis 1933, 2017, 261

zwei bedeutende Anwälte und Fürsprecher Goethes in der Weimarer Republik. Die jüngere Generation war aber im Zeichen des Expressionismus mehr zu Hölderlin und Kleist übergelaufen und vertrat überwiegend antiliberale und antibürgerliche Positionen. Norbert v. Hellingrath vertrat diese Wendung unter dem Einfluss Georges mit seiner editorischen Entdeckung des späten Hölderlin sehr prononciert. Heidegger folgte hier ganz unkritisch und verschrieb sich Hölderlin emphatisch, ohne sich mit Goethe je intensiv auseinanderzusetzen.

Thomas Mann und Hugo v. Hofmannsthal gaben in den 20er Jahren das Stichwort von der »Konservativen Revolution« aus. Mann formulierte es 1921 auf Nietzsche bezogen zunächst eher beiläufig in seinem Vorwort zu einer Anthologie russischer Literatur; Hofmannsthal evozierte es dann programmatisch als Schlusswort zu seiner Münchner Rede von 1927 über *Das Schrifttum als geistiger Raum der Nation*. Hofmannsthal sprach hier von der Aufgabe der Literatur, an der »Bildung einer wahren Nation« mitzuwirken; er grenzte den literarischen »Geist der Nation« von Frankreich ab,[25] sprach von den Dichtern mit Nietzsche als »Suchenden«, unterschied die »produktive Anarchie« der Gegenwartsliteratur von anderen Epochen, insbesondere auch der Frühromantik, und visionierte »Bindung« und einen »synthesesuchenden Geist«. Abschließend fasste Hofmannsthal diese literarische Suchbewegung als »innere Gegenbewegung gegen jene Geisteskräfte des siebzehnten Jahrhunderts, die wir in ihren zwei Aspekten Renaissance und Reformation zu nennen pflegen«.[26]

Die Abgrenzung von der Renaissance ist überraschend, denn eine deutsche Renaissance hat es infolge der Reformation kaum gegeben. Das Verhältnis von Renaissance und Reformation war damals eine wichtige Frage: Gehörte die Reformation noch zum Mittelalter, während die Renaissance die Neuzeit eröffnete? War die Reformation reaktionär und die Renaissance fortschrittlich? Die Differenzen lassen sich etwa an Troeltsch und Cassirer festmachen; während die protestantischen Theologen für die Reformation argumentierten, trennten jüdische Intellektuelle, wie Cassirer und die Warburg-Schule,

---

[25] In anderen Publikationen vertrat Hofmannsthal allerdings auch einen dezidierten »Austriazismus« und grenzte Preußen und Österreicher stereotyp voneinander ab. So ders., Österreich im Spiegel seiner Dichtung, in: ders., Ausgewählte Werke in zwei Bänden. Bd. II, Frankfurt o. J., 593–605; ders., Preuße und Österreicher, ebd. 615–617
[26] Hugo v. Hofmannsthal, Das Schrifttum als geistiger Raum der Nation, in: Ausgewählte Werke in zwei Bänden. Bd. II, 724–740, hier: 740

eher strikt zwischen Renaissance und Reformation und verwiesen Luther ins Mittelalter. Wenn Hofmannsthal seinen »deutschen Geist« jenseits von »Renaissance und Reformation« sucht, scheint er ihn als Dichtung von der säkularen Wissenschaft wie der dogmatischen Theologie abzusetzen. Er verortet ihn dann jenseits von Theologie und Technik. Eine solche Transzendenz der Dichtung ist als Nationalkultur aber politisch kaum vorstellbar.

Hofmannsthal war ein verarmter Aristokrat, Katholik, Jude und Österreicher. Seine nationalpolitische Auffassung der Dichtung war nicht wirklich inklusiv, sondern eher elitär. Sie wies ambitionierter Dichtung eine eminente Rolle für die Formulierung des kulturellen Kanons zu und richtete sich eigentlich schon gegen jede organisatorische Verfestigung der nationalen Repräsentanz in einem Schriftstellerverband und einer Akademie der schönen Künste, wie sie damals gerade geschaffen wurde und an der auch Thomas Mann exponiert mitwirkte. Hofmannsthals Münchner Schlusssatz lautete: »Der Prozess, von dem ich rede, ist nichts anderes als eine konservative Revolution von einem Umfange, wie die europäische Geschichte ihn nicht kennt. Ihr Ziel ist Form, eine neue deutsche Wirklichkeit, an der die ganze Nation teilnehmen könnte.«[27] Hofmannsthal verstand darunter vor allem eine Erneuerung und Neuschöpfung des »metaphysischen Dramas« und einer »zeitlosen europäischen Mythologie« in Anknüpfung an den Jedermann-Totentanz des Mittelalters und an Calderón. Seine Dichtung nahm nicht Partei, sie propagierte ein »Welttheater«, das als »geistliches Schauspiel« den mittelalterlichen »Schatz der Mythen und Allegorien«[28] als transhistorische Typen aufrief. Hofmannsthals Schrifttums-Rede und sein poetologisches Revolutionsverständnis fanden zwar bei erlesenen Platonikern wie Ernst Robert Curtius starke Zustimmung.[29] Das exklusive Dichtungs-Verständnis war jedoch als politisches Sammlungskonzept schwerlich geeignet und repräsentierte eher die Selbstinthronisation des solitären Dichters in nationaler – österreichischer – Repräsentanz. Zwar zielten der Salzburger *Jedermann* und die Opernlibretti auf ein großes Festspiel, Welttheater und Publikum. Hofmannsthals Dich-

---

[27] Hofmannsthal, Das Schrifttum als geistiger Raum der Nation, 740
[28] Hugo v. Hofmannsthal, Das Salzburger Große Welttheater, Leipzig 1922, Vorwort
[29] Dazu vgl. Ernst Robert Curtius, Deutscher Geist in Gefahr, 2. Aufl. Stuttgart 1933, 19; vgl. ders., George, Hofmannsthal, Calderon, in: Die Wandlung 2 (1947), 401–423; Europäische Literatur und lateinisches Mittelalter, 2. Aufl. Bern 1954, 151–154

tungskonzept war aber exklusiv: Kultur und nicht Politik, »schöne« Literatur und nicht Theologie oder säkulare Wissenschaft, gesamtdeutsche Nation und nicht Versailler Zersplitterung. Sein exquisiter Kanon ließe sich leicht mit George, Borchardt oder auch Curtius abgleichen. Nationalsozialismus kommt dabei niemals heraus, aber auch keine massenwirksame Nationalkultur, bei der etwa »Karl Marx den Friedrich Hölderlin gelesen« hat, um Thomas Manns von Lukács[30] begeistert aufgegriffene Formel zu zitieren.

5. Polemischer Utopismus: Heidegger

Heidegger gehörte nicht zu den publizistischen Kreisen der Konservativen Revolution und wurde als politischer Autor vor 1933 auch kaum wahrgenommen. Er stand aber unzweifelhaft im antiliberalen und nationalistischen Diskurs der Weimarer Republik und vertrat einen scharfen Revanchismus. Er war gewiss ein sehr zeittypischer Sinnsucher, Eskapist und Mineur der Moderne. Man kann ihn in den »philosophischen Extremismus«[31] der Zwischenkriegszeit stellen und im metaphysischen Ethos gar mit Wittgenstein vergleichen.[32] Das Stichwort von der »konservativen Revolution« gebrauchte er nicht. Ordnet man es eng den – mit Papen bezeichneten – autoritäretatistischen Kreisen zwischen Demokratie und Diktatur zu, so trennte Heidegger von dieser Bewegung schon sein glühender Hass auf den politischen Katholizismus und sein anti-institutioneller Politikbegriff. In Briefen an den Bruder finden sich abgründige Wendungen gegen das Präsidialsystem. Brüning und die Zentrumspartei lehnte Heidegger selbstverständlich strikt ab. Besonders deutlich ist hier ein Brief vom 22. Juni 1932 an Elisabeth Blochmann, der der Zentrumspartei »Jesuitismus« bescheinigte und als Alternative zum Kommunismus auf die Griechen verwies:

»In den Gesprächen, die alle Brüning u. das Zentrum betrafen, erwuchs der Schein von Parteipolitik. Aber so eben sehe ich das Zentrum nicht – sondern ich sehe Rom – Moskau und – ja und – ich will sagen, die Griechen, von

---

[30] Georg Lukács, Thomas Mann, Berlin 1949, 45, 111

[31] Dazu vgl. Norbert Bolz, Auszug aus der entzauberten Welt. Philosophischer Extremismus zwischen den Weltkriegen, München 1989

[32] So jüngst Manfred Geier, Wittgenstein und Heidegger. Die letzten Philosophen, Reinbek 2017

denen Nietzsche sagte, dass allein die Deutschen ihnen gewachsen sind. […] Kommunismus u. a. ist vielleicht grauenhaft, aber eine klare Sache – Jesuitismus aber ist – verzeihen Sie – teuflisch.« (HB 52)

Im Oktober 1932 schrieb er an den Bruder:

»Schleicher ja – aber Papen nein -; schon Anfang August wurde deutlich, wie alle Juden plötzlich Auftrieb bekommen und sich allmählich aus der Panikstimmung befreien, in die sie geraten waren. Dass den Juden ein solches Manöver wie die Papenepisode gelungen ist, zeigt eben, wie schwer es auf jeden Fall sein wird, gegen alles, was Großkapital und dergleichen Groß- ist, anzukommen.«[33]

Hinter dem Antisemitismus steht hier ein vulgärer Antikapitalismus. Ein niedrigeres Niveau politischer Betrachtung und Einschätzung Papens ist kaum vorstellbar. Spätestens seit Ende 1931 bekannte Heidegger sich glühend zu Hitler, wie wir heute durch Briefe an den Bruder wissen. Die zitierte Stelle ist ein Beleg mehr dafür, dass Heidegger innerhalb des Nationalsozialismus für den revolutionären Bewegungsflügel optierte, wie er von der SA vertreten wurde. Das hat Ernst Nolte[34] 1992 schon treffend betont. Heidegger stand demnach in enger Auslegung nicht im Lager der Konservativen Revolution. Auch Ernst Jünger bediente damals allerdings eine revolutionäre Auffassung des Arbeiters. Jünger meinte 1932:

»Die Ablösung der liberalen Demokratie ist endgültig; jeder Schritt, der über die Formen hinausführt, in denen diese Ablösung geschieht, kann nur in einer Verschärfung des Arbeitscharakters zu suchen sein. Die Veränderungen, die im Kraftfelde der Arbeitsdemokratie an Dingen und Menschen vor sich gehen, sind so entscheidend, dass eine Wiedergewinnung der Ausgangslinie als unmöglich erscheinen muss.«[35] »Wir stoßen hier auf den Eintritt von Parteien, Bewegungen und Einrichtungen in die organische Konstruktion, – in eine neue Form der Einheit, die wir auch als Orden bezeichneten, und deren Kennzeichen darin besteht, dass sie zur Gestalt des Arbeiters eine kultische Beziehung besitzt. Eine Kriegsteilnehmerbewegung, eine sozialrevolutionäre Partei, eine Armee verwandelt sich auf diese Weise in eine neue Aristokratie, die sich in den Besitz der entscheidenden

---

[33] Martin Heidegger am 28. Oktober 1932 an seinen Bruder Fritz, in: Walter Homolka / Arnulf Heidegger (Hrsg.), Heidegger und der Antisemitismus. Positionen im Widerstreit, Freiburg 2016, 30

[34] Ernst Nolte, Martin Heidegger. Politik und Geschichte im Leben und Denken, Berlin 1992

[35] Ernst Jünger, Der Arbeiter. Herrschaft und Gestalt, 3. Aufl. Hamburg 1932, 258

geistigen und technischen Mittel setzt. Der Unterschied, der zwischen solchen Größen und einer Partei alten Stils besteht, ist evident. Hier handelt es sich um Züchtung und Auslese, während das Bestreben der Partei auf Massenbildung gerichtet ist.«[36]

Heidegger schrieb bekanntlich im Rektoratsbericht, dass er Jüngers *Der Arbeiter* zusammen mit seinem (jüdischen) Assistenten Brock »in kleinem Kreis« (GA 16, 375) besprach. Es wird im Sommersemester 1932 gewesen sein, an das sich ein Freisemester anschloss. Jünger laviert im Zitat bei der Benennung der »sozialrevolutionären« Partei, die freilich die NSDAP meint. Heidegger teilte mit Jünger die Suche nach neuen Formen und eine »anthropologische« Perspektive der »Züchtung« einer neuen Elite. Gewiss vermisste er bei Jünger eine Inthronisierung der Philosophenkönige. Es wäre interessant zu wissen, ob Heidegger mit Brock auch über die Rolle der NSDAP in der Revolution sprach. Zum damaligen Zeitpunkt optierte er ja bereits für Hitler. Alfred Baeumler und mehr noch Ernst Krieck, späteren nationalsozialistischen Gegnern, begegnete er zwar damals schon reserviert; Artikel von Hans Zehrer und den »Tatkreis« liest er interessiert; an Elfride Heidegger schreibt er im Oktober 1932 auch einmal: »Ich finde den Artikel Zehrers u. seine Kritik am Naz.soz. sehr gut.« (HH 184) Auch hier grenzt er sich aber durch seinen Rückgang auf die Griechen ab. An Elisabeth Blochmann schreibt er im Dezember 1932:

»Zwar wird es jetzt Mode gegen die Antike loszufahren u. zwar bei Menschen, deren Arbeit u. Wollen Bejahung verdient; ich denke an den Tatkreis. Ich kann beim besten Willen an diese vermeintliche Erneuerung des Protestantismus nicht glauben. Und was die Antike angeht, so verwechseln diese Menschen – es ist fast komisch – die ursprüngliche Antike mit dem späteren vorchristlichen Römertum, was dann später die ›Welt‹ des deutschen Gymnasiums bestimmte.« (HB 55)

Heidegger grenzt sich hier also, jenseits von Katholizismus und Protestantismus, auch vom vorchristlichen, hellenisierten und also »metaphysisch« verblendeten Römertum ab, das zentralistisch und etatistisch gepolt war. In den Erneuerungsdebatten und Revolutionsoptionen nach 1930 fand er sein Alleinstellungsmerkmal im Rekurs auf die Vorsokratik. Das verband er mit einer eindeutigen Option gerade für die Person Hitlers. Am 4. Februar 1933 schrieb Martin an Fritz:

---

[36] Jünger, Der Arbeiter, 259

»Wenn es Hitler gelingt, die Stellung zu halten und dabei der Bevormundung durch Papen zu entwischen, dann wird es werden.«[37]

Von elitär-etatistischer Hoffnung auf ein Zähmungskonzept und einer »autoritären« Zwischenstellung zwischen Demokratie und Diktatur kann hier keine Rede sein. Vorbehaltlos unterstellte Heidegger sich der personalistisch-charismatischen Herrschaft des »Führers«. Dieses rückhaltlose Engagement für den Nationalsozialismus ist für die Autoren der Konservativen Revolution zwar nicht charakteristisch, die zu Hitler meist auf Distanz gingen. Ich zähle Heidegger dennoch zu den Autoren der Konservativen Revolution, weil er mit seinem Konzept »seinsgeschichtlicher« Destruktion der »metaphysischen« Tradition die sektiererische Dynamik des Rückgangs oder, mit Heidegger zu sprechen: den »Schritt zurück« in apokryphe Anfänge repräsentiert. In dieser Traditionskritik bleibt am Ende nichts stehen als fiktive Anfänge jenseits von Athen und Jerusalem.

Heideggers Stellung zum mythischen »Anfang« wird meist anhand seiner späten Auslegungen der Vorsokratik diskutiert. Eine wichtige frühe Positionierung im Umkreis von *Sein und Zeit* ist aber die eingehende Besprechung von Cassirers Philosophie des »mythischen Denkens«,[38] die Heidegger 1928 in der *Deutschen Literaturzeitung* publizierte. Cassirer beschrieb das mythische Denken, Heideggers eingehendem Referat folgend, als Seinsgefühl der Übermächtigung und betrachtete die »Wesensinterpretation des Mythos« als Darstellung einer »Möglichkeit des menschlichen Daseins« (GA 3, 265). Vom Daseinskonzept von *Sein und Zeit* und Begriff der »Sorge« her betont Heidegger gegen Cassirer, dass das »mythische Denken primär durch die ›Geworfenheit‹ bestimmt« (GA 3, 263) sei. Damit tritt er 1928 jeder sentimentalischen Verklärung der mythischen Lebensform zu einem stabilen Zustand entgegen.

Der deutschen Universität dedizierte er später eine nationalistische Mission. Deutlicher als die Rektoratsrede sind hier seine Vorträge über *Die deutsche Universität*, die er im August 1934 einige Monate nach dem Rektorat in Freiburg hielt. Heidegger unterscheidet hier zwischen der »deutschen Sammlung« von 1812/13 und dem

---

[37] Heidegger am 4. Februar 1933 an seinen Bruder Fritz, in: Homolka / Heidegger, Heidegger und der Antisemitismus, 32
[38] Ernst Cassirer, Philosophie der symbolischen Formen Bd. II: Das mythische Denken, Berlin 1925

»Werden der künftigen deutschen Universität in der unmittelbaren Gegenwart«; er zieht eine ziemlich direkte Linie von 1914 zu Hitler: Der »Frontgeist wurde die bestimmende Kraft in der Vorbereitung der nationalsozialistischen Revolution.« (GA 16, 300) Heidegger erwartete von der Universität damals noch ein »Umdenken der bisherigen Wissenschaft« und eine »erzieherische Lebensgemeinschaft aus geschlossener Weltanschauung« (GA 16, 308) und sprach von einer »Umerziehung des Volkes zum Volk durch den Staat« (GA 16, 304). Nach dem Scheitern seines Rektorats gab er dann seine Prätention auf Philosophenkönigtum auf und trennte zwischen der »unmittelbaren« politischen Führung und der »mittelbaren« Wirkung der »anfänglichen« Dichter und Denker. Heidegger ging hinter Metaphysik und Monotheismus, Athen und Jerusalem, Platon und Moses auf fiktive vorsokratische Anfänge zurück und vernebelte sein Denken im seinssemantischen Jargon. Seine polemische Traditionskritik mied das interdisziplinäre Gespräch und die Empirisierung und spann sich in einen Jargon und ein hermetisches Ereignisdenken ein, das schon die engsten Schüler nicht sachlich nachvollziehen und in den akademischen Diskurs rückübersetzen konnten. Dabei zielte Heidegger in der Nietzsche-Nachfolge auf den Heideggerianer als »neuen Menschen« und »Übermenschen«.

Diesen Utopismus teilte auch Ernst Jünger eigentlich seit seiner Auffassung des Frontsoldaten als Prototypus des »neuen Nationalismus« und »Arbeiters«. Auch Jünger war ein Utopiker des Übermenschen. Literarische Utopien sind aber nicht leicht möglich. Jünger wählte deshalb in späten Romanen wie *Heliopolis* und *Eumeswil* das Verfahren der Rückprojektion einer Utopie in mythische Vergangenheit. Auch Thomas Mann wählte dieses Verfahren, ungleich gewichtiger, in seinem *Joseph*-Roman, der mit Joseph den Vorgänger einer möglichen humanen Zukunft entwarf.

6. Vernünftige Traditionsbildung und vertretbarer Ansatz: Thomas Mann

Es ist hier nicht möglich, die Komplexität von Manns Neuhumanismus zu rekonstruieren. Für die Kette der philosophischen Mann-Enthusiasten nenne ich hier nur Georg Lukács, Siegfried Marck, Käte Hamburger, Ernst Cassirer, Theodor W. Adorno und Hans Blumenberg. Viele bedeutende Autoren haben die Begegnung mit dem Werk und gar der Person Thomas Manns als zentrales Ereignis ihres Lebens angesehen. Der Heidelberger Germanist Dieter Borchmeyer[39] erläuterte unlängst in seinem monumentalen Werk *Was ist deutsch?* Manns »Weltdeutschtum« als letztes Wort, Fazit und Summe des Weimarer Neuhumanismus und der deutschen Nationalgeschichte überhaupt. Das ist nicht übertrieben.

Es ist bekannt, dass Mann[40] die Formel von der »konservativen Revolution« 1921 im Vorwort zu einer Anthologie russischer Literatur in die Debatte geworfen hatte. In seiner *Russischen Anthologie* schrieb er: »Nietzsche selbst war von Anbeginn […] nichts anderes als konservative Revolution.«[41] Nach Manns Bekenntnis zur Weimarer Republik, zur Sozialdemokratie und zum Sozialismus war ein neuerlicher Bezug auf die Formel dann eigentlich unwahrscheinlich. Die Formel war von Edgar Jung, Franz von Papen und anderen antidemokratischen Gegnern politisch instrumentalisiert worden. Manns eindringliche Tagebuch-Notizen zum 30. Juni 1934 zeigen bereits seine klare Distanz zu diesen Kreisen. Am 20. Juni notierte er zwar ins Tagebuch: »Freche Rede des Papen, um nicht mutig zu sagen.«[42] Einen Tag später distanzierte er sich aber bereits: »Die Zeitungen reden von der Oppositionsrede Papens. Dieser agile kleine Reaktionär hat sich zwar allerlei erlaubt; von den Juden aber und den elenden Rache-Prozessen und den fortwährenden Kommunisten-Hinrichtungen hat er kein Wort gesagt.«[43] Seit dem 30. Juni registrierte er das »Präventiv-Blutbad rechts und links«[44] nicht ohne Genugtuung: »Die Spott- und Schandgeburt von ›Revolution‹ beginnt sich selbst mit Blut zu besudeln«.[45] Er differenzierte dabei sehr genau zwischen den Opfern, notierte auch die Ermordung Edgar Jungs und meinte aus-

---

[39] Dieter Borchmeyer, Was ist deutsch? Die Suche einer Nation nach sich selbst, Berlin 2017

[40] Thomas Mann habe ich wiederholt als konservativen Revolutionär bezeichnet, so schon in: Thomas Mann. Künstler und Philosoph, München 2001; vgl. Apokalypse der deutschen »Seele«? Thomas Manns »Doktor Faustus« als Zeitroman, in: Weimarer Beiträge 51 (2005), 188–205.

[41] Thomas Mann, Russische Anthologie, in: Gesammelte Werke in dreizehn Bänden. Reden und Aufsätze 2, Frankfurt am Main 1974, Bd. X, 590–603, hier: 598.

[42] Thomas Mann, Tagebücher 1933–1934, Frankfurt 1977, 447 (Notiz vom 20. Juni 1934)

[43] Mann, Tagebücher 1933–1934, 448 (Notiz vom 21. Juni 1934)

[44] Mann, Tagebücher 1933–1934, 458 (Notiz vom 4. Juli 1934)

[45] Mann, Tagebücher 1933–1934, 454 (Notiz vom 30. Juni 1934)

drücklich: »Ich bemitleide diese Schrittmacher des Elends nicht«.[46] Am 5. Juli erklärte er:

> »Von den Morden und Hinrichtungen geht nur der Schleichers und seiner Frau mir eigentlich nahe – unbeschadet der erschütternden Scheußlichkeit ihrer aller. Aber am kennzeichnendsten ist vielleicht die Ermordung des alten Kahr in München, die einen politisch völlig unnötigen, persönlichen Racheakt für Verjährtes darstellt.«[47]

Seine Aufzeichnungen finden ihren Abschluss in einem längeren Notat vom 8. Juli 1934, in dem es heißt:

> »Nun, immerhin, nach wenig mehr als einem Jahr, beginnt sich der Hitlerismus als das zu erweisen, als was man ihn von jeher sah, erkannte, durchdringend empfand: als das Letzte an Niedrigkeit, entarteter Dummheit und blutiger Schmach – es wird klar, dass er sicher und unfehlbar fortfahren wird, sich so zu bewähren«.[48]

Manns Urteil steht fortan fest. Die Zuspitzung des Nationalsozialismus auf den »Hitlerismus« hat gerade für die »Aktion« vom 30. Juni ihre volle Berechtigung; Hitler verhaftete Röhm höchst persönlich in Bad Wiessee. Manns scharfe Differenzierung zwischen den Papen-Kreisen und Schleicher entspricht heute geläufigem Urteil. Mann bezeichnete die Papen-Kreise und Propagandisten der Konservativen Revolution als »Schrittmacher des Elends« und versagte ihnen sein Mitleid. Es kann also keine Rede davon sein, dass seine programmatische Wiederaufnahme der Formel von der »konservativen Revolution« an den antidemokratischen und autoritären Kurs der Papen-Linie anknüpfen wollte. Deshalb verwundert es auch etwas, dass Mann die Formel 1937 in der Emigration in seinem Vorwort zur Zeitschrift *Maß und Wert* ganz programmatisch und exponiert erneut verwendete.

Er schrieb sein Vorwort im Mai 1937[49] und besprach es u. a. mit Erich von Kahler. »5 Bände der ›Zeitschrift für Sozialwissenschaft‹«[50] lagen damals als Vergleichsposten neben der Arbeit. Erst nach Abschluss des Vorworts, im Juli 1937, lernte Mann Hermann Rauschning persönlich kennen, dessen *Revolution des Nihilismus* er zu-

---

[46] Mann, Tagebücher 1933–1934, 458 (Notiz vom 4. Juli 1934)
[47] Mann, Tagebücher 1933–1934, 459 (Notiz vom 5. Juli 1934), vgl. 461
[48] Mann, Tagebücher 1933–1934, 463 (Notiz vom 8. Juli 1934)
[49] Dazu die Tagebucheintragungen in Thomas Mann, Tagebücher 1937–1939, Frankfurt 1980, 57 ff. (Eintragungen vom 5. – 30. Mai 1937)
[50] Mann, Tagebücher 1937–1939, 59

stimmend las. Damals versuchte er die Formel vor weiterem Missbrauch zu verwahren. Stets hatte er ein hohes Bewusstsein für politische Semantik; sein konservativer Sinn für »Gerechtigkeit« suchte den equilibrierenden Ausgleich. So agierte er auch im Diskurs der Weimarer Republik und verteidigte etwa die politische Romantik gegen einseitige nationalistische Missdeutungen, optierte für Demokratie und Republik und bekämpfte den aggressiven Nationalismus; nach 1933 suchte er mit seinem *Joseph*-Roman den Mythos-Begriff dem Faschismus zu entwenden. So wirkte auch *Lotte in Weimar*. Stefan Zweig nannte den Roman »die schwerste Niederlage der zukuenftigen Schrifttumskammer und die denkbar edelste Absage an das Deutschland des Dritten Reiches zugunsten des unvergaenglichen«.[51] Thomas Mann erneuerte die Formel von der Konservativen Revolution 1937 nicht zuletzt aus begriffspolitischem Balancebedürfnis. Im Vorwort zu *Maß und Wert* distanzierte er sich vom politischen Missbrauch:

»Konservative Revolution. Was haben Dummheit, Renitenz und böser Wille, was hat die belesene Roheit gemacht aus dieser Parole, die von Geistigen und Künstlermenschen einst ausgegeben wurde! Welchen Jugendverderb, welchen weltverdunkelnden Unfug und Freiheitsmord! Welch ein verbrecherisches Banausentum!« (XII, 801)

Mann meint hier vermutlich u. a. den Missbrauch der Papen-Kreise. Er betont dagegen, die »Sendung der Kunst« sei ein »revolutionärer Traditionalismus« der »Einheit von Überlieferung und Erneuerung«:

»Das Neue, das sich aus den erweiterten Elementen des Vergangenen gestaltet; es ist immer überlieferungsbewusst und zukunftswillig, aristokratisch und revolutionär in einem; es ist seinem Wesen nach das, womit es der Zeit und dem Leben ein Vorbild sein kann: konservative Revolution […] Die Wiederherstellung des Begriffes aus Verdrehung und Verderbnis liegt uns am Herzen.« (XII, 801) »Es wiederherstellen aber heißt nicht, sich nach Vergangenem sehnen, sondern es neu herstellen, es aus den Bedingungen, die wir heute vorfinden, frisch erarbeiten und einsetzen.« (XII, 802)

Mann rückte den Typus des Konservativen Revolutionärs gelegentlich in die Nähe der Reaktion. So charakterisierte er Bismarck im Rückblick negativ und stellte ihn als »gewaltigen« Gründer und No-

---

[51] Stefan Zweig am 8. Dezember 1939 an Thomas Mann, in: Thomas Mann / Stefan Zweig, Briefwechsel, Frankfurt 2016, 108

motheten charakterologisch in die Nähe von Moses und Luther. In seinem Rückblick *Meine Zeit* schrieb er 1950 zum Kaiserreich:

»Regiert aber wurde es von einem dämonischen Konservativen, der, obgleich er anstandshalber genötigt vom Geist der Epoche, seinem Reich eine pseudodemokratische Verfassung gegeben hatte, ein Erzfeind der europäischen Demokratie war, revolutionär als solcher, revolutionär in einem unheimlich modernen und rückschlägigen Sinn, der Typ des großen Apostaten der zweiten Hälfte des neunzehnten Jahrhunderts gegen den europäischen Liberalismus, so gut wie Dostojewski oder Nietzsche, – von denen er natürlich keine Ahnung hatte.« (XI, 308)

Mann stellte Bismarck hier als Apostat des Liberalismus neben frühe Referenzautoren der Konservativen Revolution. Er betrachtete diese revolutionären Nomotheten der Nationalgeschichte, wie auch Luther, aber eigentlich nicht als wahre Erneuerer und Weiterentwickler der Tradition. In seinem Essay *Die drei Gewaltigen,* der mephistophelische Helfer des Faust ironisch zitiert, stellte er den tyrannischen Gründern Luther und Bismarck Goethe entgegen. Mann sprach von »konservativer Revolution« nur gelegentlich und terminologisch inkonsistent. In seinen vielfältigen und elastischen Formulierungen ist aber klar, dass er positive und zukunftsweisende Traditionspfade rekonstruieren wollte. Sein programmatisches Bekenntnis zur »konservativen Revolution« war nicht beiläufig, sondern bezeichnete sowohl seine publizistische als auch seine dichterische Praxis.

Mann agierte nicht nur in seinen politischen Reden und Essays als Konservativer Revolutionär, sondern auch und vor allem in seinen großen Romanen: der *Joseph*-Tetralogie und dem *Doktor Faustus.* Hier erzählte er seine Geschichte des europäischen Nihilismus: der monotheistischen Weichenstellung und des katastrophalen Endes der deutschen Nationalgeschichte. Der *Faustus* spiegelte das Ende dabei in den nationalgeschichtlichen Anfängen der Revolutionszeit. Der letzte Werkplan, eine Hutten-Novelle, die Mann zuletzt als Komödie von »Luthers Hochzeit«[52] realisieren wollte, hätte die doppelte Zeitrechnung dann umgedreht und die Weichenstellungen der Nachkriegszeit als Hintergrund der frühen Konstellationen und Entscheidungslagen der Reformationszeit reflektiert. Jeweils ging es Mann um die humanen Möglichkeiten und Alternativen des Anfangs.

---

[52] Dazu Verf., Ehekomödie als Deutschlandplan? Thomas Manns letzte politische Dichtung, in: Düsseldorfer Beiträge zur Thomas Mann-Forschung 1 (2011), 37–53.

Der Konservative Revolutionär geht hinter die aktuale Politik auf soziomoralische oder kulturelle Voraussetzungen zurück und sucht Entwicklungspfade in den anfänglichen Weichenstellungen auf, um Fehlentwicklungen und Irrwege – wie den religiös überspannten protestantischen Sonderweg der deutschen Nationalgeschichte – von Alternativen des Anfangs her zu lösen. Er will aktuale Krisenlagen durch mögliche Alternativen von den anfänglichen Konstellationen und Weichenstellungen her lösen. Dieses Konzept vertrat Thomas Mann so gewichtig und konsequent wie kein anderer Autor. Dabei schrieb er seine Romane auf dem damaligen Stand der Forschung[53] und im Gespräch mit einigen der bedeutendsten Gelehrten seiner Zeit: den *Joseph*-Roman etwa im Gespräch mit Karl Kerenyi, Paul Tillich und Sigmund Freud, den *Faustus*-Roman im Gespräch mit Bruno Walther, Schönberg und Adorno.

7. Zum Schluss

Es wurden – mit Thomas Mann und Hofmannsthal, Franz v. Papen und Heidegger – verschiedene Varianten »konservativer Revolution« vorgestellt: Selbstinthronisationen moderner Dichtung für die Erneuerung kultureller Traditionen (Mann, Hofmannsthal), politisch engagierte Verwertungen starker Traditionsbehauptungen in antiliberaler und »autoritärer« Funktion (Jung, v. Papen) und die abstrakte Fusion von Utopismus und fiktiven Ursprungsmythen in der Flucht aus der Zeit (Heidegger). Es wurde die Formel von der »konservativen Revolution« als methodisches Gebot gelesen, Gegenwart auf Zukunft auszurichten, indem man Traditionskritik treibt und in die Anfänge und Gründe geht. Religiöse Bewegungen suchen gerne mythische oder fiktive Anfänge und Inspirationen und verstehen sich häufig als Reformationen. Das kennzeichnet auch Heideggers »Schritt zurück«. Das Ursprungs- und Erneuerungsdenken der »konservativen Revolution« verdient als politische Philosophie aber eigentlich erst dann sachliche Beachtung, wenn ein enger Konnex zwischen den soziokulturellen und weltanschaulichen Voraussetzungen und den verfassungspolitischen Gegenwartsfragen geknüpft wird. Es lässt sich hier schlicht auch von einer Verhältnisbestimmung von »Kultur und

---

[53] Dazu vgl. Henning Genz / Ernst Peter Fischer, Was Professor Kuckuck noch nicht wusste. Naturwissenschaftliches in den Romanen Thomas Manns, Reinbek 2004

Politik« sprechen. Der Rückgang in die Anfänge und Gründe kann zur Korrektur anfänglicher Weichenstellungen und Fehlleitungen führen und alternative Pfade begründen. Die meisten Autoren der »konservativen Revolution« scheiterten damals aber an ihrem Dilettantismus; sie waren damit überfordert, zugleich als politische Akteure, Publizisten und originäre Philosophen oder Weltanschauungssynthetiker redlich zu agieren. Der Spagat des politischen Publizisten und des Wissenschaftlers gelingt auch den öffentlichen Intellektuellen unserer Tage nicht immer. Politische Philosophie fragt nach Bedingungen und Gründen humaner Existenz. Es bedarf einer multiperspektivisch ausgewogenen Betrachtungsweise, solche Vernunft zu entwickeln.

II. Heideggers prometheische Revolution

1. Mythos der Nation

Die Begriffsgeschichte zeigt nach gängigem Befund, dass Revolutionen lange zyklisch ausgelegt wurden. Erst mit der Französischen Revolution kam es zu einer Umstellung auf linearen Fortschritt.[1] Das Konzept der Konservativen Revolution steht nicht mehr in der Tradition konservativer Erinnerung von Revolutionszyklen, wie sie die Kreislauftheorien antiker Verfassungslehren propagierten, sondern legt den Akzent der Rückbindung und des Verweilens im mythischen Anfang auf den Ehrgeiz eines katalytischen Neustarts. Die Denkfigur des »Schritts zurück« und der Wiederholung der anfänglichen Möglichkeiten findet sich bei Heidegger ständig. Greifen wir nur einen Beleg der *Schwarzen Hefte* aus den 40er Jahren heraus:

»Wir nähern uns dem Augenblick der weltgeschichtlichen Prüfung der Deutschen, ob sie es vermögen, den Bereich jenseits von Rationalismus und Irrationalismus zu erfahren und wohnbar zu machen. Warum hindern wir uns selbst an dem Geschick, heutige Kräfte zu erwecken und ihre Gestalt zu bauen?

›Revolution‹ – ihr Wesen müssen wir endlich doch revolutionär verstehen und d. h. worthaft als die Rückwälzung des Wesens in das Anfängliche. Der eigentliche Revolutionär bringt weder Neues, noch bewahrt er Altes, er erweckt das Anfängliche.« (GA 97, 18 f.)

Heideggers Nationalismus ist zwar überall greifbar; eine klar konturierte Nationalgeschichte, die vor den Historikerkollegen bestehen konnte, findet sich aber schwerlich. Am Freiburger Kollegen Gerhard

---

[1] Aus der breiten begriffsgeschichtlichen Forschung hier nur Ernst Schulin, Die Französische Revolution, München 1988, 14 ff.; Herfried Münkler / Grit Straßenberger, Politische Theorie und Ideengeschichte. Eine Einführung, München 2016, 316 ff.; Reinhart Koselleck, Vergangene Zukunft. Zur Semantik geschichtlicher Zeiten, Frankfurt 1979

Ritter[2] etwa ließe sich das protestantische Geschichtsbild kontrastiv verdeutlichen. Verglichen mit Thomas Mann fällt sogleich auf: Heideggers Nationalgeschichte ist nicht protestantisch gefärbt: Heidegger gibt keine Frühdatierung der Nation seit Luther und der Reformationszeit. Eine starke Geschichte des »deutschen Geistes« seit den Anfängen der deutschen Mystik, wie sie zuletzt etwa Vittorio Hösle[3] eindrucksvoll vertrat, findet sich bei Heidegger auch nur in Ansätzen. Eine differenzierte Verfassungsgeschichte des alten Reiches oder der deutschen Territorialstaaten fehlt. Es findet sich auch kein klares borussisches Geschichtsbild von der deutschen Sendung Preußens, wie es mit Wilhelm Dilthey, dem Freund Treitschkes, in die deutsche Geistesgeschichtsschreibung einwanderte. Dilthey ging bis auf Leibniz, die »deutsche Aufklärung« und Friedrich den Großen zurück und erklärte den preußischen Rechtsstaat und das »organische« Denken der Historischen Schule zum preußischen Vermächtnis Deutschlands. Eine solche protestantisch-preußische Nationalgeschichte war Heidegger nicht möglich. Er vertrat aber auch keine katholische und großdeutsche Gegengeschichte. Seine »Seinsgeschichte« abstrahierte weitgehend von institutionellen Kontexten, allenfalls eine lose Verknüpfung der neueren Nationalgeschichte mit der neueren Universitätsgeschichte findet sich. Heideggers Nationalgeschichte ist institutionengeschichtlich nur schattenhaft und vage im Spiegel der Universitätsgeschichte lesbar.

In der Rektoratsrede marschieren Prometheus als »der erste Philosoph« (GA 16, 109) und Nietzsche als der »letzte deutsche Philosoph« (GA 16, 111) auf. Die mythische Gestalt des Prometheus wird mit Aischylos zitiert. Dies Prometheusbild scheint dabei von Nietzsche angeregt: Nietzsche schrieb seine Verfallsgeschichte der Tragödie vom Prometheusmythos her (vgl. KSA I, 67 ff., 615 ff.) und sprach von der »Notwendigkeit des Frevels« und der »activen Sünde« (KSA I, 69 f.). Platon wird in der Rektoratsrede zwar zitiert, aber nicht namentlich genannt. Außer Aischylos und Nietzsche erwähnt Heidegger als historische Person nur noch Carl von Clausewitz. Gegen Ende der Rektoratsrede heißt es: »Wir wählen den wissenden Kampf

---

[2] Dazu etwa Gerhard Ritter, Die Neugestaltung Europas im 16. Jahrhundert. Die kirchlichen und staatlichen Wandlungen im Zeitalter der Reformation und der Glaubenskämpfe, Berlin 1950

[3] Vittorio Hösle, Eine kurze Geschichte der deutschen Philosophie. Rückblick auf den deutschen Geist, München 2013

der Fragenden und bekennen mit Carl von Clausewitz: ›Ich sage mich
los von der leichtsinnigen Hoffnung einer Errettung durch die Hand
des Zufalls.‹« (GA 16, 116)[4] Heidegger zitiert eine patriotische Bekenntnisdenkschrift (für Gneisenau) vom Februar 1812. Gott ist tot,
die Rede von der »Hand des Zufalls« weist auf die Lücke hin. Preußen
war damals besiegt, Napoleon marschierte nach Moskau. Clausewitz
richtete sich als »wahrer Patriot« damals gegen die »öffentliche Mei-
nung« und rief zum »Kampf für Unabhängigkeit«[5] und »Volkskrieg«[6]
gegen »Frankreichs Tyrannei«[7] auf, wünschte die Mobilisierung des
nationalistischen »Enthusiasmus«[8]. Zitiert Heidegger den preußischen Reformer hier als ersten gottlosen Philosophen und Vorgänger
Nietzsches? Das lässt sich nicht ausschließen. Zitiert er mit Clausewitz auch das ganze Programm des Aufrufs zum »Volkskrieg« gegen
Frankreich? Bejaht er also über den Kampf hinaus auch den Krieg?
Bald wird er jedenfalls für den Austritt aus dem Völkerbund plädie-
ren. Eine nationalistische und revanchistische Bejahung des Nationalsozialismus markiert auch Differenzen: Vom Antisemitismus
spricht die Rektoratsrede zwar nicht, Heideggers Philosophenkönigtum von 1933 bekommt durch die Clausewitz-Anrufung aber eine
militaristische Note. Sein damaliger Schlageterkult zeigt schon, dass
der Primat des »Wissensdienstes« vor dem »Wehrdienst« nicht eindeutig ist.

Der Bogen der Rektoratsrede vom nationalsozialistischen »Aufbruch« zur »deutschen Sammlung« (GA 94, 523) findet sich auch in
den *Schwarzen Heften*. Zum Abschluss der *Überlegungen VI* konstruiert Heidegger hier ein »kulturheilsgeschichtliches Kalendarium«
(A. U. Sommer),[9] das als Spiel der »Unheimlichkeit historischer Zeit-
rechnungszahlen im Vordergrund der abgründigen deutschen Geschichte« bezeichnet ist: »1806 Hölderlin geht weg und eine deutsche
Sammlung hebt an. 1813 Der deutsche Anlauf erreicht seine Höhe

---

[4] Carl von Clausewitz, Bekenntnisdenkschrift (1812), in: Hans Rothfels (Hg.), Carl
von Clausewitz: Politische Schriften und Briefe, München 1922, 80–119, hier: 85
[5] Clausewitz, Bekenntnisdenkschrift, 89, vgl. 104
[6] Clausewitz, Bekenntnisdenkschrift, 116, 118 f.
[7] Clausewitz, Bekenntnisdenkschrift, 101
[8] Clausewitz, Bekenntnisdenkschrift, 113 f.
[9] Andreas Urs Sommer, Nietzsche als Drehscheibe in ›die‹ Moderne? Heideggers
Nietzsche in den *Schwarzen Heften* und die Rolle des Philosophen, in: Hans-Helmuth
Gander / Magnus Striet (Hg.), Heideggers Weg in die Moderne. Eine Verortung der
›Schwarzen Hefte‹, Frankfurt 2017, 71–94, hier: 72

und Richard Wagner wird geboren.« (GA 94, 523) Heidegger nennt seine kuriosen Parallelisierungen den »Vordergrund der abgründigen deutschen Geschichte«. Im Hintergrund darf man die Ironie der »Seinsgeschichte« vermuten, die Heidegger in die Lücke Gottes als »Hand des Zufalls« einfügt. Das Jahr 1806 ist eigenartig formuliert: Am 14. Oktober 1806 wurde Preußen nämlich bei Jena und Auerstädt vernichtend geschlagen, Napoleon besetzte Ende Oktober Berlin; 1807 erst folgte der Frieden von Tilsit, mit dem üblicherweise die Stunde der preußischen Reformer datiert wird. Selbst von einer »preußischen Sammlung« lässt sich für 1806 also noch kaum sprechen. Der Sammlung folgt bei Heidegger dann ein schneller »deutscher Anlauf«: Der Beitrag Russlands ist dabei großzügig übersehen, komplexe Überlegungen zum Verhältnis von Preußen, Österreich und Deutschland fehlen. Goethe schrieb damals, 1810 bis 1812, seine Karlsbader Huldigungsgedichte, die die offene Lage erahnen lassen. Heideggers Mythos von der »nationalen Erhebung« ist dagegen ein Konstrukt der Zeit nach 1914. Überraschend fehlt selbst ein Hinweis auf Fichte, an dessen Stelle Clausewitz in der Rektoratsrede steht.

Universitätsgeschichtlich einlässigere Ausführungen finden sich bei Heidegger erst nach dem Rektorat im August 1934 in den Vorträgen *Die deutsche Universität* für Ausländerkurse der Freiburger Universität. Man wüsste gerne Genaueres über den Rahmen und Hörerkreis. Heidegger erzählt die Universitätsgeschichte hier als Geschichte der »Befreiung des Menschen« aus alten Bindungen. Von der älteren Universität schweigt er und datiert die »deutsche Universität«[10] eigentlich erst mit der Berliner Gründung, jener Universität also, deren Ruf – genauer aber: dem Oktroy des Ministeriums – er sich 1930 und 1933 zwei Mal versagte. Heidegger betrachtet die Befreiung des Menschen 1934 als Loslösung aus den Bindungen des kirchlichen Dogmas, des Maschinenmäßigen und auch der »ursprünglichen Ordnungen« der Gemeinschaft. »Die Gemeinschaft wird jetzt zur Gesellschaft«, meint er: »Der Staat ist auf Vertrag gegründet.« (GA 16, 290) Heidegger nennt nur allgemeine und stereotype Kennzeichen von Modernität. Die Gewerbereformen des Freiherrn von Stein beispielsweise sind damit nicht präzise benannt. Heidegger sagt weiter:

[10] Zur »deutschen« Sinnbestimmung schon Friedrich Schleiermacher, Gelegentliche Gedanken über Universitäten in deutschem Sinn, Berlin 1808

»Der einzige damals noch in sich gegründete deutsche Staat, Preußen, wurde 1806/7 durch Napoleon und seine Verbündeten niedergeworfen. Aber – in all dieser politischen Ohnmacht, in all dieser staatlichen Zerrissenheit, in all diesem Elend des Volkes lebte noch und lebte schon ein geheimes Deutschland.« (GA 16, 290)[11]

Eine »neue Freiheit« sei damals durch die »neue deutsche Dichtung«, »neue deutsche Philosophie« und einen »neuen deutschen politischen Willen« bereits vorbereitet worden. Heidegger nennt die üblichen Referenzautoren (GA 16, 291) und geht dann auf die Lehre vom »Volksgeist« und Humboldts Gründung ein.

Seine Skizze ist im Abgleich mit der Rektoratsrede oder auch der starken Selbsthistorisierung der Berliner Universität, wie sie bei Max Lenz, Dilthey oder Spranger hervortrat, aufschlussreich und interessant. Heidegger unterscheidet 1934 deutlicher zwischen der »deutschen Sammlung« von 1812/13 und dem »Werden der künftigen deutschen Universität in der unmittelbaren Gegenwart«; er skizziert eine Verfallsgeschichte der »Abkehr von der Philosophie« und positivistischen »Vereinzelung und Entwurzelung der Wissenschaften« (GA 16, 295) im Wilhelminismus, die auch Nietzsche nicht habe stoppen können – sachlich treffender ist seine frühere Skizze der Entwicklung des Marburger Lehrstuhls (GA 3, 304–311) –, und datiert das »Werden der künftigen deutschen Universität« mit dem »Frontgeist« des Ersten Weltkriegs (GA 16, 299 ff.). Heidegger zieht eine ziemlich direkte Linie von 1914 zu Hitler: Der »Frontgeist wurde die bestimmende Kraft in der Vorbereitung der nationalsozialistischen Revolution.« (GA 16, 300) Er prägte Hitler, aber die Universität sperrte sich noch bis 1933 gegen die Revolution der »Gemeinschaft als Kameradschaft« (GA 16, 300). Heidegger schreibt:

»Wir müssen fragen: Warum hat die Universität versagt, warum musste sie versagen? Antwort: weil ihr – wie gezeigt – schon seit Jahrzehnten die eigene, ursprüngliche geistige Einheit fehlte. Deshalb war sie außerstande, als geschlossene geistige Kraft mitzuwirken an der Erweckung und inneren Ausgestaltung oder gar Vor-gestaltung der heraufkommenden geistigen Welt.« (GA 16, 301)

In seinem Plan der Dozentenschule spricht Heidegger damals von einem »Umdenken der bisherigen Wissenschaft« und der Universität

---

[11] Zu dieser Formel vgl. Manfred Riedel, Geheimes Deutschland. Stefan George und die Brüder Stauffenberg, Köln 2006

als »erzieherische Lebensgemeinschaft aus geschlossener Weltanschauung« (16, 308). In den Universitätsvorträgen fordert er die »Umerziehung des Volkes zum Volk durch den Staat« (GA 16, 304) oder auch eine »Erziehung des Volkes durch den Staat zum Volk« (GA 16, 307). Einige Wochen zuvor, im Mai 1934, hatte er bei einem Klassentreffen in Konstanz mit deutlichen Anklängen an Nietzsche die generationelle Aufgabe formuliert, »der Übergang und die Brücke« (GA 16, 282) der Zwischenkriegszeit zu sein und den Ersten Weltkrieg nachträglich zu gewinnen: »Der große Krieg muss von uns geistig erobert werden« (GA 16, 283), meinte er: »Unser Geschlecht – wir in der geheimnisvollen Kameradschaft mit den toten Kameraden – ist die Brücke zur geistigen geschichtlichen Eroberung des großen Krieges.« (GA 16, 284) Heidegger zitiert hier *Also sprach Zarathustra*:

»Was gross ist am Menschen, das ist, dass er eine Brücke und kein Zweck ist: was geliebt werden kann am Menschen, das ist, dass er ein Übergang und ein Untergang ist.« (KSA IV, 16 f.)

Man könnte nun genauer rekonstruieren, welchen nationalistisch-militaristischen Sinn Heidegger der Universität 1933/34 gab. Es dürfte jedoch bereits deutlich geworden sein, dass er die Programmatik der Rektoratsrede nach dem Rektorat noch im Sommer 1934 universitätsgeschichtlich deutlicher ausbuchstabierte und dabei auch zwischen der nationalliberalen Sammlung von 1813 und der nationalistischen Bewegung seit 1914 unterschied. Sein »Frontgeist« blieb jedoch insgesamt historisch ziemlich abstrakt und unterbestimmt. Schon Ernst Jünger zeichnete verschiedene Typen des Soldaten; sein Stoßtruppführer gehörte nicht zum Kanonenfutter von Langemark.

Im Festkalender der propagandistischen Veranstaltungen und Rituale lässt sich nun zwischen vorgegebenen nationalsozialistischen Inszenierungen und eigenen Aspirationen des Rektors einigermaßen unterscheiden: Heidegger verband seine nationalsozialistischen Auftritte mit einem eigenen Märtyrer- und Totenkult. So veranstaltete er eine Langemarkfeier und propagierte einen Schlageterkult, der nicht den Soldaten, sondern den Freikorpskämpfer und Attentäter feierte, der von den Franzosen verurteilt und hingerichtet wurde. Der »Frontgeist« wechselt hier gleichsam Farbe und Gestalt: vom militärisch sinnlosen Hinschlachten jugendlicher Kriegsromantiker zum terroristischen Kampf gegen »Versailles«. Das zeitgenössische kriegsverkrüppelte Ethos der »Neuen Sachlichkeit« hat Helmut Lethen[12] in seinen *Verhaltenslehren der Kälte* für einige Typen beschrieben. Hanns Johst brachte Schlageter im April 1933, wenige Wochen vor der Rektoratsrede, auf die Bühne, und man sähe Heidegger gerne als Zuschauer und Kritiker des Stücks. Nimmt man seine Vorträge *Die deutsche Universität* als klarste universitätspolitische Äußerung, so muss man wohl sagen: Nicht mit dem Scheitern des Rektorats, sondern erst mit dem Scheitern des weiteren Planes der Dozentenschule entsagte er der Personalunion des Philosophenkönigtums und stellte von »unmittelbarer« auf mittelbare Wirkung um. Er markierte das im Wintersemester 1934/35 mit seinem Übergang zu Hölderlin und lief vom Schlageter-Kult zum v. Hellingrath-Kult über.

2. Der »andere Anfang« als Historie und Mythos

Im Wintersemester 1934/35 las Heidegger erstmals über Hölderlin. Parallel begann er mit seinen Nietzsche-Auslegungen und entwickelte seine Scholastik der »Überwindung der Metaphysik«. Der »aus der Metaphysik stammende Verwüstung der Erde« (GA 7, 70), die jeder Vernichtung vorgängig sei, stellte er seinen »Schritt zurück« in das »Ereignis« des »Anfangs« und die »Lichtung« der »Wahrheit« des »Seins selbst« entgegen. Ähnlich wie Nietzsche schloss er Metaphysik- und Monotheismuskritik zusammen. Seine Überwindung der Metaphysik verlangte einen Rückgang hinter die »mosaische Unterscheidung« (Jan Assmann).[13] Heidegger revozierte ein vorsokratisches »Abendland« ohne Judentum und Christentum, Athen, Jerusalem und Rom, selbstverständlich auch ohne Islam und andere verbreitete Religionen, ausgenommen vielleicht fernöstliche Heilslehren und Meditationspraktiken wie den Taoismus. Man fragt sich, welches Ethos er eigentlich revozierte. Sein negativierender Begriff des »Abendlandes« richtete sich gegen die geläufige christliche Kon-

---

[12] Helmut Lethen, Verhaltenslehren der Kälte. Lebensversuche zwischen den Kriegen, Frankfurt 1994; eingehend jetzt Helmuth Kiesel, Geschichte der deutschsprachigen Literatur 1918 bis 1933, München 2017

[13] Dazu vgl. Jan Assmann, Herrschaft und Heil. Politische Theologie in Altägypten, Israel und Europa, München 2000; Die Mosaische Unterscheidung oder der Preis des Monotheismus; Exodus. Die Revolution der Alten Welt, München 2015; aktualisierend jetzt: Totale Religion. Ursprünge und Formen puritanischer Verschärfung, Wien 2016

notierung und – katholische – Rede von einem »christlichen Abendland«. Buchstäblich bezog er sich vor allem auf Heraklit und Parmenides. Die wenigen überlieferten Textfragmente sind aber interpretatorisch dehnbar. Was Heidegger wörtlich anbietet, zeigen seine *Vorträge und Aufsätze* von 1954 besonders prägnant: Sie fügen sich als »Sammlung« und Schritt zurück aus dem Gestell der Gegenwart in die anfänglichen »Grundworte«. In der Gesamtausgabe finden diese Auslegungen ihre Ausgestaltung in den »seinsgeschichtlichen« Abhandlungen der dritten Abteilung, die wenige Grundworte in ständigen Variationen umkreisen. Mit Nietzsche gesprochen hämmert Heidegger sein Vokabular ein. Der philosophische Führer tritt als »Hirte des Seins« auf, wobei die Rede vom »Hirten« als herber Ausrutscher und Rückfall in die katholische Terminologie klingt.

Heideggers anfängliches »Dasein« hat keinen historischen Ort. Heidegger bezieht sich nicht auf vorhandene Typologien des »hellenischen Menschen« nach Winckelmann oder Jacob Burckhardt. Burckhardt unterschied im vierten Band seiner *Griechischen Kulturgeschichte* zwischen dem »heroischen«, »kolonialen und agonalen Hellenen« und den Griechen späterer Epochen. Mit Nietzsche beginnt die starke Wirkung dieser kulturgeschichtlichen Typenschau. Werner Jaeger[14] markierte 1934 mit dem ersten Band von *Paideia* den damaligen Forschungsstand. Sein »dritter Humanismus« richtete sich als »politischer Humanismus« gegen den Weimarer Neuhumanismus, historisierte aber auch die alte Adelstugend. Heidegger warf Jaeger zwar nicht mit Wilamowitz in einen liberalen Topf; selbst mit Jaeger suchte er aber nicht das Gespräch. Auch der Umgang mit Wolfgang Schadewaldt hinterließ keine deutlichen Spuren in seinem Werk. Seine Revokation der Vorsokratik war von keinem historischen Ehrgeiz getrübt. Dabei entwarfen damals viele Zeitgenossen anthropologische Typenlehren und politisch-pädagogische Kurzschlüsse von den alten Griechen auf den Nationalsozialismus. Schadewaldts Nachfolger in Freiburg, Hans Bogner, beispielsweise hätte hier ein Gesprächspartner sein können. Heidegger revozierte aber keine historische »Gestalt« des anfänglichen »Daseins« und bot nach 1933 eigentlich nur eine Ikonologie des alemannischen »Hirten« an, dessen ethnische Herkunft an den Quellen des Ister ins Schwäbische changierte.

Der ikonische Heidegger lieferte mit Todtnauberg vor allem eine

---

[14] Werner Jaeger, Paideia. Die Formung des griechischen Menschen Bd. I, Berlin 1934

Light-Version der Zarathustra-Welt. Der Zarathustrismus, älter als die homerischen Epen, war laut Wikipedia in Baktrien in der Region des Hindukusch angesiedelt und lag einige tausend Meter über Nietzsches Sils-Maria-Welt des Engadin. Heideggers Todtnauberg-Identifikation steigt noch weiter hinab. Allerdings hatte schon Nietzsche gelegentlich, für den Sommer 1882, einen Versuch mit dem Schwarzwald erwogen (vgl. KSB VI, 162). Heideggers Zarathustra-Identifikation tritt erst mit der Radio-Rede *Schöpferische Landschaft* massiv hervor, die im vollen Umfang am 7. März 1934, wenige Wochen vor dem förmlichen Rücktritt vom Rektorat, im nationalsozialistischen Kampfblatt *Der Alemanne* im Druck erschien. Der Beitrag wurde zuvor in Berlin und Freiburg im Rundfunk gesendet. Hat Heidegger ihn selbst gesprochen? Ist die Aufnahme erhalten? Der Text entsagt nicht nur Berlin, sondern markiert 1934 auch den Abschied vom Rektorat und die Umstellung des Adressaten auf die Nachwelt. Schon mit dem ersten Absatz trägt Heidegger seine Zarathustra-Identifikation hier dick auf. Ich zitiere abgekürzt:

»Am Steilhang eines weiten Hochtales des südlichen Schwarzwaldes steht in der Höhe von 1150m eine kleine Skihütte. Im Grundriss misst sie 6 zu 7 Metern. […] Den Hang hinauf ziehen die Matten und Weidflächen bis zum Wald mit seinen alten, hochragenden, dunklen Tannen. Über allem steht ein klarer Sommerhimmel, in dessen strahlenden Raum sich zwei Habichte in weiten Kreisen hinaufschrauben.« (GA 13, 9)

Aus Zarathustras Hochgebirge wird hier der Schwarzwald, aus der Höhle die Hütte; Zarathustras Tiere, Adler und Schlange, sind zu Habichten geschrumpft. Heidegger hatte sich damals zwar schon länger mit Nietzsche befasst, war aber noch nicht als Nietzsche-Interpret hervorgetreten. Er hatte die »Einsamkeit« bereits als »Grundbegriff« der Metaphysik expliziert und Platons Höhlengleichnis im Wintersemester 1931/32 in der Vorlesung erörtert. Dort sagte er bereits:

»Der Philosoph als Befreier der Gefesselten setzt sich dem Schicksal des Todes in der Höhle aus; wohl zu beachten: des Todes in der Höhle und durch die ihrer selbst nicht mächtigen Höhlenbewohner. […] Dem Schicksal dieses Todes in der Höhle ist noch kein Philosoph entgangen. Der Philosoph ist dem Tode in der Höhle ausgesetzt, das besagt: das eigentliche Philosophieren ist machtlos innerhalb des Bereichs der herrschenden Selbstverständlichkeit; nur soweit diese selbst sich wandelt, kann Philosophie ansprechen. Dieses Schicksal wäre heute, falls es Philosophen gäbe, drohender denn je. Denn die Vergiftung wäre eine weit giftigere, weil versteckterе und langsam schleichende. Die Vergiftung geschähe nicht durch eine sichtbare äußere

Schädigung, nicht durch Angriff und Kampf, – so bliebe ja immer noch die Möglichkeit der wirklichen Gegenwehr, des Messens der Kräfte und damit einer Befreiung und Steigerung der Kräfte. Die Vergiftung geschähe dadurch, dass man sich für den Philosophen in der Höhle interessierte, dass man einander sagte, diese Philosophie müsse man gelesen haben; dass man in der Höhle Preise und Ehren austeilte, dass man dem Philosophen langsam eine Zeitungs- und Zeitschriftenberühmtheit verschaffte, ihn bewunderte.« (GA 34, 83 f.)

Heidegger wusste also, worauf er sich 1933 einließ. Im Wintersemester 1932/33 hatte er sich – kürzer als Zarathustra – nach Todnauberg in seine Hütte zurückgezogen und war dann im Rektoratssemester vom Sommer 1933 – wenige Jahre älter als Zarathustra – aus dem Hochschwarzwald heruntergestiegen und »in die nächste Stadt« gegangen; auf dem »Markt« hatte er als Rektor zum »Volk« gesprochen, das jedoch den »letzten Menschen«, der das – in »Hitlers Volksstaat«[15] nicht zuletzt durch Arisierungen finanzierte – »Glück« erfunden hat, Zarathustras »Übermenschen« vorzog, und er strebte 1934 erneut aus der Stadt weg ins Gebirge, um statt des »Volkes« nur noch wenige »lebendige Gefährten« und »Mitschaffende« zu suchen. Heideggers Anspielung bezieht sich auf Zarathustras erste Rückkehr ins Gebirge am Ende der Vorrede nach Zarathustras erstem »Untergang«:

»Ein Licht gieng mir auf: nicht zum Volke rede Zarathustra, sondern zu Gefährten!« (KSA IV, 25) »Diess hatte Zarathustra zu seinem Herzen gesprochen, als die Sonne im Mittag stand: da blickte er fragend in die Höhe – denn er hörte über sich den scharfen Ruf eines Vogels. Und siehe! Ein Adler zog in weiten Kreisen durch die Luft, und an ihm hieng eine Schlange, nicht einer Beute gleich, sondern einer Freundin: denn sie hielt sich um seinen Hals geringelt. ›Es sind meine Thiere!‹ sagte Zarathustra und freute sich von Herzen.« (KSA IV, 27)

Heidegger deutete Zarathustras Tier als »Sinnbilder« des Stolzes und der Klugheit. Die Freiburger Nationalsozialisten nahm er fortan, mit Zarathustra gesprochen, als giftige »Fliegen des Marktes« wahr und meinte erneut:

»Abseits vom Markte und Ruhm begiebt sich alles Grosse: abseits vom Markte und Ruhm wohnten von je die Erfinder neuer Werte. Fliehe, mein

---

[15] Götz Aly, Hitlers Volksstaat. Raub, Rassenkrieg und nationaler Sozialismus, Frankfurt 2005

Freund, in deine Einsamkeit: ich sehe dich von giftigen Fliegen zerstochen.«
(KSA IV, 66)

Der Text *Schöpferische Landschaft* bezieht sich buchstäblich nicht auf
das Rektorat, sondern die Ablehnung des Berliner Rufes. Die stand
für Heidegger aber schon im Herbst 1933 fest und eine öffentliche
Erklärung dazu war im Februar 1934 eigentlich obsolet. Die Absage
an den politischen Ruf nach Berlin stand 1934 für die Absage ans
institutionelle NS-Engagement insgesamt.

Man kann weitere Parallelen suchen und Heideggers Konstruktion des Gegensatzes der »städtischen Welt« zum Schwarzwald, von
Städtern und Bauern, detaillierter auf Nietzsches Zarathustrawelt be-
ziehen. Man möchte vielleicht einen Fortschritt in der Thematisierung des »Mitseins« herauslesen, wenn die alte Bäuerin zu Heidegger
»den Steilhang heraufgestiegen« kommt und Heidegger seinem
»alten Freund, einem 75jährigen Bauern«, die Absage an Berlin über-
lässt, weil er die »treu-bedächtige Hand« und das kaum merkliche
Kopfschütteln richtig zu lesen versteht. Mit diesem Text von 1934
ist der Reigen der Nietzsche-Interpretationen jedenfalls ikonisch eröffnet. In den Nietzsche-Vorlesungen reflektiert Heidegger dann im
Kontext der damaligen Weimarer Auseinandersetzungen um eine
kritische Nietzsche-Gesamtausgabe ausführlich auf die Formen der
»Mitteilung«, die dichterische Gestaltung der Lehre durch den Lehrer, die »Heranbildung« (GA 6.1, 237) des Publikums und den Aufschub der »eigentlichen Philosophie« auf die Publikation des Nachlasses (vgl. GA 6.1, 292 ff.). »In der Gestalt des Lehrers wird die Lehre
mittelbar dargestellt« (GA 6.1, 255, vgl. 276), schreibt Heidegger:
Nietzsches sparsame Mitteilung seines Grundgedankens komme »einem Verschweigen gleich« (GA 6.1, 235). Die »Unterscheidung zwischen unmittelbarer, anscheinend nur vordergründiger Mitteilung
und scheinbar hintergründiger Verschweigung ist mit Bezug auf philosophische Äußerungen im allgemeinen und mit Bezug auf Nietzsche im besonderen unumgänglich.« (GA 6.1, 235 f.)

Mit der Zarathustra-Identifikation stellt Heidegger sich und sein
Werk schon 1934 in die Nietzsche-Nachfolge. Wiederholt habe ich
ausgeführt, dass diese Nachfolge seit den späten 1930er Jahren, in
Rezeption des Kompilats *Der Wille zur Macht*, in die Organisation
der Gesamtausgabe mündete. Zweifellos betrachtete Heidegger sich
im postchristlichen und antimetaphysischen Selbstverständnis und
Projekt als Erbe Nietzsches. Es ist möglich, dass seine »ontologische«

Antwort und Insistenz auf der »Seinsfrage« in diesem Kontext gesehen werden muss und Nietzsches Lehre von der »ewigen Wiederkunft« irgendwie übersetzte, dass Heidegger also im Kern seiner philosophischen Frage und Antwort schon als Nietzscheaner betrachtet werden muss. Seine Nietzsche-Nachfolge ist aber nicht nur doktrinär und publikationspolitisch, sondern auch habituell: Heidegger stilisierte seine akademische Rolle, seine Verhältnisbestimmung von Lehrer und Schüler, in der Zarathustra-Identifikation. Dabei übersah oder ignorierte er die ironisch-parodischen Züge in Nietzsches Zarathustra-Dichtung. Alle Aspekte seiner Nietzsche-Nachfolge sind hier nicht zur erörtern; ich will hier meine Auffassung der Nietzsche-Nachfolge und editionspolitischen »Zucht und Züchtung« des Heideggerianers auch nicht wiederholen. Nur der Bezug zur Konservativen Revolution sei verdeutlicht: Heidegger ist ein politischer Pädagoge; seine Nation ist nicht gegeben, sondern aufgegeben. Heidegger argumentierte nicht konservativ als Historiker, wie etwa Ranke, sondern revolutionär und utopisch. Mit dem Scheitern seiner Universitätspolitik stellte er auf »mittelbare« Wirkung, Nachwelt und Zarathustra-Nachfolge um. Sein »anderes Denken« bietet keine andere Gestalt als die eigene Zarathustra-Ikone. Statt seiner Auslegungen der Vorsokratik hätte Heidegger die Nietzsche-Nachfolge deshalb auch als Weiterdichtung des *Zarathustra* entwickeln können, wie es schon v. Hellingrath[16] versuchte, bevor er auf Hölderlin stieß. Nachlassmetaphysik und Fragmentästhetik konnten ihn auf die Weiterdichtung verweisen. In Nietzsches Nachlassnotizen finden sich dazu auch manche Bausteine. Heideggers alemannische Zarathustra-Reinszenierung lässt sich aber auch als eine solche Weiterdichtung verstehen.

3. Heideggers prometheische Auffassung der mythischen »Daseinsform«

Heideggers Schritt zurück konturierte keine historische Gestalt, sondern gestaltete die Lehre ikonisch durch den Lehrer.[17] Seine Auslegun-

---

[16] Heinrich Kaulen, Der unbestechliche Philologe. Zum Gedächtnis Norbert v. Hellinraths (1888–1916), in: Hölderlin-Jahrbuch 27 (1990/91), 182–209
[17] Dazu noch Manfred Riedel, Vorspiele zur ewigen Wiederkunft. Nietzsches Grundlehre, Wien 2012

gen der anfänglichen Grundworte wollten keine kulturgeschichtlichen Anfänge historistisch getreu rekonstruieren, sondern anfängliche Möglichkeiten in avancierter Auslegung evozieren. Heideggers »anderer Anfang« formuliert neue Möglichkeiten. Was er statt einer Genealogie der abendländischen Moral als Ethos und Habitus anbietet, bleibt vage. Jedenfalls muss man sich von historistischen Erwartungen lösen und kann deshalb auch auf aufwändige Systematisierungen der ausufernden Auslegungen der Vorsokratik oder einen historischen Abgleich zwischen den eigenwilligen Lesarten und dem historischen Text verzichten. Der Mythos konturiert sich durch den Gegenbegriff des Logos. Mythen sind nicht säkular und positiv als historische Bestände und Quellen festgestellt; es sind rekonstruktive Ursprungsgeschichten. Wenn Mythos dabei als »Erzählung« übersetzt wird, ist die Macht des Mythos schon profan gebrochen und delegitimiert.

Aufklärungsgeschichten vom Mythos zum Logos wurden zeitgenössisch für die griechische Geistesgeschichte häufiger erzählt: so von Wilhelm Nestle und Bruno Snell.[18] Schon Hegel und Schelling entwickelten eine Philosophie der Mythologie und übersetzten die Sprache des Mythos in philosophische Begriffe. Ein prägnantes Beispiel ist Hegels Deutung des Rätsels der Sphinx. Jürgen Habermas sprach in neuerer Zeit von der Aufgabe einer Übersetzung der »semantischen Potentiale«[19] der Religion. Der Mythos-Diskurs der Zwischenkriegszeit war vielfältig.[20] Der George-Kreis entwickelte eine heroisierende »Mythologie« der »Gestalten« der Geistesgeschichte, die sich intuitionistisch sowohl gegen einen historisch-psychologischen Biographismus als auch gegen starke philosophische Deutungen richtete. Heidegger schrieb keine Geschichte des »absoluten Geistes« oder des Wegs vom Mythos zum Logos. Ein historisches Bild vom alten Griechenland entwickelte er nicht. Seine Auslegungen sprechen eine andere Sprache als der Anfang selbst.

---

[18] Wilhelm Nestle, Vom Mythos zum Logos. Die Selbstentfaltung des griechischen Denkens von Homer bis auf die Sophistik und Sokrates, Stuttgart 1940; Bruno Snell, Die Entdeckung des Geistes. Studien zur Entstehung des europäischen Denkens bei den Griechen, Hamburg 1946; vgl. auch die glänzende Historisierung bei Hermann Fränkel, Dichtung und Philosophie, 4. Aufl. München 1993

[19] Jürgen Habermas, Glauben und Wissen, Frankfurt 2001, 25

[20] Dazu vgl. Christoph Jamme, ›Gott an hat ein Gewand‹. Grenzen und Perspektiven philosophischer Mythos-Theorien der Gegenwart, Frankfurt 1991; Einführung in die Philosophie des Mythos, 2 Bde., Darmstadt 1991/1996

Heideggers Stellung zum mythischen »Anfang« wird meist anhand der späten Auslegungen der Vorsokratik diskutiert. Eine wichtige frühe Positionierung im Umkreis von *Sein und Zeit* ist die bereits erwähnte eingehende Besprechung von Cassirers Philosophie des »mythischen Denkens«, die Heidegger 1928, als erste größere Publikation nach *Sein und Zeit*, in der *Deutschen Literaturzeitung* publizierte. Sie sei nun näher betrachtet:

Begann Heidegger seine Marburger Vorlesungen 1923/24 mit einer Husserl-Kritik, so nahm er nach *Sein und Zeit* und der Rückkehr nach Freiburg sogleich die Auseinandersetzung mit dem Marburger Neukantianismus auf. In seiner knappen Geschichte des Marburger philosophischen Lehrstuhls hatte er eine Linie von Cohen über Natorp zu Cassirer gezogen, die Cassirer noch zur »Fort- und Umbildung der Marburger Schule« (GA 3, 309) zählte. Das stellt Heidegger nun auch in seiner Rezension des zweiten Bandes der *Philosophie der symbolischen Formen* heraus, die er 1928 zum Auftakt seiner Kant-Diskussion veröffentlichte. Cassirers[21] zweiter Band der *Philosophie der symbolischen Formen* thematisierte *Das mythische Denken* als wichtigen Beitrag zur damaligen Mythos-Diskussion. Heidegger nimmt das noch im Marburger Kontext – auch der Debatten um Rudolf Otto und »das Heilige« – auf. Seine Rezension würdigt, dass Cassirer »erstmals wieder seit Schelling den Mythos als systematisches Problem in den Gesichtskreis der Philosophie gestellt« (GA 3, 270) habe, und stellt auch positiv heraus, dass Cassirer das mythische Denken kulturphilosophisch in die »Lebensform« zurückstellte. Cassirer beschrieb das mythische Denken, Heideggers eingehendem Referat folgend, als Seinsgefühl der Übermächtigung und betrachtete die »Wesensinterpretation des Mythos« als Darstellung einer »Möglichkeit des menschlichen Daseins« (GA 3, 265). Vom Daseinskonzept von *Sein und Zeit* und dem Begriff der »Sorge« her betont Heidegger nun gegen Cassirer, dass das »mythische Denken primär durch die ›Geworfenheit‹ bestimmt« (GA 3, 263) sei. So müsse das mythische Wunschdenken, das Cassirer herausstellt, von der Geworfenheit her als inadäquate Antwort und Orientierungsleistung verstanden werden. Auch Kult und »Opfer« sollten als solche inadäquate Antworten oder, mit Hermann Lübbe zu sprechen, »Kontingenzbewältigungspraxis« begriffen werden.

---

[21] Ernst Cassirer, Philosophie der symbolischen Formen Bd. II: Das mythische Denken, Berlin 1925

Im Rahmen seiner Besprechung führt Heidegger zwar nicht aus, wie seine Betonung der Endlichkeit und Geworfenheit des Daseins die Auffassung der mythischen Lebensform im Detail wie im Ganzen verändert. So entwickelt er keinen Begriff vom mythischen Opfer, der etwa seinen Todeskult erhellte. Deutlich ist aber, dass Heidegger hier 1928 jeder sentimentalischen Verklärung der mythischen Lebensform zu einem stabilen Zustand entgegentritt. Von den Ausführungen der Cassirer-Rezension her ist der spätere Verweis der Rektoratsrede auf den mythischen Bericht zu verstehen, dass Prometheus der »erste Philosoph« (GA 16, 109) gewesen sei. Heidegger zitiert den Mythos und übersetzt ihn in eine prometheische Auffassung der Philosophie, die er, nach der genauen Beobachtung von Hans Blumenberg,[22] allerdings sogleich wieder in politischen Opportunismus zurücknahm. Heidegger betont 1928 in der Cassirer-Besprechung die prometheische Dynamik und Selbsttranszendenz des Mythos. Man wird seiner Rezension jedoch keine eigene Philosophie der symbolischen Formen ablesen können und mag deshalb bedauern, dass Cassirer und Heidegger 1929 in Davos nicht über den Anfang der griechischen Philosophie und den Schritt vom Mythos zum Logos disputierten.

1925 hatte Cassirer in Dessoirs *Lehrbuch der Philosophie* eine eigene umfangreiche Darstellung der *Philosophie der Griechen von ihren Anfängen bis Platon*[23] publiziert, auf die Heidegger in seiner Rezension nicht einging. Vielleicht nirgendwo sonst wird aber klarer, dass Heidegger die mythische »Daseinsform« grundsätzlich nicht zur episch geschlossenen Totalität verklärte, auch keine idyllische sentimentalische Rekonstruktion einer verlorenen Naivität vornahm, wie es sich vielleicht im Klassizismus fand, sondern ähnlich wie Cassirer auf der philosophischen Selbsttranszendierung und Transformation des Mythos in klarere Selbstauffassungen der Sorgestruktur des »Daseins« bestand. Die »Lichtung« stellte er über die »Götter und Menschen«. Von daher sind seine späteren Auslegungen des vorsokratischen »Anfangs« nicht als Restaurationen mythischen Denkens, sondern als gezielte politische Semantik zu verstehen.

---

[22] Hans Blumenberg, Die Verführbarkeit des Philosophen, Frankfurt 2000, 56 ff.; dazu vgl. Oliver Müller, Martin Heideggers Verführbarkeit. Zu Lesarten, Deutungen und Distanznahmen Hans Blumenbergs, in: Gander / Striet, Heideggers Weg in die Moderne, 2017, 137–163
[23] Ernst Cassirer, Die Philosophie der Griechen von ihren Anfängen bis Platon, in: Max Dessoir (Hg.), Lehrbuch der Philosophie, Berlin 1925, 7–139

4. Der »Ruch« des Unfugs: Anaximanders zeitgenössischer Spruch

Werfen wir noch einen Blick auf Heideggers Übersetzung der Vorsokratik: Heidegger begann mit Vorlesungen zu den frühen Denkern eigentlich erst in den späten Kriegsjahren, nach der Kriegswende des Russland-Feldzugs und nach seinen Platon- und Nietzsche-Veranstaltungen; er publizierte dann nach 1945 zunächst in den *Holzwegen* über den »Spruch des Anaximander« und später in den *Vorträgen und Aufsätzen* über Heraklit und Parmenides. Während er sich in den *Vorträgen und Aufsätzen* weitgehend auf die Auslegung beschränkt, erläutert er in den *Holzwegen* zunächst sein Verfahren. Er zitiert die Übersetzungen von Nietzsche und Hermann Diels und unterscheidet zwischen einer »nur wörtlichen« und einer »wortgetreuen« (GA 5, 323) Übersetzung. Ausdrücklich sagt er: »Das Antike und Antiquarische hat für sich kein Gewicht.« (GA 5, 325) Er meint auch: »Wenn wir so hartnäckig darauf bestehen, das Denken der Griechen griechisch zu denken, dann geschieht das keineswegs in der Absicht, das historische Bild vom Griechentum als einem vergangenen Menschentum in mancher Hinsicht angemessener zu gestalten.« (GA 5, 336) Die Spätlinge des Abendlandes seien vielleicht »die Vorzeitigen der Frühe eines ganz anderen Weltalters« (GA 5, 326); Übersetzen sei ein »Sprung über den Graben«. Heidegger möchte die »archaische Sprache« von späteren metaphysischen Überformungen abschichten. Das erläutert er an Homer und der »Lage der Archäer vor Troia am Beginn der Ilias« (GA 5, 345) und stellt so die Lage der Nachkriegszeit (von 1946/1950) in die historische Parallele zum trojanischen Krieg.[24] Den »Hirten des Seins« parallelisiert er mit dem ekstatischen »Seher« Homers. Sein seitenlanger Exkurs zu Homer erklärt sich vor allem durch die historische Parallelisierung der Lage des Übersetzers mit den archaischen Zeiten.

Heidegger sagt buchstäblich zwar nicht viel zum Mythos; eher beiläufig meint er: »Die Philosophie ist nicht aus dem Mythos entstanden. Sie entsteht nur aus dem Denken im Denken.« (GA 5, 352) Das widerspricht aber nicht den Ausführungen der Cassirer-Rezen-

---

[24] Solche Parallelen finden sich in der ästhetischen Spiegelung von Revolutions- und Kriegswirren vielfach: Friedrich Schiller beispielsweise wählte mit dem *Wallenstein* nach 1789 die Parallele des 30-jährigen Kriegs. Alfred Döblin spiegelte die Revolutions- und Kriegswirren nach 1918 ebenfalls mit einem Wallenstein-Roman.

sion, ist mit dem »Denken des Denkens« hier doch erneut die prometheische Selbsttranszendenz des Mythos angesprochen. Auch von der »Sorge« spricht Heidegger erneut; in der Übersetzung des Anaximander-Spruches steckt sie hinter der Rede vom »Ruch«. Heidegger meint: »Wir wissen gar nicht mehr, was Ruch bedeutet. Das mittelalterliche Wort ›ruoche‹ meint die Sorgfalt, die Sorge.« (GA 5, 360) Heideggers Übersetzung ist hier nicht zu diskutieren; er nennt sie selbst »eine Zumutung« (GA 5, 367). Heidegger weist jedenfalls eine moralisierende Rede von »Gerechtigkeit« zurück und spricht eingehend vom Brauch, von Fug, Ruch und Un-Fug. Der Ruch, d. h. die Sorge, »verwindet« den Un-Fug in den Fug. Heidegger propagierte und lizensierte forcierte Übersetzungen. Also lese ich seine Übersetzung in hermeneutischer Freiheit als zeitgenössische Stellungnahme in der Parallele zum trojanischen Krieg. Heidegger übernimmt die Deutungshoheit über die »Gerechtigkeit« des Geschehens. Viele seiner Nachkriegstexte sind verdeckte zeithistorische Stellungnahmen zur Kriegs- und Nachkriegszeit. Seine Rede vom Unfug ließe sich deshalb auch mit Erich Kästner vergleichen, der bei der Bücherverbrennung seiner Werke anwesend war und Nazideutschland nur deshalb vielleicht überlebte, weil seine nicht-arische Abstammung nicht bekannt war. Kästner konnte sich seit 1933 nur noch verdeckt politisch äußern. Im *Fliegenden Klassenzimmer*, 1933 erschienen, lässt er alle Schüler einen »Satz vom Unfug« fünfmal abschreiben: »An allem Unfug, der passiert, sind nicht etwa nur die schuld, die ihn tun, sondern auch die, die ihn nicht verhindern.«[25] Dieser Satz vom Unfug scheint mir in seiner klaren Aussage philosophisch nicht weniger interessant als Heideggers Übersetzung des Anaximander.

5. Dionysische Verheißung

Es springt freilich zu kurz, Heideggers Schritt zurück in die Vorsokratik buchstäblich nur am Text festzumachen. Weitaus wichtiger ist die Performanz des öffentlichen Auftritts. Mit der Wendung zur Vorsokratik folgte Heidegger offenbar einmal mehr Nietzsche. Der un-

[25] Erich Kästner, Das fliegende Klassenzimmer, Zürich 1933, 102; Heideggers Rede vom »Unfug« bei der Übersetzung des Anaximander schon in: Martin Heidegger, Europa und die deutsche Philosophie (1936), in: Hans-Helmuth Gander (Hg.), Europa und die Philosophie, Frankfurt 1992, 31–41, hier: 37

terschied in seiner Frühschrift *Die Philosophie im tragischen Zeitalter der Griechen* die »Genialen-Republik von Thales bis Sokrates«
von den »Sektenstiftern« und »Oppositionsanstalten« (KSA I, 810)
seit Platon. Sein Schritt zurück bestand aber vor allem in der Rekonstruktion der ursprünglichen griechischen Tragödie jenseits des »ästhetischen Sokratismus«. Nietzsche übersetzte hier Wagners Unterscheidung von Oper und Drama in die Altertumswissenschaften; er
schrieb seine Verfallsgeschichte der Tragödie vom dionysisch-dithy-
rambischen Chor her und betonte in seiner »Mysterienlehre der
Tragödie« (KSA I, 73), als *Geburt der Tragödie*, dass Dionysos der
»eigentliche Bühnenheld und Mittelpunkt« (KSA I, 611, 71) der Tragödie war und in der »Vielheit der Gestalten« hinter allen Masken
steckte (KSA I, 619). Mit Euripides habe der Sokratismus dann als
»mörderisches Princip« (KSA I, 87, 626) jedoch die Regie übernommen und die Tragödie in die Komödie pervertiert. Der Tod des Sokrates wurde zur Initialerfahrung der »neuen Kunstform« (KSA I, 632)
des philosophischen Kunstdialogs und gar zum »Vorbild des Roman's« (KSA I, 94, 632). Nietzsche erhob seine Vision vom musizie-
renden Sokrates zum Eingeständnis einer »Lücke« (KSA I, 634) und
meinte:

»Hier nun klopfen wir, bewegten Gemüthes, an die Pforten der Gegenwart
und Zukunft: wird jenes ›Umschlagen‹ zu immer neuen Configurationen
des Genius und gerade des musiktreibenden Sokrates führen? (KSA I, 102,
640, vgl. 111)

Nietzsche bezog dies damals auf Wagner. In seinen Vorträgen *Ueber
die Zukunft unserer Bildungsanstalten* übernahm er deshalb die
»neue Kunstform« des philosophischen Kunstdialogs und am Ende
auch die radikale Disjunktion der »Anstalten der Bildung und Anstalten der Lebensnoth« (KSA I, 717): Die »ursprünglichen« Burschen-
schaften hätten »auf den Schlachtfeldern« (KSA I, 749) der Befrei-
ungskriege gelernt, dass sie ein »wirkliches Genie« (KSA I, 751) der
Führung brauchten. Nietzsche zitiert am Ende seines frühen Socra-
tes-Textes zustimmend, dass ein solches Genie »nicht im Entfernte-
sten« (KSA I, 752) zu finden sei. In der *Geburt der Tragödie* fügt er
Wagner und die »deutsche Musik« hinzu. Er meint nun,

»dass wir gleichsam in umgekehrter Ordnung die grossen Hauptepochen
des hellenischen Wesens analogisch durchleben und zum Beispiel jetzt aus
dem alexandrinischen Zeitalter rückwärts zur Periode der Tragödie zu
schreiten scheinen. Dabei lebt in uns die Empfindung, als ob die Geburt

eines tragischen Zeitalters für den deutschen Geist nur eine Rückkehr zu
sich selbst, ein seliges Sichwiederfinden zu bedeuten habe« (KSA I, 128).

Hier setzt Heideggers Schritt zurück eigentlich ein: Er träumte mit
Nietzsche von einer neuen dionysischen Kultur der Philosophie und
suchte seine öffentlichen Auftritte als Tragödien zu gestalten; er wollte »Grundstimmungen« evozieren und umstimmen. Hier liegt seine
eigentliche Provokation und sein Anregungspotential gegenüber dem
gängigen Philosophiebetrieb: Heidegger suchte den akademischen
Philosophiebetrieb in eine neue Form dionysischer Gemeinschaftsstiftung zu verwandeln; er wollte Philosophie als Ereignis stiften
und verstand sich selbst als Inkarnation oder Maske des Dionysos
und neue »Configuration« des musiktreibenden Sokrates. Leider
folgte er dabei aber Nietzsches zweitem Schritt nicht, die von Wagner
ausgehende Unterscheidung von Oper und Tragödie nämlich in eine
Kritik Bayreuths zu wenden.

Es wurde betont, dass Heidegger die mythischen Anfänge des
frühen Griechenland nicht als Historiker restaurierte. Er schrieb keine deutsche Nationalgeschichte und auch keine historisch vertretbare
Ursprungsgeschichte der griechischen Philosophie und des Abendlandes. Sein Schritt zurück war eigentlich ein forcierter Schritt voraus.
Statt einer Philosophie des Anfangs bot er politische Auslegungen.
Die ostentative Demut der Andacht forderte er, der Philosophenkönig
in Zarathustra-Pose, nur von seinen Hörern und Lesern ein und
adressierte sich an die Zukunft. Seine Lehre fundierte er analog Zarathustra in der Gestalt des Lehrers. Den Nationalismus der »konservativen Revolution« vertagte er nach dem Rektorat auf die Sendung
seiner Gesamtausgabe. Heidegger ist damit vor wie nach dem Rektorat als typischer Konservativer Revolutionär zu bezeichnen. Originell
ist vor allem seine Form der Sammlungsbewegung: Die Vergemein-
schaftung der Schafe des Seinsdenkers mittels Gesamtausgabe. Der
Heideggerianer ist Heideggers Gestalt des »neuen Nationalismus«
und des Übermenschen.

III. Von der Mitwelt zur Nachwelt: Goethe, Wagner, Nietzsche, Hölderlin

In der bürgerlichen Bewegung der Goethezeit lief die ästhetische Erziehung des Publikums und Konstruktion der politischen Nation in den Bemühungen um die Schaffung eines »Nationaltheaters« und einer »Schaubühne als moralische Anstalt« einige Zeit einher. Goethe und Schiller wussten schon um die Notwendigkeit einer solchen »Erziehung« und spotteten – etwa in den *Zahmen Xenien* – deshalb auch gemeinsam auf den zeitgenössischen Literaturbetrieb. »Wann und wo entsteht ein klassischer Nationalautor?«[1] Diese Frage hat Goethe schon 1795 für die *Horen* in seinem Aufsatz *Literarischer Sansculottismus* wörtlich gestellt und gegen jakobinische Kritiker mit einem verhaltenen Verweis auf die Gegenwart positiv beantwortet. Goethe wusste sich in einer »Art von unsichtbaren Schule« des »Nationalgeistes«, sah sich an der Schwelle zur »Weltliteratur« und ärgerte sich über »junge Männer von Geist und Talent«, »die auf ein Theater warten, welches da kommen soll«.[2] Das Weimarer Bündnis formte sich polemisch im Bewusstsein der eigenen Überlegenheit. Goethe kümmerte sich deshalb auch nach Schillers frühem Tod, so durch die Herausgabe des sechsbändigen Briefwechsels (1828/29), um das Andenken und die Ruhmesbildung des Freundes. Um der »Hebung« des Theaters willen übernahm er lange Jahre die Intendanz des Weimarer Theaters. Zwar schuf er parallel zu seiner autobiographischen Selbsthistorisierung schon einen intensiven Betrieb der Archivierung, Edition und Interpretation seiner Werke; er begründete ein neues Niveau der Selbstedition und wusste sich – 1825 durch Metternich[3] –

---

[1] Johann Wolfgang v. Goethe, Literarischer Sansculottismus, in: Hamburger Ausgabe, hrsg. Erich Trunz, München 1981, Bd. XII, 239–244, hier: 240
[2] Goethe am 1. Februar 1808 an Heinrich v. Kleist, in: Goethe und die Romantik. Briefe und Erläuterungen, hrsg. Carl Schüddekopf / Oskar Walzel, Weimar 1899, Bd. II, 74
[3] Dazu Heinz Fröbe, Die Privilegierung der Ausgabe »letzter Hand« Goethes sämtliche Werke. Ein rechtsgeschichtlicher Beitrag zur Goetheforschung und zur Entwick-

für seine *Ausgabe letzter Hand* autorrechtliche Privilegien zu verschaffen, die für die Geschichte des Autorenrechts wichtig wurden;[4]
eine ausgeprägte Nachlassmetaphysik, wie Heidegger sie vertrat, findet sich bei Goethe aber eigentlich nicht, hatte er doch als Dichter seit
seinen Jugendwerken – dem *Götz von Berlichingen* und den *Leiden
des jungen Werther* – stets literarischen Erfolg und zählte er der Mitwelt schon zur »Weltliteratur«. Er wurde vom Publikum sogleich »als
ein literarisches Meteor angestaunt«,[5] obgleich er selbst eine »un-
geheure Kluft«[6] zwischen Autor und Publikum empfand.

Der *Ausgabe letzter Hand* gingen andere Selbsteditionen Goethes voraus. Im September 1786 war er nach Italien entflohen, um
sich als Künstler neu zu entdecken; für seinen Aufenthalt nahm er sich
die Vollendung diverser Jugenddichtungen sowie der »von Göschen zu
besorgenden Ausgabe« vor.[7] Goethe vollendete *Iphigenie* und *Eg-
mont* sowie weitere Stücke und wollte auch zwei schwere »Steine«
noch »den Berg hinauf«[8] bringen: *Tasso* und *Faust*. Am Ende seiner
Reise legte er seine »drei letzten Bände« fest und fand den »Faden«[9]
zum *Faust* wieder: »Es ist ein wunderliches Ding, so ein Summa
Summarum seines Lebens zu ziehen. Wie wenig Spur bleibt doch

lung des literarischen Urheberrechts, in: Archiv für Geschichte des Buchwesens 2
(1960), 187–229

[4] Zur »Seilschaft zwischen dem Dichter Goethe und seinen philosophischen Interpre-
ten« pointiert Friedrich Kittler, Philosophie der Literatur. Berliner Vorlesung 2002,
Berlin 2013, 160 ff.; die Literatur zur Wirkungsgeschichte Goethes ist uferlos. Mit
Blick auf Heidegger interessiert zunächst die eindrucksvolle Dokumentation von
Waltraud Hagen (Hg.), Quellen und Zeugnisse zur Druckgeschichte von Goethes
Werken. Teil 2: Die Ausgabe letzter Hand, Berlin (Ost) 1982; zahlreiche weitere Studien zur Editionsgeschichte, zum Goethe-Archiv, der Goethe-Gesellschaft und zum
Goethekult und Umgang mit dem »Klassiker« wären zu nennen. Goethes einziger
Sohn August v. Goethe starb bekanntlich schon vor dem Vater. Die Nachlasspolitik
lag deshalb zunächst in den Händen von Riemer, Eckermann sowie älteren Freunden,
wie dem Kanzler Müller. Erst später wurde die Enkelgeneration zu Akteuren. Dazu
interessant Dagmar v. Gersdorff, Goethes Enkel. Walter, Wolfgang und Alma, Frankfurt 2008; vgl. jetzt Paul Kahl, Die Erfindung des Dichterhauses. Das Goethe-Natio-
nalmuseum in Weimar. Eine Kulturgeschichte, Göttingen 2015 m. w. N.

[5] Johann Wolfgang v. Goethe, Dichtung und Wahrheit, in: Hamburger Ausgabe
Bd. IX, 596

[6] Johann Wolfgang v. Goethe, Dichtung und Wahrheit, in: Hamburger Ausgabe
Bd. IX, 593

[7] Johann Wolfgang v. Goethe, Italienische Reise, in: Hamburger Ausgabe Bd. XI, 21

[8] Johann Wolfgang v. Goethe, Italienische Reise, in: Hamburger Ausgabe Bd. XI, 432

[9] Johann Wolfgang v. Goethe, Italienische Reise, in: Hamburger Ausgabe Bd. XI, 525

von einer Existenz zurück!«[10] Durch die Redaktion seiner Schriften erfuhr Goethe in Italien an sich, »dass ich eigentlich zur Dichtkunst geboren bin«.[11] Diese frühe Selbsterfahrung der Selbstedition prägte noch seine spätere autobiographische Auffassung seiner *Ausgabe letzter Hand*. Goethe adressierte sich früh schon sehr bewusst primär an seine Mitwelt und nicht an eine ferne Nachwelt, auch wenn er mancherlei Diskrepanzen zwischen der Publikumsresonanz und seiner Selbstauffassung empfand und von einer »Verachtung des Publikums«[12] sprach, die er in *Dichtung und Wahrheit* auf die Jugendzeit und ungerechte Urteile über den Siebenjährigen Krieg zurückführte.

Während Heidegger insbesondere vom Nietzsche- und Hölderlin-Nachlass geprägt war, wurde der älteren Generation Goethes Gesamtwerk zur prägenden gymnasialen Erfahrung und zum editorischen Ereignis. Ernst Cassirer, 1874 geboren und also 15 Jahre älter als Heidegger, erinnerte 1940 im schwedischen Exil in seinen späten Goethe-Vorlesungen:

»Der gesamte Nachlass Goethes war bis zum Jahre 1885 völlig unbekannt. Er wurde von den Enkeln Goethes, Wolfgang und Walther von Goethe, eifersüchtig gehütet – und Niemandem wurde der Einblick in ihn gestattet. Das wurde erst anders, als Walther von Goethe am 18. April 1885 starb. In seinem Testament hatte er die Grossherzogin Sophie von Sachsen-Weimar zur Erbin des Nachlasses eingesetzt. Und nun endlich konnte man an die grosse kritische Gesamtausgabe von Goethes Werken herangehen.« »Ich selbst habe das Erscheinen dieser Ausgabe, die sich über Jahrzehnte erstreckte, noch erlebt – und ich habe sie Band für Band erhalten«.[13]

Cassirer begriff diese Nachlasspolitik als eine Voraussetzung für die Wilhelminische Goethe-Philologie, und er blieb auch als Philosoph Goetheaner. Der Goethe-Kult setzte früher bereits, aber erst nach 1848, nach dem Scheitern des Frankfurter Anlaufes zur Nationalstaatsgründung, als kompensatives gesamtdeutsches Projekt ein. So sollte das Goethehaus früh schon zur Nationalstiftung und zum Nationalmuseum werden. Nationalstaat und Nationalautor entstanden parallel und gleichursprünglich. Nach 1848 schloss Richard Wagner dagegen aus seinen Erfahrungen und seiner subjektiven Empfindung

---

[10] Johann Wolfgang v. Goethe, Italienische Reise, in: Hamburger Ausgabe Bd. XI, 516
[11] Johann Wolfgang v. Goethe, Italienische Reise, in: Hamburger Ausgabe Bd. XI, 518
[12] Johann Wolfgang v. Goethe, Dichtung und Wahrheit, in: Hamburger Ausgabe Bd. IX, 48
[13] Ernst Cassirer, Goethe-Vorlesungen, hrsg. John Michael Krois, in: ders., Nachgelassene Manuskripte und Texte Bd. XI, Hamburg 2003, 7 f.

mangelnder Resonanz beim Publikum auf die Notwendigkeit einer umfassenden ästhetischen und politischen Revolution und begann im allergrößten Stil mit der Organisation der Wirkungsbedingungen des eigenen Werkes. Auch an den damaligen Überlegungen zur Errichtung einer »Goethestiftung« entdeckte er die Aufgabe, dass »dem Dichter die Organe der Verwirklichung [seiner Werke] erst zu verschaffen seien«.[14] Schon Goethe habe an der Möglichkeit adäquater Aufführungen seiner Werke gezweifelt:

»Wohl überlegt, und alles zusammengehalten, kann daher die ›Goethestiftung‹ zunächst nur ein einziges bezwecken wollen: die Herstellung eines Theaters im edelsten Sinne des dichterischen Geistes der Nation, d. h. ein Theater, welches dem eigentlichsten Gedanken des deutschen Geistes als entsprechendes Organ zu seiner Verwirklichung im dramatischen Kunstwerk diene.«[15]

Wagner knüpfte nach 1848 also an den Theaterdiskurs der Weimarer Klassik an; er adressierte sich aber von der Mitwelt auf die Nachwelt um, unterschied zwischen »Oper und Drama« und schuf sich sein eigenes Theater für sein »Kunstwerk der Zukunft« und seine »Zukunftsmusik«. Er lehnte das »absolute Kunstwerk« als Abstraktion vom bestimmten Publikum ab und verstand die »ästhetische Wissenschaft« als Reflexion auf die »Bedingungen« der Möglichkeit einer angemessenen Wirkung seiner Kunst.[16] Parallel zur Errichtung des Bayreuther Festspielhauses gab er deshalb auch *Gesammelte Schriften und Dichtungen* in chronologischer Reihe und zehn Bänden selbst heraus. Im »Vorwort zur Gesamtherausgabe« schrieb er 1871:

»Ob es den außerordentlichen Bemühungen glücken wird, meinen künstlerischen Werken durch stete Zusicherung korrekter Aufführungen zu einem wahren Leben in der Nation zu verhelfen, muss ich dem Schicksal anheim stellen; doch glaube ich diese Bemühungen zu unterstützen, wenn ich andererseits dafür sorge, dass wenigstens meine schriftstellerischen Arbeiten des Vorteiles aller Literaturprodukte, klar und übersichtlich dem Publikum vorzuliegen, teilhaftig seien.«[17]

---

[14] Dazu Richard Wagner, Über die ›Goethestiftung‹. Brief an Franz Liszt, in: ders., Gesammelte Schriften und Dichtungen in zehn Bänden, hrsg. Wolfgang Golther, Berlin o. J., Bd. V, 5–19, hier: 8
[15] Wagner, Über die ›Goethestiftung‹, 16
[16] Dazu Richard Wagner, Eine Mitteilung an meine Freunde, in: Gesammelte Schriften und Dichtungen Bd. IV, hier: 234 ff.
[17] Richard Wagner, Gesammelte Schriften und Dichtungen Bd. I, Vorwort

In den Bemühungen um die Aufführung seiner Werke wurde Wagner die »Grundverderblichkeit unseres Opernwesens« und völlige Unmöglichkeit deutlich, auf absehbare Zeit eine angemessene Aufführung insbesondere des Nibelungenrings zu realisieren. Er verzichtete deshalb auch jahrelang auf Aufführungen seiner Werke und fasste den »ausschweifenden« und »verzweifelten Gedanken« der Errichtung eines eigenen Theaters und »Bühnenfestspiels«:

»Von der Erkenntnis der Grundverderblichkeit unseres Opernwesens für mein Vorhaben, wenn ich dieses in die Pflege jenes gegeben hätte, war ich ausgegangen, und der Widerwille vor der unmittelbaren Berührung mit ihm hatte mich schließlich hauptsächlich dazu bestimmt, mit meinem Gedicht als Literaturprodukt hervorzutreten, gleichsam wie um zu erfahren, ob meine Arbeit, von dieser Seite betrachtet, genügende Aufmerksamkeit erregen könnte, um in den Gebildeten der Nation die Neigung zu einem näheren Eingehen auf meinen damit verbundenen weiterreichenden Aufführungsplan zu erwecken.«[18]

Wagner setzte auf die Organisation seiner »Freunde« und auf einen »deutschen Fürsten«, der die Wirkungsbedingungen des »Bühnenfestspiels« schaffen sollte. Wohl kein anderer deutscher Künstler dachte derart intensiv über einen langen Zeitraum hinweg über die Wirkungsbedingungen seiner Kunst nach und schuf sich derart erfolgreich für Epochen und Kontinente sein Theater und Publikum. Sein anfängliches Scheitern am zeitgenössischen Opernbetrieb führte Wagner dabei – gegen offenbare Tatsachen – nicht zuletzt auf den Einfluss des »Judentums in der Musik« zurück. Er kritisierte es antisemitisch als Avantgarde falscher Modernität und wurde zum einflussreichsten Begründer des modernen, säkularen Antisemitismus. Ohne Wagner kein Hitler!

Nietzsche wandte Wagners Unterscheidung von Oper und Drama schon 1870 – so in seinen Basler Vorträgen über *Das griechische Musikdrama* und *Sokrates und die Tragödie* – auf die Rekonstruktion der griechischen Tragödie an. Er stellte vom Primat des Wortes und Librettos auf das kollektive und chorische Leiden und die Musik um, sah den »Verfall« der Tragödie schon im »Dualismus« (KSA I, 531, vgl. 545, 547) von Wort und Ton angelegt und betrachtete den

---

[18] Richard Wagner, Epilogischer Bericht über die Umstände und Schicksale, welche die Ausführung des Bühnenfestspiels ›Der Ring des Nibelungen‹ bis zur Veröffentlichung der Dichtung desselben begleiteten, in: Gesammelte Schriften und Dichtungen Bd. VI, 257–272, hier: 265

»Sokratismus« seit Euripides und Sokrates als eine intellektualisti-
sche Kraft der Verkehrung des natürlichen, rekonstruktiv heilenden
und »erlösenden« Verhältnisses von Vernunft und Leben. Der junge
Nietzsche meinte ernstlich wie später George: »Die Wissenschaft
aber und die Kunst schließen sich aus« (KSA I, 545). Den Sokratismus
nannte er eine »völlig verkehrte Welt«: »Der Sokratismus verachtet
den Instinkt und damit die Kunst.« (KSA I, 542) Der junge Nietzsche
setzte dagegen auf Wagners Musikdrama als Form der Gemeinschaftsstiftung. Noch 1876, in seiner vierten unzeitgemäßen Betrachtung *Richard Wagner in Bayreuth*, pries er den »dithyrambischen
Dramatiker« als »Gegen-Alexander« (KSA I, 447) und »Vereinfacher
der Welt«, der die moderne Kultur wieder bindet, und er bejahte das
Bayreuther Projekt noch als Gegen-Reich dionysischer Erneuerung
der Kunst. Parallel zur Ethnogenese der Nationalstaatsbildung hoffte
Nietzsche anfangs auf Bayreuth als »Anticipation und Bürgschaft
einer besseren Zukunft, einer freieren Menschheit« (KSA I, 504)
und Vorschein der »Menschen der Zukunft« (KSA I, 480). Seine Bedenken gegen den charismatischen Machtmenschen führten angesichts der Bayreuther Verwirklichung von Wagners Ehrgeiz ab 1876
dann aber zum definitiven Bruch. Nietzsche entwickelte sein philosophisches Werk und seinen Geltungsanspruch fortan im Kampf mit
Wagner und in der Opposition gegen das Bayreuther Festspielwesen.

Wagners revolutionäre Organisation der Wirkungsbedingungen
seiner »Zukunftsmusik« war ihm bestens bekannt und er war in der
Konkurrenz mit Wagner ebenfalls von der epochalen Bedeutung seines Werkes für die Nachwelt überzeugt. Der Streit war recht einsei-
tig: Wagner schickte 1873 noch die ersten neun Bände seiner Werke
an Nietzsche.[19] Schon in den 70er Jahren wurde sich Nietzsche dagegen, auch im Vergleich mit Wagner, der Wirkungslosigkeit seiner
Schriften in der Mitwelt bewusst. Nach der vernichtenden Kritik von
Wilamowitz-Moellendorff an der Tragödienschrift verlor er damals
den Kontakt zur Philologenzunft; der Bruch mit Wagner, die ständigen Krankheitsleiden und die Niederlegung der Basler Professur ent-
fremdeten ihn dann weiter seiner Gegenwart. Dem Bayreuther Betrieb stellte er seine metaphilosophische Gestaltung von Zarathustras
Verhältnis zu seinen Jüngern entgegen. Seinen »Sohn Zarathustra«
betrachtete er dabei einige Zeit nur als »Vorhalle« für die »Ausarbei-

---

[19] Dazu vgl. Dieter Borchmeyer, Richard Wagner. Werk – Leben – Zeit, Stuttgart
2013, 307

tung meiner ›Philosophie‹« (KSB VI, 496). Wagners romantische Umwertung der Rangordnung von Wort und Ton versuchte er mit den Mitteln seiner »dionysischen« Philosophie aber seinerseits umzukehren. Im *Ecce homo* meinte er: »Ich selber bin noch nicht an der Zeit, einige werden posthum geboren.« (KSA VI, 298) Nietzsche zog aus seiner Erfahrung relativer zeitgenössischer Resonanzlosigkeit in der Schule Wagners komplexe publikationsstrategische Konsequenzen, die näher zu rekonstruieren wären.

Publikationspolitik ist immer auch Verlagspolitik: Autoren denken nicht nur abstrakt über mögliche Werke und eine einigermaßen konsistente und transparente, öffentlich plausible Autorschaft nach, sondern sind in ihren Publikationszielen auch an marktbedingte Publikationsmöglichkeiten gebunden. Nietzsches Möglichkeiten[20] waren hier schon durch die »antichristliche« Tendenz seiner Schriften eng begrenzt. Dazu kamen die starken Einschränkungen durch seine Krankheit. So suchte er nicht nur nach Schülerinnen und Schülern, sondern auch nach einem Sekretär – »Verbesserer, Orthograph und Mitarbeiter« (KSB VII, 216) – seiner Schriften, der seine schwierige Handschrift lesen konnte und das Korrekturlesen übernahm. Nietzsches scheinbar so überschwängliches Verhältnis zu Heinrich Köselitz (Peter Gast) erklärt sich auch durch diese strategische Abhängigkeit.

Seit 1874 war Ernst Schmeitzner in Chemnitz sein Verleger. Von dessen Verlagsprofil hatte Nietzsche sich aber nach seinem Bruch mit Bayreuth längst entfernt, noch bevor Schmeitzner bankrott machte. Seine Schriften waren »Ladenhüter« (Andreas U. Sommer), sodass der Verleger *Menschliches, Allzumenschliches* schon aus früheren Büchern zusammenband und später auch die ersten drei Teile des *Zarathustra* aus den Restbeständen bündelte. Als Schmeitzner Bankrott machte, kaufte der Leipziger Verleger Fritzsche die erheblichen Restbestände der Schriften auf. Seit 1885 publizierte Nietzsche seine Schriften bei Fritzsche und dessen Drucker Naumann auf eigene Kosten, und er empfand eine Diskrepanz zwischen dem Stand seiner Überlegungen und seiner welthistorischen Mission. Seine Publikationspolitik ist insbesondere im Umgang mit einem geplanten »Hauptwerk« umstritten. Nietzsche wechselte hier bald vom positiven Systementwurf eines *Der Wille zur Macht* zum dekonstruktiven

---

[20] Dazu eingehend William H. Schaberg, Nietzsches Werke. Eine Publikationsgeschichte und kommentierte Bibliographie, Basel 2002; Ralf Eichberg, Freunde, Jünger und Herausgeber. Zur Geschichte der ersten Nietzsche-Editionen, Frankfurt 2009

Titel *Die Umwerthung aller Werthe* über und gab seine langange-kündigten Hauptwerk-Pläne zuletzt vielleicht gänzlich auf. Er orga-nisierte sein ganzes Werk ab 1882 auf *Also sprach Zarathustra* be-zogen neu, indem er seine älteren Schriften mit neuen Vorreden versah und seine folgenden Schriften als »eine Art Einführung in die Hintergründe des Zarathustra« (KSB VII, 224) verstand. Er streb-te eine »Condescendenz« (KSB VIII, 23) oder Homogenisierung sei-ner Autorschaft an, zielte auf die »Revision und Neu-Herausgabe« (KSB VIII, 57) seiner älteren Schriften und betrieb als letzte klare Handlung Ende 1888 noch den Ankauf und die Übernahme der Ver-lagsrechte von Fritzsche in den »Alleinbesitz« (KSB VIII, 548, vgl. 492, 554). Seit dem Nietzsche-Kult der Schwester und des Weimarer Nietzsche-Archives litt die philosophische Nietzsche-Rezeption dann an einer »Nachlassüberprivilegierung«[21] und übermäßigen doktriná-ren Homogenisierung und Reduktion des Werkes auf wenige dunkle »Hauptlehren«.

Heidegger kannte Nietzsches epochales Selbstbewusstsein sehr genau, scheint sich mit den Nachlassstrategien von Goethe oder Wag-ner aber niemals intensiver befasst zu haben. Den Adressatenwechsel von der Mitwelt zur Nachwelt nahm er deshalb auch ziemlich unre-flektiert von der Erfahrung der Hölderlin- und Nietzsche-Rezeption des 20. Jahrhunderts her wahr. Dabei war ihm nicht klar, wie sehr er mit seinem Doppelrekurs auf Nietzsche und Hölderlin der Kanon-politik und auch der Inszenierungstechnik von Stefan George und dem Georgekreis folgte.[22] George adressierte sich mit seinen Gedich-ten und der Zeitschrift *Blätter für die Kunst* lange ganz exklusiv, wie Nietzsche seinen vierten *Zarathustra*, nur an einen erwählten Kreis von Freunden. Die *Blätter für die Kunst* erschienen als Privatdruck und waren lange nicht im öffentlichen Buchhandel erhältlich. Bis zu-letzt hieß es auf dem Titelblatt: »Diese zeitschrift im verlag des he-rausgebers hat einen geschlossenen von den mitgliedern geladenen leserkreis.« Das Druckbild signalisierte die Handschrift des Meisters. Melchior Lechter wurde der Grafiker, Karl Wolfskehl der Redakteur und Friedrich Gundolf später ein Propagandist des Kreises. Gundolf und Friedrich Wolters publizierten ab 1910 drei Bände des *Jahrbuchs für die geistige Bewegung*.

---

[21] Andreas Urs Sommer, Nietzsche und die Folgen, Stuttgart 2017, 101

[22] Dazu eingehend Verf., Heideggers ›große Politik‹, 2016, 13 ff., 37 ff.; vgl. Reinhart Meyer-Kalkus, Martin Heideggers Hölderlin-Lesungen – im Zeichen von Norbert von Hellingrath und Stefan George, in DVjs 91 (2017), 188–202

Die starke Wirkung des Georgekreises in die Geisteswissenschaften trat dann erst nach 1918 mit zahlreichen Gestalt-Mono-
graphien diverser Mitglieder (Gundolf, Bertram, Wolters, Kommerell, Kantorowicz u. a.) des »Kreises« hervor, denen George eine
förmliche Imprimatur erteilte.[23] George selbst trat dagegen als Dichter bewusst zurück. Nach seiner Sammlung *Der Stern des Bundes*
(1914), die die Verhältnisses im Kreis lyrisch spiegelte und stilisierte,
folgte nur noch *Das neue Reich* von 1928, das teils ältere Gedichte
enthielt. Bedeutende Intellektuelle wie Georg Simmel, Hugo v. Hofmannsthal oder Rudolf Borchardt standen in spannungsvoller Auseinandersetzung mit George, und es gab zahlreiche Distanzierungen,
Häresien und Brüche mit dem »Meister«. Unter dem Gesichtspunkt
der Publikationspolitik lässt sich Georges Übergang von der formati-
ven charismatischen Kreisbildung zur öffentlichen Wirksamkeit der
»Jünger« als strategische Entscheidung deuten. Auch bei Heidegger
findet sich dieser Umbruch vom esoterischen zum exoterischen Auftritt und von früher Publizitäts- und Publikationsscheu zur späteren
Publikationsoffensive. »Die Öffentlichkeit verdunkelt alles«, heißt es
in *Sein und Zeit* (GA 2, 170) noch, und Heidegger pflegte deshalb
auch lange eine sehr sparsame Publikationspolitik, um erst posthum
die Masse seiner Texte zu überliefern.

George hatte stets eine starke Kanonpolitik betrieben und mit
zahlreichen Monographien seiner Jünger nach 1918 den geistesgeschichtlichen Kanon des Weimarer Neuhumanismus massiv umge-
deutet und umgepflügt.[24] Die von George zusammen mit Wolfskehl
herausgegebene Sammlung *Deutsche Dichtung* stellte im Epochen-
jahr 1900 einen Auswahlband zu *Jean Paul* einem Band *Goethe* voraus und schrieb in der Vorrede zu *Das Jahrhundert Goethes*: »Der
name Goethe beherrscht ein ganzes dichterisches jahrhundert, wenn
auch nicht so als ob alles vor ihm nur vorbereitung, alles nach ihm
nur ausklang wäre. Doch keineswegs darf man ihm, der als gegensatz
allein Jean Paul verträgt, einen anderen beireihen – am wenigsten,

---

[23] Zur Kreisbildung u. a. Carola Gruppe, Die Macht der Bildung. Das deutsche Bürgertum und der George-Kreis 1890–1933, Köln 1997; Thomas Karlauf, Stefan George.
Die Entdeckung des Charismas, München 2007; zur Nachwirkung vgl. Ulrich Raulff,
Kreis ohne Meister. Stefan Georges Nachleben, München 2009; vgl. auch Achim
Aurnhammer u. a. (Hg.), Stefan George und sein Kreis. Ein Handbuch, 3 Bde., Berlin
2015
[24] Dazu etwa Max Kommerell, Der Dichter als Führer in der deutschen Klassik. Klop-
stock, Herder, Goethe, Schiller, Jean Paul, Hölderlin, Berlin 1928

wie man leider noch immer tut, Schiller oder Heine: jener der feinste schönheitslehrer, dieser der erste tagesschreiber, beide aber in diesem zwölfgestirn eher die kleinsten als die grössten.«[25] Der »Kreis« arbeitete sich an dieser kanonischen Vorgabe eines »Zwölfgestirns« ab, das Schiller und Heine nicht gänzlich ausschloss. Früh schon hatte George gerade das Nietzsche- und Hölderlinbild geprägt und die Hölderlin-Edition Norbert v. Hellingraths veranlasst.

Heidegger mied persönliche Berührungen mit dem George-Kreis und setzte sich mit der Kanonpolitik Georges wohl niemals intensiv auseinander. Eingehender äußerte er sich nur über Max Kommerell, der 1930 mit George gebrochen hatte und mit Gadamer näheren Umgang pflegte. Mit seinen Entscheidungen für Nietzsche und Hölderlin folgte er dennoch Georges Kanonpolitik; er orientierte sich dabei an v. Hellingrath und übernahm von George auch die erotische Pädagogik und die Inszenierung ritualisierter Gemeinschaftsstiftung durch Suggestion außeralltäglicher intellektueller »Ereignisse«. Mit George optierte er gegen Max Weber für die charismatische Wiederverzauberung der Welt.[26] Heidegger hat die Mittlerrolle Georges und des George-Kreises für seine kanonpolitischer Revision der Metaphysikgeschichte aber kaum gesehen und niemals deutlich thematisiert. Längere Ausführungen zu Goethe oder Wagner finden sich in seinem Gesamtwerk auch nicht. Man wundert sich, dass sich die Heidegger-Forschung darüber, im Kanon Heideggers befangen, selten verwunderte.

Immerhin geht Heidegger in seinen Nietzsche-Vorlesungen eingangs auf Wagners Konzeption des »Gesamtkunstwerks« ein: Er nennt dessen Kunstwerk eine »Feier der Volksgemeinschaft« (GA 6.1, 84), schwenkt dann aber, wahrscheinlich ohne nähere Kenntnis von Wagners Schriften, schnell in Nietzsches Polemik ein und meint: »Das Werk ist nur noch Erlebniserreger.« (GA 6.1, 85) Heidegger zitiert zwar aus Wagners Schrift *Das Kunstwerk der Zukunft*, folgt dann aber Nietzsches Kritik und formuliert im Jargon von Hegels Romantikkritik (GA 6.1, 86) äußerst abschätzig; er versteht

[25] Stefan George / Karl Wolfskehl (Hg.), Das Jahrhundert Goethes, 2. Aufl. Berlin 1910, 6

[26] Dazu vgl. Norbert Bolz, Auszug aus der entzauberten Welt. Philosophischer Extremismus zwischen den Weltkriegen, München 1989; Helmuth Kiesel, Wissenschaftliche Diagnose und dichterische Vision der Moderne: Max Weber und Ernst Jünger, Heidelberg 1995; Stefan Breuer, Ästhetischer Fundamentalismus. Stefan George und der deutsche Antimodernismus, Darmstadt 1995

Wagner nicht vom Werkbegriff, sondern vom Effekt des dionysischen »Gefühlszustandes« her, zitiert Kurt Hildebrands Schrift *Wagner und Nietzsche*[27] und meint zutreffend: »Wagner brauchte Wagnerianer und Wagnerianerinnen.« (GA 6.1, 88) Heidegger folgt hier offenbar Nietzsches Kritik und scheint keine selbständige Wahrnehmung von Wagners Reflexion auf die Wirkungsbedingungen seiner Kunst zu haben. Wenn er sich von der Mitwelt auf die Nachwelt verlegt und sein Werk intentional an die »künftigen Menschen« adressiert, folgt er Nietzsches Selbstverständnis, das von der Erfahrung Wagners geprägt war und sich gegen den Bayreuther Betrieb richtete. Die editorischen Erschließungen der Nachlässe von Nietzsche und Hölderlin waren prägende Ereignisse seiner akademischen Jugend. In seinen Nietzsche- und Hölderlinforschungen reflektierte er auf den Umgang mit nachgelassenen Texten und suchte das »eigentliche« Vermächtnis im Nachlass der Denker auf. Heidegger projektierte die seinssemantische Kehre ins postmetaphysisch-»andere Denken« und zielte mit der Organisation der Gesamtausgabe vor allem auf die Publikation der dritten und vierten Abteilung. Anlässlich des Erscheinens der *Holzwege* schrieb er dazu an seinen Bruder Fritz, der intensiv mit der Abschrift der »Manuskripte« beschäftigt war:

»Man wird meinen, jetzt hat Heidegger sein Schweigen gebrochen, er spricht das Entscheidende aus. Aber diese Mitteilung ist gerade das Verschweigen. Wir verraten das Schweigen nämlich, solange wir schweigen.«[28]

---

[27] Kurt Hildebrandt, Wagner und Nietzsche. Ihr Kampf gegen das neunzehnte Jahrhundert, Breslau 1924

[28] Martin Heidegger am 21. September 1949 an den Bruder Fritz, in: Homolka / Heidegger, Heidegger und der Antisemitismus, 2016, 141

IV. »Die Versuchung Zarathustras«. Nietzsches kritisches Modell des Nietzscheanismus und Wagnerianismus

1. Zur Entstehung von *Also sprach Zarathustra*

Friedrich Nietzsche wollte schon im Frühwerk, in den frühen 1870er Jahren, die »dionysische Weltanschauung« und den »tragischen Gedanken« durch eine Erinnerung an das »tragische Zeitalter der Griechen« erneuern. Er ging dabei mit Wagner von einer Disjunktion von Kunst und Wissenschaft aus: vom »aesthetischen Sokratismus« und »theoretischen Menschen« als Ende der klassischen Tragödie. Parallel zu seinen Überlegungen zur »Wiedergeburt« der Tragödie nach Wagner reflektierte er in immer neuen Ansätzen und Projekten auf den Typus und die Rolle des Philosophen. So skizzierte er den Entwurf eines Empedokles-Dramas (vgl. KSA VII, 233 ff.), betrachtete Ödipus als »letzten Philosophen« (KSA VII, 460 f.) und notierte schon manche Überlegungen, die auf seine Zarathustra-Gestalt hinausweisen. Dafür steht etwa folgendes Zitat aus dem Winter 1872/73:

> »Philosophie und Volk. Keiner der großen griechischen Philosophen zieht das Volk hinter sich drein: am meisten versucht von Empedokles (nach Pythagoras), doch auch nicht mit der reinen Philosophie, sondern mit einem mythischen Vehikel derselben. Andre lehnen das Volk von vornherein ab (Heraklit). Andre haben einen ganz vornehmen Kreis von Gebildeten als Publikum (Anaxagoras). Am meisten hat demokratisch-demagogische Tendenz Sokrates: der Erfolg sind Sektenstiftungen, also ein Gegenbeweis. Was solchen Philosophen nicht gelungen ist, wie sollte das geringeren gelingen? Es ist nicht möglich, eine Volkskultur auf Philosophie zu gründen.« (KSA VII, 544)

Schopenhauer figuriert damals in Nietzsches »Genialen-Republik« (KSA VII, 562) meist als der letzte Philosoph. Die Frage nach dem »Übermenschen« hat Nietzsche aber von Wagner übernommen. Pries er ihn 1876 noch als »Gegen-Alexander«, so machte er dem »Fall Wagner« nach 1876 den Prozess, wie er einst dem Sokratismus den

Prozess gemacht hatte, und er entwickelte sein Werk fortan »contra Wagner«. 1876 meinte Nietzsche noch:

»Seine Gedanken sind wie die jedes guten und grossen Deutschen über-deutsch und die Sprache seiner Kunst redet nicht zu Völkern, sondern zu Menschen. Aber zu Menschen der Zukunft.« (KSA I, 505)

Die Sammlungsbewegung von Bayreuth betrachtete Nietzsche damals noch als »Anticipation« einer »freieren Menschheit«:

»Die Freunde kamen, eine unterirdische Bewegung vieler Gemüther ihm anzukündigen – es war noch lange nicht das ›Volk‹, das sich bewegte und hier ankündigte, aber vielleicht der Keim und erste Lebensquell einer in ferner Zukunft vollendeten, wahrhaft menschlichen Gesellschaft« (KSA I, 480).

1876 verbindet Nietzsche seine dem *Ring des Nibelungen* abgelesene Frage nach der kommenden Humanität noch eng mit einem Aufruf zum Wagnerianismus:

»Und nun fragt euch selber, ihr Geschlechter jetzt lebender Menschen! Ward diess für euch gedichtet? Habt ihr den Muth, mit eurer Hand auf die Sterne dieses ganzen Himmelsgewölbes von Schönheit und Güte zu zeigen und zu sagen: es ist unser Leben, das Wagner unter die Sterne versetzt hat? Wo sind unter euch die Menschen, welche das göttliche Bild Wotan's sich nach ihrem Leben zu deuten vermögen und welche selber immer grösser werden, je mehr sie, wie er, zurücktreten?« (KSA I, 509)

Nach dem Bruch mit Wagner versetzte Nietzsche dessen mythische Fassung der künftigen Humanität dann in einen anderen mythischen Kontext, aus dem Altgermanischen ins Altpersische. Mit der *Morgen-röthe* und *Die fröhliche Wissenschaft* hatte er seinen philosophischen Stil als »Freigeist« gefunden. Mit dem *Zarathustra* verhieß er nun erstmals eine starke doktrinäre Philosophie. Er tat dies aber ironisch gebrochen im prophetischen Gestus und literarischer Rollenprosa. Thomas Mann fragte 1918 schon in den *Betrachtungen eines Unpoli-tischen:* »Ist nicht das Beste im ›Zarathustra‹ Satire?« (XII, 347)

Die Form des *Zarathustra* geht auf vielfältige Quellen zurück. Nietzsche nannte das Werk gelegentlich sein »fünftes ›Evangelium‹« (KSB VI, 327); Karl Löwith[1] sprach von einem »antichristlichen

---

[1] Karl Löwith, Nietzsches Philosophie der ewigen Wiederkunft des Gleichen, Berlin 1935; eindringlich auch Heinrich Detering, Der Antichrist und der Gekreuzigte. Friedrich Nietzsches letzte Texte, Göttingen 2010; zur Erstorientierung aus der ufer-losen Literatur nur Henning Ottmann (Hg.), Nietzsche-Handbuch. Leben – Werk – Wirkung, Stuttgart 2000; Volker Gerhardt (Hg.), Friedrich Nietzsche. Also sprach

Evangelium«. Die Forschung hat längst diverse weitere Einflüsse ausgemacht: Hölderlins *Tod des Empedokles*, Goethe, Byron und andere. Auch die Wagner-Konkurrenz wurde thematisiert.[2] 1876 fanden die ersten Bayreuther Festspiele statt, die Nietzsche als Zeuge vor Ort vehement ablehnte; 1882 folgten die zweiten Festspiele mit der Uraufführung des *Parsifal;* wenige Wochen später notierte Nietzsche seine ersten nachgelassenen Aufzeichnungen zum *Zarathustra.* Der »Bayreuther Kreis« formierte sich damals als Weltanschauungsgemeinschaft.[3] Nietzsche plante *Also sprach Zarathustra* nicht lange und sprach von einer »Inspiration«; er schrieb den ersten Teil im Januar 1883 spontan nach seinen Erfahrungen des Jahres 1882. »Da, plötzlich, Freundin! Wurde Eins zu Zwei – / – Und Zarathustra gieng an mir vorbei …« (KSA III, 649) Im Januar 1882 stellte er noch fest:

»In Bayreuth werde ich dies Mal durch meine Abwesenheit ›glänzen‹ – es sei denn, dass Wagner mich noch persönlich einlädt (was nach meinen Begriffen von ›höherer Schicklichkeit‹ sich recht wohl schicken würde!)« (KSB VI, 157)

An Overbeck schrieb er damals:

»Ich denke, dass alle meine Freunde dort [in Bayreuth] sein werden, auch Herr Köselitz. Ich selber aber habe Wagner's zu nahe gestanden, als dass ich ohne eine Art von ›Wiederherstellung‹ (κατάστασις πάντων ist der kirchliche Ausdruck) als einfacher Festgast dort erscheinen könnte. Zu dieser Wiederherstellung, die natürlich von Wagner selbst ausgehen müsste, ist aber keine Aussicht; und ich wünsche sie nicht einmal. Unsere Lebens-Aufgaben sind verschieden« (KSB VI, 161).

Nietzsche hoffte damals auf Lou Salome, zunächst als Sekretärin in der Nachfolge von Köselitz, statt der dysfunktionalen, bald kaputten Schreibmaschine, die er hoffnungsvoll erworben hatte. Die Beziehung zu Lou ist im Sommer 1882 dann eng mit Bayreuth verbunden:

Zarathustra, 2. Aufl. Berlin 2012; ders., Die Funken des freien Geistes. Neuere Aufsätze zu Nietzsches Philosophie der Zukunft, Berlin 2011
[2] Dazu etwa Kurt Hildebrandt, Wagner und Nietzsche. Ihr Kampf gegen das neunzehnte Jahrhundert, Breslau 1924; Dieter Borchmeyer (Hg.), Nietzsche und Wagner. Stationen einer epochalen Begegnung, Frankfurt 1994; ders., Richard Wagner. Werk, Leben, Zeit, Stuttgart 2013
[3] Vgl. etwa Winfried Schüler, Der Bayreuther Kreis von seiner Entstehung bis zum Ausgang der wilhelminischen Ära. Wagnerkult und Kulturreform im Geiste völkischer Weltanschauung, Münster 1971; Udo Bermbach, Houston Stewart Chamberlain. Wagners Schwiegersohn, Stuttgart 2015; zur Instrumentalisierung Nietzsches auch David Marc Hoffmann, Zur Geschichte des Nietzsche-Archivs, Berlin 1991

Nietzsche fragt Lou, ob er sie »bis nach Bayreuth begleiten darf, vorausgesetzt, dass Sie keine bessere Begleitung finden.« (KSB VI, 204) Lou fährt dann aber mit Paul Rée nach Bayreuth und erst nach den Festspielen im August 1882 kommt sie einige Tage in das gottverlassene Dörfchen Tautenburg in Thüringen, in der Korrespondenz euphemistisch als »idyllisches Nestchen« (KSB VI, 210) bezeichnet, das Nietzsche als Liebes- oder Arbeitsnest bereitet hatte. Nietzsche will damals nur Lous »Lehrer« (KSB VI, 211, 238) sein, ohne »Erotik« (KSB VI, 301), komponiert ihr dann aber ihr »Gebet an das Leben« (KSB VI, 247). Über die Tautenburger Begegnung kommt es damals zu einem »wirklichen Bruch« Nietzsches mit seiner Mutter und Schwester. Im Oktober begegnet er Lou Salome und Paul Rée erneut in Leipzig und Anfang November bricht er dann auch mit Lou, indem er schreibt: »Der Umgang mit Menschen hat mir den Umgang mit mir verdorben.« (KSB VI, 274) Bald sprich er von »Verunglimpfung« (KSB VI, 284), »Kränkung« (KSB VI, 302) und »Verachtung« (KSB VI, 306); er flieht nach Italien, nach Rapallo, und rekapituliert Overbeck gegenüber schon im Zarathustra-Mythos:

»Ich gieng dies Jahr mit einem wirklichen Verlangen zu ›den Menschen‹ zurück – ich meinte, man dürfe mir schon etwas Liebe und Ehre erweisen. Ich erlebte Verachtung, Verdächtigung und, in Hinsicht auf das, was ich kann und will, eine ironische Gleichgültigkeit. Durch einige böse Zufälle erlebte ich dies Alles in der grausamsten Form. – Objektiv betrachtet: es war höchst interessant.« (KSB VI, 306)

Später schreibt Nietzsche in wütenden Briefen, Lou und Paul Rée hätten ihm grobfälschlich und allzumenschlich unterstellt, er habe »unter der Maske idealer Ziele [...] die schmutzigsten Absichten verfolgt« (KSB VI, 401, vgl. 468 ff.). Bald schiebt er die Schuld auf Rée, bald mehr auf Intrigen seiner Schwester. Im Januar 1883 schreibt er dann den ersten Teil von *Also sprach Zarathustra* und berichtet dazu am 10. Februar 1883 an Overbeck, noch aus Rapallo:

»Dies Buch, von dem ich Dir schrieb, eine Sache von 10 Tagen, kommt mir jetzt wie mein Testament vor. Es enthält in der größten Schärfe ein Bild meines Wesens, wie es ist, sobald ich einmal meine ganze Last abgeworfen habe.« (KSB VI, 326)

Damals verstirbt Richard Wagner in Venedig und die Trennung von Lou ist nun mit der Trauer um Wagner verbunden. An die Wagnerianerin Malwida von Meysenburg schreibt Nietzsche:

»W(agner)s Tod hat mir fürchterlich zugesetzt [...] Trotzdem glaube ich, dass dies Ereignis, auf die Länge hin gesehen, eine Erleichterung für mich ist. Es war hart, sehr hart, sechs Jahre lang Jemandem Gegner sein zu müssen, den man so verehrt und geliebt hat, wie ich W(agner) geliebt habe; ja, und selbst als Gegner sich zum Schweigen verurtheilen zu müssen – um der Verehrung willen, die der Mann als Ganzes verdient. W(agner) hat mich auf eine tödtliche Weise beleidigt – ich will es Ihnen doch sagen! – sein langsames Zurückgehn und Schleichen zum Christenthum und zur Kirche habe ich als einen persönlichen Schimpf für mich empfunden: meine ganze Jugend und ihre Richtung schien mir befleckt, insofern ich einem Geiste, der dieses Schrittes fähig war, gehuldigt hatte.« (KSB VI, 335)

Nietzsche gerät über den Bruch mit Lou, der Familie und dem Tod Wagners damals bei der Abfassung des *Zarathustra* gleichsam in eine Trennungseuphorie. *Also sprach Zarathustra* entsteht als buchstäbliche Antwort auf das Jahr 1882. Der Bruch mit Lou ist dabei der nächstgelegene Anlass zur Dramatisierung des Verhältnisses von Lehrer und Schüler. Das Lou-Drama ist aber eng mit Wagner und Bayreuth verwoben und weckte das Wagner-Trauma erneut. Bald betrachtete Nietzsche seine »›Rückkehr zu den Menschen‹« (KSB VI, 368) als einen Fehler. An Overbeck schreibt er: »Mein Fehler im vorigen Jahre war, dass ich die Einsamkeit aufgab.« (KSB VI, 337) Im Winter 1882/83 beendet er den zweiten Teil des *Zarathustra* in Nizza. Damals spricht er gelegentlich von einem »Drama« in drei Akten, denkt aber schon an einen »vierten und letzten Teil«. Nietzsche sucht nun neue Schüler, wie Resa von Schirnhofer und Heinrich von Stein, erwägt die neuerliche Übernahme von Vorlesungen, in Leipzig oder Nizza, möchte gar ein neues Studium zur Ausarbeitung seiner Philosophie aufnehmen und spricht 1884 gelegentlich vom *Zarathustra* als »Vorhalle« (KSB VI, 499) zu einem fälligen »Hauptbau«. Gelegentlich distanziert er sich nun aber auch vom *Zarathustra*. An seinen ersten Leser, Schreiber und Druckfahnenkorrektor Köselitz schreibt er am 2. September 1884:

»Zarathustra hat einstweilen nur den ganz persönlichen Sinn, dass es mein ›Erbauungs- und Ermuthigungs-Buch‹ ist – im Übrigen dunkel und verborgen und lächerlich für Jedermann.« (KSB VI, 525)

2. Kampf um den »Alleinbesitz« des Werkes

Die Drucklegung von *Also sprach Zarathustra* ist ein Problem. Schon lange ist Nietzsche mit seinem Verleger Schmeitzner unzufrieden, der lieber christliche Gesangbücher und antisemitische Literatur statt Nietzsches Ladenhüter verkauft und dennoch bankrottgeht. Die ersten drei Teile des *Zarathustra* erscheinen sukzessive noch bei Schmeitzner. Ab 1885 hat Nietzsche dann keinen Verleger mehr, der seine Werke vertreibt und Honorare zahlt. Gleichzeitig verschlechtert sich seine finanzielle Gesamtlage: Seine Pension wird gekürzt und droht gänzlich eingestellt zu werden. Nietzsche möchte den vierten und letzten Teil des *Zarathustra* aber ohnehin nicht marktgängig publizieren. An seinen alten Freund Gersdorff schreibt er im Februar 1885:

»Es giebt einen vierten (letzten) Theil Zarathustra, eine Art sublimen Finale's, welches gar nicht für die Öffentlichkeit bestimmt ist (das Wort ›Öffentlichkeit‹ und ›Publikum‹ klingt mir, in Bezug auf meinen ganzen Zarathustra, ungefähr so wie ›Hurenhaus‹ und ›öffentliches Mädchen‹ – Pardon!)« (KSB VII, 9)

Auch 1888 noch betrachtet er als »eigentlichen Titel« des vierten Teils »Die Versuchung Zarathustra's« (KSB VIII, 228, 374). Im März 1885 sendet er den letzten Teil zum Druck nach Leipzig auf eigene Rechnung. Köselitz übernimmt erneut die Korrekturen (KSB VII, 19 ff.). Nietzsche betrachtet das »ineditum« nun als exklusive Freundschaftsgabe an erwiesene »Nietzschianer« (KSB VIII, 370). Noch im Dezember 1888 will er im Streben nach dem »Alleinbesitz« an seinen Werken »alle Exemplare des vierten Zarathustra wieder zurückhaben, um dies ineditum gegen alle Zufälle von Leben und Tod sicher zu stellen« (KSB VIII, 314). Erst 1891, gleichsam posthum, erscheint eine erste publike Ausgabe. Mit der Vollendung von *Also sprach Zarathustra* ist Nietzsches alter Verleger Schmeitzner aber bereits im Mai 1885 bankrott und die autorstrategische Frage nach dem weiteren Werk stellt sich für den Umgang mit den erheblichen Restbeständen der unverkauften und erneut disponiblen Werke. Nietzsche zielt nun auf eine Gesamtrevision seiner Autorschaft nach Vollendung des *Zarathustra*. An seine Schwester schreibt er am 15. August 1885:

»Mein Wunsch ist groß, den ganzen Rest von Exemplaren meiner Schriften zu besitzen; oder vielmehr, ich sehe gar kein anderes Mittel als das angegebene, um dazu zu gelangen, was jetzt noth thut, meine früheren Schriften neu und wesentlich verändert herauszugeben.« (KSB VII, 81)

Im Frühjahr 1886 gibt Nietzsche die Suche nach neuen Verlegern auf und entscheidet sich in der Kooperation mit dem Leipziger Verleger Ernst Fritsch für den Druck bei C. G. Naumann auf eigene Kosten. Er revidiert seine früheren Schriften, indem er Restauflagen durch neue Vorreden ergänzt, und betrachtet seine folgenden Schriften, seit *Jenseits von Gut und Böse*, als »Einführung in die Hintergründe« (KSB VII, 224) bzw. »die Voraussetzungen für das Verständniss des Zarathustra« (KSB VII, 237). Nietzsche meint nun, wie später Heidegger:

»Meine Schriften stellen eine fortlaufende Entwicklung dar, welche nicht nur mein persönliches Erlebnis und Schicksal sein wird: – ich bin nur der Erste, eine heraufkommende Generation wird das, was ich erlebt habe, von sich aus verstehen und eine feine Zunge für meine Bücher haben.« (KSB VII, 225, vgl. KSB VII, 237)

Der »Versuchung Zarathustras« ist Nietzsche bis zuletzt nicht entgangen. Stets suchte er Leser und Jünger und strebte nach öffentlicher Resonanz. Carl Spitteler und Georg Brandes wurden ihm hier zu letzten Hoffnungen. Nietzsche belieferte auch Redaktionen strategisch mit Freiexemplaren und gierte nach Rezensionen seiner Werke. In seinen letzten lichten oder erleuchteten Wochen erklärte er nicht nur diversen Mächten den Krieg – u. a. Wagner und den Wagnerianern, den Deutschen und dem Deutschen Reich, den Hohenzollern, seinem Ex-Verleger und dem Christentum –, sondern er versuchte auch die Rechte an seinen älteren Schriften zurückzukaufen und trat dafür im November 1888 mit dem Verleger Fritzsch noch in »Unterhandlungen« (KSB VIII, 485). Zuletzt scheute er nicht davor zurück, alte Freunde in ökonomischem Kalkül förmlich anzupumpen. Deussen schreibt er am 26. November 1888:

»Ich will meinen Zarathustra zurück aus den Händen von E. W. Fritzsch, ich will meine ganze Literatur selbst in den Händen haben, als deren Alleinbesitzer. Sie ist nicht nur ein ungeheures Vermögen, denn mein Zarathustra wird wie die Bibel gelesen werden, – sie ist einfach in den Händen von E. W. Fritzsch nicht mehr möglich.« (KSB VIII, 492, vgl. 519)

An den getreuen Overbeck schreibt Nietzsche noch am 22. Dezember 1888:

»Im Grunde ist die Sache ein Glücksfall ersten Ranges: ich bekomme den Alleinbesitz meiner Litteratur in die Hände im Augenblick, wo sie verkäuflich wird. Denn auch die Werke bei C. G. Naumann gehören allein mir. Problem: wie schaffe ich jetzt 11000 Mark? […] Zuletzt könnte ich zum ersten Male in meinem Leben Geld dafür borgen, da die ›Zahlungsfähigkeit‹ bei mir in den nächsten Jahren gar nicht unbeträchtlich werden dürfte.« (KSB VIII, 548, vgl. 563 f.)

Wenige Tage später, am 27. Dezember 1888, berichtet Nietzsche noch Carl Fuchs von seinem Plan, »im letzten Augenblick Alleinbesitzer« (KSB VIII, 554) seiner Werke zu werden. Mit den Absatzzahlen der Bibel konnte er später zwar niemals konkurrieren, doch seine Erwartung, dass seine Schriften schon in den 1890er Jahren rentabel und einträglich würden, war nur zu berechtigt. Auch seine letzten Überlegungen zur Übersetzung der Schriften in europäische Sprachen, die allen Erwartungen an die »Hornvieh-Rasse der Deutschen« (KSB VIII, 536, vgl. 453) entsagten, wurden durch die europäische Rezeption bald bestätigt und übertroffen.

3. Metaphilosophisches Modell

Also sprach Zarathustra vertritt nicht nur bestimmte moralische und philosophische Lehren, so die Lehre von der »ewigen Wiederkunft«, sondern gestaltet auch den Auftritt und die Wirkungen des Lehrers. Das Lehrgedicht ist also eine metaphilosophische Betrachtung in literarischer Form: keine akademische Begründung bestimmter Lehren oder Doktrinen, sondern eine Fiktionalisierung des doktrinären Auftritts und dessen unmittelbarer Wirkung auf das »Volk« einerseits und den Kreis von Schülern andererseits. Es gibt viele Belege dafür, dass Nietzsche einige Lehren des *Zarathustra* selbst glaubte und vertrat: so auch die Lehre von der »ewigen Wiederkunft«. Der doktrinäre Geltungsanspruch ist aber schon durch die polyseme Vieldeutigkeit gebrochen. Nietzsche wusste offenbar selbst nicht genau, was er eigentlich vertreten wollte. Den philosophischen Begründungsversuch gab er dann mit dem geplanten Hauptwerk *Vom Willen zur Macht* bald auf.

Ein jüngster, stark paraphrasierender Kommentar betont die durchgängige Distanz Zarathustras zu seinen Jüngern sowie Vorbehalte gegenüber der Lehre von der ewigen Wiederkunft und auch

das »offene Ende«[4] als »Komödie«.[5] Zutreffend fragt er: »Hat Zarathustra in all den Jahren auch nur einen Gefährten gewonnen?«[6] Er
knüpft daran weitreichende Überlegungen zur Unterscheidung von
Prophetie und Philosophie und spricht von einem »Zarathustra-Pro-
blem«[7] und einer explorativen Zweideutigkeit des Werkes. Der paro-
dische Angriff auf das Christentum gab Nietzsche das prophetische
Genre vor: »Die Parodie hält das Unterfangen, Philosoph und Prophet
in eine Konjunktion zu bringen, in engen Bahnen.«[8] Nietzsche experi-
mentierte dennoch mit den »Optionen des Propheten und des Philosophen«.[9] Gerade der offene Schluss verweigerte die Transposition
des Philosophen in den »Religionsstifter«.[10] Mit einem Blick auf das
Gesamtwerk ist es geradezu unwahrscheinlich, dass Nietzsche seine
ältesten Überzeugungen gänzlich verraten hätte: Schon im Frühwerk
trennte er strikt zwischen den »Gelehrten« und den »wahren« Philosophen, verspottete die philosophischen »Sektenstifter« (KSA I,
810) und den Typus des »Bildungsphilisters« als »Bekenner« eines
»neuen Glaubens« und »neuen Evangeliums«: »Der Philister als der
Stifter der Religion der Zukunft – das ist der neue Glaube in seiner
eindrucksvollsten Gestalt; der zum Schwärmer gewordene Philister –
das ist das unerhörte Phänomen, das unsere deutsche Gegenwart auszeichnet.« (KSA I, 177) Sollte Nietzsche diese am Beispiel von David
Friedrich Strauß schon in der ersten *Unzeitgemässen Betrachtung*
entwickelte Mahnung vergessen haben? Selbstverständlich betrachtete er Religionen ziviltheologisch als »Züchtungs- und Erziehungs-
mittel in der Hand des Philosophen« (KSA V, 81, vgl. 79) und polemisierte gegen die »Philosophen-Attitüde« der »asketischen Priester«
(KSA V, 360 ff.).

Es muss hier nicht entschieden werden, ob und inwieweit Nietzsche überhaupt starke doktrinäre Überzeugungen hatte. Unstrittig ist
Also sprach Zarathustra mit der Reduktion auf bestimmte Lehren
nicht ausgedeutet und in seiner literarischen Eigenart innerhalb des
Gesamtwerks nicht hinreichend erfasst. Es wurde bereits angedeutet,

---

[4] Heinrich Meier, Was ist Nietzsches Zarathustra? Eine philosophische Auseinandersetzung, München 2017, 227
[5] Meier, Was ist Nietzsches Zarathustra?, 164, 207, 209
[6] Meier, Was ist Nietzsches Zarathustra?, 128, vgl. 106 f., 221
[7] Meier, Was ist Nietzsches Zarathustra?, 236
[8] Meier, Was ist Nietzsches Zarathustra?, 230
[9] Meier, Was ist Nietzsches Zarathustra?, 232
[10] Meier, Was ist Nietzsches Zarathustra?, 229

dass auch dieses Werk – wie so vieles – nicht zuletzt eine Antwort auf Wagner und Bayreuth war. Dem *Zarathustra* folgte mit *Jenseits von Gut und Böse* dann das *Vorspiel einer Philosophie der Zukunft*, das sich mit dem Untertitel schon als Antwort auf Wagners »Zukunfts-musik« präsentierte. Auch die folgenden Schriften *Der Fall Wagner*, *Götzen-Dämmerung* und *Nietzsche contra Wagner* richteten sich offenbar gegen Wagner. *Also sprach Zarathustra* ist ein literarisches Modell für Lehrerschaft und Jüngerschaft, für das Zwiegespräch des »Wanderers«, »Einsiedlers« und »Philosophen der Zukunft« mit dem »höheren« und »vornehmen« »Typus Mensch«, das Nietzsche im lockeren Gespräch des Autors mit seinen Lesern auch als Selbstgespräch mit seinem einzig verbliebenen »Freund Zarathustra« auffasste: »Um Mittag war's, da wurde Eins zu Zwei …« (KSA V, 243) Noch in der *Genealogie der Moral* trat er seine Rede von den »Menschen der Zukunft« in Rollenprosa an Zarathustra ab (vgl. KSA V, 336 f.). Zarathustra war ihm aber auch nur eine Maske des Dionysos, den Nietzsche, »der letzte Jünger und Eingeweihte des Gottes« (KSA V, 238), bis in seine letzten Wahnsinnszettel hinein als eigentlichen Autor seines Werkes betrachtete.

Nietzsche begriff zwar die ersehnten »Philosophen der Zukunft« als nomothetische »Befehlshaber« (KSA V, 126), »Befehlende und Gesetzgeber« (KSA V, 145), Schöpfer einer neuen »Herren-Moral«, rechnete aber nicht mit unmittelbarer Wirkung und direkter Umsetzung seiner Lehren durch hörige Schüler und Jünger. Seine ironische Distanz zur Rezeptur der »Herren-Moral« kommt schon in der Transposition des philosophischen Geltungsanspruchs in die priesterliche Prophetie zum Ausdruck, einen Typus, den Nietzsche stets ablehnte. *Also sprach Zarathustra* ironisiert nicht nur Bayreuth, sondern den philosophischen Lehrbetrieb überhaupt, nicht zuletzt das eigene akademische Schicksal. 1888 schickt Nietzsche ein Exemplar des vierten Teils des Zarathustra an Georg Brandes und schreibt: »Sein eigentlicher Titel in Hinsicht auf das, was vorangeht und was folgt, sollte sein: Die Versuchung Zarathustra's. Ein Zwischenspiel.« (KSB VIII, 228) Als diese Versuchung kritisiert Nietzsche den Proselytismus aller Arten von Sekten: des Nietzscheanismus, Wagnerianismus, Heideggerianismus.

4. Die Rahmenhandlung von *Also sprach Zarathustra*

Die Reden und Lehren des *Zarathustra* sind hier nicht eingehend zu erörtern. Nur die Rahmenhandlung sei knapp erinnert: das Drama von Zarathustras Suche nach »lebendigen Gefährten« und »Mitschaffenden«. Diese Handlung ist in den einzelnen Teilen unterschiedlich stark präsent. Heidegger meinte: »In der Gestalt des Lehrers wird die Lehre mittelbar dargestellt.« (GA 6.1, 255) Es wird aber auch das Verhältnis des Lehrers zu den Hörern gestaltet, die pädagogische Wirkung Zarathustras auf seine Mitwelt.

Zarathustra zog mit 30 Jahren ins Gebirge und lebte dort 10 Jahre in der Einsamkeit seiner Höhle, bevor er das Gebirge wieder verließ und »in die nächste Stadt« ging, um dort zunächst auf dem »Markt« zum Volk vom »Übermenschen« und »letzten Menschen« zu sprechen. Das Volk verspottete ihn dort jedoch und wünschte sich eher den »letzten Menschen«. Zarathustra verließ deshalb mit dem Leichnam eines Seiltänzers bepackt bald wieder die Stadt und begab sich in den Wald. Dort wurde ihm klar: »Nicht zum Volke rede Zarathustra, sondern zu Gefährten!« (KSA IV, 25) »Lebendige Gefährten« und »Mitschaffende« will er finden. Damit endet die Vorrede.

Nach einem Gleichnis von den »Verwandlungen« beginnt der erste Teil mit einer Art Universitätskritik: Zarathustra kritisiert die »Hinterweltler« auf den »Lehrstühlen der Tugend« als »Verächter des Leibes«. Er begegnet dann einem »Jüngling«, der »ins Böse strebt« (II, 307) und den Zarathustra als ersten Jünger und Bruder mit sich fortführt. Er grenzt sich von den giftigen »Fliegen des Marktes« (KSA IV, 65 ff.) ab, die man heute wohl als Anwälte und Polizisten der Öffentlichkeit bezeichnete, und spricht von seiner Suche nach »Freundschaft«:

»Ich und Mich sind immer zu eifrig im Gespräche: wie wäre es auszuhalten, wenn es nicht einen Freund gäbe? Immer ist für den Einsiedler der Freund der Dritte: der Dritte ist der Kork, der verhindert, dass das Gespräch der Zweie in die Tiefe sinkt.« (KSA IV, 71)

Viele Reden des Zarathustra sind eigentlich personifizierte Selbstgespräche, insbesondere auch die Zwiesprachen mit den Tieren. Am Ende des ersten Teils wird das Verhältnis zu den ersten »Jüngern« aber erneut intensiv thematisch. Im Abschnitt »Von der schenkenden Tugend« heißt es:

»Als Zarathustra von der Stadt Abschied genommen hatte, welcher sein Herz zugethan war und deren Name lautet: ›die bunte Kuh‹, folgten ihm Viele, die sich seine Jünger nannten und gaben ihm das Geleit. Also kamen sie an einen Kreuzweg: da sagte ihnen Zarathustra, dass er nunmehr allein gehen wolle; denn er war ein Freund des Alleingehens.« (KSA IV, 97) »Allein gehe ich nun, meine Jünger! Auch ihr geht nun davon und allein! So will ich es.« (KSA IV, 101)

Am Ende des ersten Teils heißt es mit deutlichen Anspielungen auf Jesus:

»Nun heisse ich euch, mich verlieren und euch finden; und erst, wenn ihr mich Alle verleugnet habt, will ich euch wiederkehren. […] Und einst noch sollt ihr mir Freunde geworden sein und Kinder Einer Hoffnung: dann will ich zum dritten Male bei euch sein, dass ich den grossen Mittag mit euch feiere.« (KSA IV, 101 f.)

Der zweite Teil beginnt mit der Heimkehr ins Gebirge und die Höhle. Nach einigen Jahren reist Zarathustra dann über »weite Meere« zu den »glückseligen Inseln«. Erneut spricht er zu seinen »Brüdern« und »Jüngern«; er kritisiert die »Prediger der Gleichheit« und Gelehrten im »Land der Bildung«, singt ein »Tanz- und Spottlied auf den Geist der Schwere« und spricht unter dem ethischen Titel »Von der Selbst-Überwindung« vom Leben als »Wille zur Macht«. Auch der zweite Teil endet mit näheren Ausführungen zur Beziehung zu den Jüngern: Sie übernehmen als »Mitschaffende« aber nun eine aktive Rolle, indem sie Zarathustra einen Traum deuten; Zarathustra nennt sie die »höchsten Menschen, denen mein Auge begegnete« (KSA IV, 185), verlässt sie jedoch, um in seine Höhle zurückzukehren. Er ist mit seiner Selbst-Überwindung noch nicht weit genug, ist, im Gleichnis von den Verwandlungen gesprochen, noch nicht »Kind« (KSA IV, 189) geworden.

Der dritte Teil beginnt mit Zarathustras langsamer Heimkehr auf Umwegen »durch viel Volk und vielerlei Städte« (KSA IV, 222) und rekapituliert Zarathustras Bemühungen als Fehlschläge. Statt der »lebendigen Gefährten« und Mitschaffenden fand er nur »Abtrünnige«:

»Immer sind ihrer nur Wenige, deren Herz einen langen Muth und Übermuth hat; und solchen bleibt auch der Geist geduldsam. Der Rest aber ist feige. / Der Rest: das sind die Allermeisten, der Alltag, der Überfluss, die Viel-zu-Vielen – diese alle sind feige!- / Wer meiner Art ist, dem werden auch die Erlebnisse meiner Art über den Weg laufen: also, dass seine ersten

Gesellen Leichname und Possenreisser sein müssen. / Seine zweiten Gesellen aber – die werden sich seine Gläubigen heißen: ein lebendiger Schwarm; viel Liebe, viel Thorheit, viel unbärtige Verehrung.« (KSA IV, 226 f.)

Zarathustra kehrt in die Einsamkeit seiner »Heimat« zurück. Seine Rede »von alten und neuen Tafeln« benennt erneut das Scheitern: »Siehe, hier ist eine neue Tafel: aber wo sind meine Brüder, die sie mit mir zu Thale und in fleischerne Herzen tragen?« (KSA IV, 249) Zarathustra wünscht einen »neuen Adel« als »Sämänner der Zukunft« (KSA IV, 254). Früher schon meinte er: »Gefährten suchte einst der Schaffende und Kinder seiner Hoffnung: und siehe, es fand sich, dass er sie nicht finden könne, es sei denn, er schaffe sie selber erst.« (KSA IV, 203) Eine Nachlassnotiz meint dazu:

»In Zarathustra 4 ist nöthig: genau zu sagen, weshalb das ›ausgewählte Volk‹ erst geschaffen werden musste – es ist der Gegensatz der wohlgerathenen höheren Naturen im Gegensatz zu den Missrathenen (durch die Besucher charakterisirt): nur an diese kann sich Zarathustra über die letzten Probleme mittheilen, nur ihnen kann er die Thätigkeit zu dieser Theorie zumuthen (sie sind stark und gesund und hart genug dazu, vor allem edel genug!) und ihnen den Hammer über die Erde in die Hand geben.« (KSA XI, 359)

Nach der Rückkehr in die Höhle erkrankt Zarathustra zunächst schwer; seine Tiere pflegen ihn und erklären ihm, wer er sei: »Denn deine Thiere wissen es wohl, oh Zarathustra, wer du bist und werden musst; siehe, du bist der Lehrer der ewigen Wiederkunft –, das ist nun dein Schicksal.« (KSA IV, 275) Zarathustra erdichtet daraufhin das Nachtwandler-Lied, das Gustav Mahler in seiner 3. Symphonie ergreifend vertonte. Der dritte Teil von *Also sprach Zarathustra* endet mit diesem Lied an die »Ewigkeit« als »Ring der Wiederkunft«. Diesen Ring stellte Nietzsche wohl auch gegen Wagner.

   Die ersten drei Teile des *Zarathustra* waren zunächst einzeln, 1886 dann zusammen gebunden erschienen. Der »vierte und letzte Teil«, Anfang 1885 abgefasst, erschien zunächst gesondert im Selbstverlag und adressierte sich nur an den engsten Bekanntenkreis. Erst 1891 wurde er öffentlich. Noch im *Ecce Homo* spricht Nietzsche nur von den ersten drei Teilen (KSA VI, 341). Der vierte trägt also Züge eines posthumen und esoterischen Vermächtnisses. Hier erzählt Nietzsche eingehend von einem Strategiewechsel des »boshaftigsten aller Menschen-Fischfänger«:

»Der nämlich bin ich von Grund und Anbeginn, ziehend, heranziehend, hinaufziehend, aufziehend, ein Zieher, Züchter und Zuchtmeister, der sich nicht umsonst einstmals zusprach: ›Werde, der du bist.‹ / Also mögen nunmehr die Menschen zu mir hinauf kommen: denn noch warte ich der Zeichen, dass es Zeit sei zu meinem Niedergange, noch gehe ich selber nicht unter, wie ich muss, unter die Menschen.« (KSA IV, 297)

Zarathustra hatte erneut einige Jahre in seiner Einsamkeit verbracht; er war demnach deutlich älter als Nietzsche oder dann Heidegger zum Zeitpunkt von dessen Nietzsche-Vorlesungen. Zarathustra wandert im vierten Teil erneut »in seinen Bergen und Wäldern«, begegnet einer Reihe Menschen, die seine Reden einst irgendwo vernommen hatten und deren »Nothschrei« nach dem »höheren Menschen« er nun erhört; er schickt sie in seine Höhle zu seinen Tieren. Am Nachmittag kehrt er dann in seine Höhle zurück:

»Denn da sassen sie allesammt bei einander, an denen er des Tags vorübergegangen war: der König zur Rechten und der König zur Linken, der alte Zauberer, der Papst, der freiwillige Bettler, der Schatten, der Gewissenhafte des Geistes, der traurige Wahrsager und der Esel; der hässlichste Mensch aber hatte sich eine Krone aufgesetzt« (KSA IV, 346).

Zarathustra feiert mit diesen »höheren Menschen« nun ein Abendmahl. Verschiedene Lieder werden gesungen und Zarathustra deutet das Fest als »Zeichen der Genesung« (KSA IV, 386), obgleich es mancherlei Misstöne gibt und das Abendmahl auch ins »Eselsfest« entgleitet. Zarathustra singt mit seinen Gefährten zusammen zur Mitternacht erneut das Ja- und Amen-Lied von der »Ewigkeit«. Auch dieser letzte publizierte Teil von *Also sprach Zarathustra* endet aber mit einer Distanzierung: Ein lachender Löwe erscheint und erschreckt die »Gastfreunde«; Zarathustra erkennt sein »Mitleiden mit den höheren Menschen« als »letzte Sünde« (KSA IV, 408). Seine Jünger sind noch nicht im »Kinder-Land« (KSA IV, 268) und »Zarathustra-Reich von tausend Jahren« (KSA IV, 298) angekommen, weil Zarathustra selbst den Geist der Schwere noch nicht gänzlich überwunden hat. Auch er ist nur eine Gestalt der Sehnsucht nach dem Übermenschen und nicht diese Humanitätsvision selbst.

Nietzsche bezeichnete diesen vierten Teil wiederholt als »Versuchung« (KSA XI, 347, 367; KSB VII, 12, 14) Zarathustras durch die Gefährten. Im Nachlass finden sich gerade zur Typologie der Jünger und zum Schluss zahlreiche Notizen. In vielen frühen Skizzen endet das Drama mit dem Tod Zarathustras als »Erstling« und Opfer (vgl. nur KSA X, 444 f.), wohl von Hölderlins *Tod des Empedokles* angeregt. Andere Notate skizzieren eine Art Machtübernahme der »höheren Menschen«, einen Bund der »Gelobenden« (vgl. KSA X, 594, 600; KSA XI, 95, 339, 468 u. ö.; KSA XII, 128 f.), »neuen Adel« und »Orden der harten Herzen« (KSA X, 600). Den vierten Teil bezeichnete er dann aber ausdrücklich als »letzten Teil« und verzichtete auf dramatische Weiterführungen. Die Notizen dazu klingen martialisch:

»Zarathustra muss seine Jünger zur Erd-Eroberung aufreizen – höchste Gefährlichkeit, höchste Art von Sieg: ihre ganze Moral eine Moral des Krieges – unbedingt Siegen wollen«. (KSA XI, 220)

Nietzsches Überlegungen zur »großen Politik« des Kampfes um die »Erdherrschaft« schließen daran an. Das Erbe Zarathustras überließ er jedoch der Rezeption des Werkes und antizipierte die folgende »große Politik« des Nietzscheanismus nicht weiter. *Jenseits von Gut und Böse* führt die moralpolitischen Folgerungen für die »Rangordnung« der Geister und »Züchtung« der »neuen Herren-Art und – Kaste« (KSA XI, 582) der »guten Europäer« in anderer Form aus. In seinen letzten Wochen erwog Nietzsche offenbar noch die Publikation von Gedichten unter dem Titel »Zarathustra's Versuchung« (KSA XIII, 589 f.). Schon Norbert v. Hellingrath wollte, noch als Schüler, *Also sprach Zarathustra* weiterführen.[11] Weite Teile der Geistesgeschichte Deutschlands nach 1900 lassen sich dann als Wirkung Nietzsches rekonstruieren.

5. *Also sprach Zarathustra* als Wagner-Kritik

Nietzsche hat einige Aufzeichnungen gerade zum Schluss des vierten Teiles und zur Typologie der »höheren Menschen« hinterlassen. Einige dieser Typen sind im Gesamtwerk auch vielfach umrissen. So sind etwa der »letzte Papst« als Variante des »asketischen Priesters« und der »Gewissenhafte des Geistes« als Gelehrter oft gestaltet. Präsenter noch ist aber wohl der »alte Zauberer« und »Bezauberer«; Zarathustra entlarvt ihn als »Schauspieler«, »Falschmünzer« und »Betrüger« (KSA IV, 317 ff.). Im *Zarathustra* bereut der Zauberer:

---

[11] Dazu vgl. Ludwig v. Pigenot (Hg.), Hölderlin-Vermächtnis, 2. Aufl. München 1944, 205 ff.

»›Oh Zarathustra, ich bin's müde, es ekelt mich meiner Künste, ich bin nicht *gross*, was verstelle ich mich! Aber, du weisst es wohl – ich suchte nach Grösse! […] Oh Zarathustra, Alles ist Lüge an mir; aber dass ich zerbreche – diess mein Zerbrechen ist *ächt*!‹ / ›Es ehrt dich, sprach Zarathustra düster und zur Seite niederblickend, es ehrt dich, dass du nach Grösse suchtest, aber es verräth dich auch. Du bist nicht gross.‹« (KSA IV, 319)

Diese Reue und Selbstkritik vermisste Nietzsche bei Wagner, den er auch einen »alten Zauberer« und »Verführer grossen Stils« (KSA VI, 42) nannte und der das Vorbild für den Typus gab. Gerade der Auftritt des Zauberers verweist darauf, dass *Also sprach Zarathustra* nicht zuletzt eine Antwort auf Wagner ist. Bekanntlich sind fast alle Werke Nietzsches für oder gegen Wagner geschrieben: von der *Geburt der Tragödie* und *Richard Wagner in Bayreuth* bis hin zum *Fall Wagner,* der *Götzen-Dämmerung* und *Nietzsche contra Wagner.* Seinen »Abschied« (KSA VI, 431) von Wagner datierte Nietzsche dabei mit seinem Besuch der ersten Bayreuther Festspiele 1876. »Was war geschehen? – Man hatte Wagner ins Deutsche übersetzt! Der Wagnerianer war Herr über Wagner geworden!« (KSA VI, 323)

Nietzsche unterschied zwischen Wagner und den Wagnerianern und Wagnerianerinnen, definierte den »Fall Wagner« aber, mit Platon, als Fall von »Theatrokratie« (KSA VI, 42): als »Heraufkunft des Schauspielers in der Musik« (KSA VI, 37). In seiner Nachschrift zu *Der Fall Wagner* führte er aus: »Die Anhängerschaft an Wagner zahlt sich theuer.« (KSA VI, 40 ff.) Nietzsche warf Wagner einen Verrat und Verkauf der Kunst an die Masse und den Markt vor:

»Das Theater ist eine Form der Demolatrie in Sachen des Geschmacks, das Theater ist ein Massen-Aufstand, ein Plebiscit gegen den guten Geschmack … Dies eben beweist der Fall Wagner: er gewann die Menge – er verdarb den Geschmack« (KSA VI, 42).

Nietzsche konzedierte Wagner als »modernem Menschen« einige Widersprüche und spielte den »Miniaturisten der Musik« (KSA VI, 28) gegen den Musikdramatiker aus: »Was heute gut gemacht, meisterhaft gemacht werden kann, ist nur das Kleine. Hier allein ist noch Rechtschaffenheit möglich.« (KSA VI, 48) Eine solche Präferenz etwa für das Siegfried-Idyll statt des *Rings* oder die Wesendonck-Lieder statt des *Tristan* ist auch in der heutigen Rezeption noch verbreitet. Nietzsches polemische Disjunktionen zielen aber über alternative Musiker – wie Bizet, Brahms oder gar Heinrich Köselitz alias »Pietro Gasti« (KSA VI, 291) – hinaus auf eine »andere Kunst«: auf Nietzsche als »Antipoden« (KSA VI, 415) und Zarathustra als »Typus«. Nietz-sche meinte: »Die Erzieher fehlen«!

»Dem ganzen höheren Bildungswesen in Deutschland ist die Hauptsache abhanden gekommen: Zweck sowohl als Mittel zum Zweck. Dass Erzie-hung, Bildung selbst Zweck ist – und nicht ›das Reich‹ –, dass es zu diesem Zweck der Erzieher bedarf – und nicht der Gymnasiallehrer und Univer-sitätsgelehrten – man vergass das.« (KSA VI, 107)

Nietzsche setzte Zarathustra gegen Wagner als Erzieher. Seine Stili-sierung der Schlüsselbedeutung von *Also sprach Zarathustra* im Ge-samtwerk kommt im *Ecce Homo* zum Abschluss. Dort wird schon für *Die Geburt der Tragödie* gesagt, dass schon das Frühwerk »nichts überhaupt mit Wagner zu tun« (KSA VI, 313) hatte:

»Der Beweis dafür, so stark als nur ein Beweis sein kann, ist meine Schrift ›Wagner in Bayreuth‹: an allen entscheidenden Stellen ist nur von mir die Rede, – man darf rücksichtslos meinen Namen oder das Wort ›Zarathustra‹ hinstellen, wo der Text das Wort Wagner gibt.« (KSA VI, 314)

Die Entstehung von *Also sprach Zarathustra* betrachtete Nietzsche rückblickend als »Inspiration« vom August 1881 auf italienischen Wanderungen: »Auf diesen beiden Wegen fiel mir der ganze erste Zarathustra ein, vor Allem Zarathustra selber, als Typus«. (KSA VI, 337) Nietzsche sprach von einem »Blitz des Zarathustra-Gedankens« (KSA VI, 341) und meinte, dass der »Typus Zarathustra« dem Begriff des Übermenschen »die höchste Realität« (KSA VI, 344) gab. Dieser vollendete Typus, den Nietzsche mit Bedacht nicht gestaltete, sei aber eigentlich nur »der Begriff des Dionysos noch einmal« (KSA VI, 345). Den Übergang des Übermenschen begriff Nietzsche – Dionysos gegen den Gekreuzigten – als alternative Selbstvergöttlichung des Menschen.

6. »Selbstmythisierung« und Selbstkritik des Erziehers

Andreas Urs Sommer, Leiter des historisch-systematischen Nietz-sche-Kommentars, schreibt: »*Also sprach Zarathustra* ist die Selbst-mythisierung der Philosophie, die sich zugleich selbst parodiert.«[12] Es ließe sich ergänzen: Selbstmythisierung des Autors, des Universitäts-betriebs und – mit Wagner – Kulturbetriebs überhaupt. Soweit Nietz-

---

[12] Andreas Urs Sommer, Nietzsche und die Folgen, Stuttgart 2017, 56

sche den Kulturbetrieb als Weltanschauungsbetrieb kritisierte, könnte man auch von einer Metaphilosophie und Soziologie des Philosophiebetriebs sprechen. Die Selbstmythisierung ist ein fiktionales Modell und Lehrstück, wie Wagners Helden es waren; deshalb empfahl Nietzsche auch, »sich Wagner in verjüngten Proportionen zu erzählen: zum Beispiel Parsifal als Candidaten der Theologie« (KSA VI, 34). Seit George Bernhard Shaw hat die Wagnerforschung das immer wieder getan. Kunstmythen sind Rollenprosa. Man mag zwar bezweifeln, ob Nietzsche gerade dem *Zarathustra* gegenüber stets die ironisch-parodische Distanz bewahrte und nicht selbst zum Gläubigen seiner Gestalten wurde. Wagner und den Wagnerianern gegenüber forderte er aber Ironie ein. Was er kritisierte, waren vor allem Idealismus, Christentum und »Falschmünzerei«, mangelnde Redlichkeit und Wahrhaftigkeit im Umgang. Gerade das unterschied seine Gestaltung des Verhältnisses von Zarathustra zu seinen Jüngern von seinen Beobachtungen des Bayreuther Betriebs: Zarathustra erklärte sich verantwortlich und rechnete den Abstand seiner Jünger vom »höheren Menschen« und Übermenschen sich selbst, seiner Defizienz und Imperfektibilität zu. Er sah sich als Erzieher selbstkritisch und meinte, als der »Genesende« noch nicht »verwandelt« und »erzogen« genug zu sein: »Ach, meine Brüder, wie sollten Erstlinge nicht Opfer sein!« (KSA IV, 251)

Es wäre also falsch, Zarathustras Distanz zu den Jüngern schlicht als Arroganz oder Verachtung auszulegen. Parallelisiert man Nietzsches Verhältnis zu »Bayreuth« oder Zarathustras Stellung zu seinen Jüngern mit Heideggers Verhältnis zu den »Heideggerianern«, muss man diesen Willen zur Selbstkritik und »Selbstüberwindung« betonen. Der Vergleich des Heideggerianismus mit Bayreuth, mit Nietzsches Bayreuth-Kritik, ist gewiss – bis hin zu Parallelen zwischen den *Bayreuther Blättern* und den *Heidegger-Studien* – erhellend. Orthodoxie, Idealismus und Tendenzen zur Re-Christianisierung, die Nietzsche an Bayreuth verpönte, hohler Jargon und elitärer Dünkel, Sendungsbewusstsein, Protektionssysteme, Geschäftsinteressen und Wirkungswillen finden sich auch im Heidegger-Betrieb. Der Freiburger »Meister« identifizierte sich mit Zarathustra und stilisierte seinen Todtnauberg-Mythos in der *Zarathustra*-Nachfolge. Wie Nietzsche polemisierte auch er vehement gegen Idealismus und Re-Christianisierung; man vermisst in seinem Werk aber die von Nietzsche geforderte Ironie und Selbstkritik fast gänzlich.

Karl Löwith schon erinnerte seinen Lehrer gelegentlich an Zarathustras Verhältnis zu seinen Schülern. Im Vorwort zur zweiten Auflage seines kritischen Heidegger-Buches *Denker in dürftiger Zeit* zitierte er aus dem *Zarathustra:* »Man vergibt einem Lehrer schlecht, wenn man immer nur der Schüler bleibt.«[13] Immer wieder versuchte er Heidegger persönlich zu stellen. Heidegger ging darauf nicht ein und ignorierte die eigenen Wege seiner Schüler. Er beklagte ein allgemeines Unverständnis gegenüber seinem »Seinsdenken« und suchte die Gründe niemals bei sich. Das unterschied ihn nicht nur von Zarathustra, sondern auch von Nietzsche. Signifikant ist hier schon sein später Vortrag *Wer ist Nietzsches Zarathustra?*. Heidegger betont hier erneut die Zusammengehörigkeit von Nietzsches Lehren, betrachtet den »Fürsprecher des Kreises« aber nicht in seiner pädagogischen Rolle und Vergemeinschaftungswirkung. Gerade die Überwindung des Ressentiments, die Erlösung vom »Geist der Rache«, die er Zarathustra abliest, blieb ihm fremd.

---

[13] Karl Löwith, Heidegger. Denker in dürftiger Zeit, 2. Aufl. Göttingen 1960, 5; vgl. auch ders., Zu Heideggers Seinsfrage: Die Natur des Menschen und die Welt der Natur, in: ders., Aufsätze und Vorträge 1930–1970, Stuttgart 1971, 189–203

Teil II
Umstellung auf den »Übermenschen«

Überleitung

Im ersten Teil dieser Sammlung wurde Heideggers Grundansatz: seine rhetorische Figur des »Schritts zurück« und sein Rückgang in den anfänglichen Grund der abendländischen Geschichte, in den Kontext der Konservativen Revolution gestellt; es wurde dabei zwischen einer engen politischen und einer weiten philosophischen oder »weltanschaulichen« Auslegung unterschieden: In enger Auffassung suchte die publizistische Bewegung der Konservativen Revolution in den frühen 1930er Jahren mit dem »autoritären Staat« einen dritten Weg zwischen Demokratie und Diktatur; in weiter philosophischer Auslegung antwortete sie auf den anti-idealistischen Epochenumbruch um 1900, den Heideggers ältester Freiburger Schüler, Karl Löwith,[1] als »revolutionären Bruch« von Hegel zu Nietzsche beschrieb und der die Umbrucherfahrungen des expressionistischen Kriegsjahrzehnts mit umfasste.

Löwith markierte Marx und Kierkegaard in seiner erstmals 1941 in Zürich erschienenen Monographie als Mittler des Umbruchs und hob so die Rolle der Junghegelianer bei der Destruktion der überlieferten Metaphysik hervor. Heidegger lehnte Löwiths Wendung zum Junghegelianismus schon an dessen Marburger Habilitationsschrift ab (HL 199). In seinem klassikerzentrierten Kanondenken, seinem Schritt zurück hinter Nietzsche und den zeitgenössischen dogmatischen Nietzscheanismus auf Hölderlin und die Vorsokratik, versäumte er es aber, ein komplexes Bild vom »revolutionären Bruch« im postmetaphysischen Gegenwartsdenken zu entwickeln; er mied insbesondere die eingehende Auseinandersetzung mit Richard Wagner und Stefan George, ohne die Nietzsches Ansatz und die eigene Stellung aber kaum verständlich sind. Stefan George ist der Schlüssel zu

---

[1] Karl Löwith, Von Hegel zu Nietzsche. Der revolutionäre Bruch im Denken des neunzehnten Jahrhunderts, 1941, 2. Aufl. Stuttgart 1950 (1941 zunächst unter dem Titel *Von Hegel bis Nietzsche* erschienen)

Heideggers Wissenschaftsverständnis, politischer Pädagogik und praktischer Philosophie; von George ging die neuere Nietzsche- und Hölderlin-Rezeption aus. Weil Heidegger die Prägung seines Nietzsche- und Hölderlin-Bildes durch den George-Kreis nicht begriff, blieb er in einer epigonalen Nietzsche- und Hölderlin-Nachfolge befangen. Das zeigt sich insbesondere bei der Organisation seiner Gesamtausgabe, die den Adressatenwechsel von der Mitwelt zur Nachwelt nachvollzog, den Wagner und Nietzsche im Bruch mit dem Weimarer Neuhumanismus unter dem Eindruck relativer zeitgenössischer Wirkungslosigkeit vornahmen. Das wurde hier im ersten Teil zuletzt ausgeführt; Nietzsches *Also sprach Zarathustra* wurde dabei als kritisches und selbstkritisches Modell metaphilosophischer Analyse des weltanschaulichen Wirkungswillens dargestellt.

Es ließe sich nun weiter in die neopagane und nationalistische deutsche Mythologie des 20. Jahrhunderts einsteigen,[2] für die Richard Wagner zweifellos, mehr noch als Nietzsche, ein Schlüsselautor war. Im Rahmen der vorliegenden Sammlung ist aber keine umfassende Analyse von Heideggers Stellung im deutschen Nationalismus beabsichtigt, sondern nur eine kritische Kontextualisierung seines »Schritts zurück«. Bevor der dritte Teil einige Wirkungen und produktive Umbildungen erörtert, wird hier im zweiten Teil, frühere Analysen von Heideggers Publikationspolitik weiterführend,[3] Heideggers Weg in die Gesamtausgabe analysiert. Im Zusammenhang mit der aktuellen Antisemitismus-Kontroverse wird seine Auslegung des »Übermenschen« dabei von Ernst Jünger und Carl Schmitt abgesetzt. Zunächst wird aber ausgeführt, dass Heidegger vor seiner editionspolitischen Umstellung auf die Nachwelt und den »künftigen Menschen«, die Ende der 1930er Jahre einsetzt, in der Weimarer Republik zunächst überaus vorbehaltlich und skrupulös, karrierestrategisch bedingt publizierte und sich eigentlich nur an den nächsten

[2] Dazu etwa Herfried Münkler, Die Deutschen und ihre Mythen, Berlin 2009; zur Kontinuität des Weimarer Neuhumanismus eindrucksvoll: Dieter Borchmeyer, Richard Wagner. Ahasvers Wandlungen, Frankfurt 2002; aus der uferlosen Literatur jüngst Hans Rudolf Vaget, »Wehvolles Erbe«. Richard Wagner in Deutschland: Hitler, Knappertsbusch, Mann, Frankfurt 2017; zum Bayreuther Kreis vgl. etwa Winfried Schüler, Der Bayreuther Kreis von seiner Entstehung bis zum Ausgang der wilhelminischen Ära. Wagnerkult und Kulturreform im Geiste völkischer Weltanschauung, Münster 1971; Udo Bermbach, Houston Stewart Chamberlain. Wagners Schwiegersohn – Vordenker Hitlers, Stuttgart 2015
[3] Reinhard Mehring, Heideggers ‚große Politik‘. Die semantische Revolution der Gesamtausgabe, Tübingen 2016

»Kreis« seines Seminars adressierte. Das wird hier am Beispiel des Briefwechsels mit Karl Löwith und anschließend dann an der Publikationspolitik vor und nach 1933 gezeigt. Das Verhältnis zur Konservativen Revolution bleibt dabei thematisch leitend, auch wenn nicht weiter von den Apologeten des »autoritären Staates« die Rede ist: Heideggers Konservative Revolution besteht nämlich gerade in der Umstellung von Herkunft auf Zukunft und im Adressatenwechsel von der Mitwelt auf die Nachwelt und den »künftigen Menschen«, den die Gesamtausgabe ermöglicht. Mit diesem Adressatenwechsel ist Heideggers konservative Revolution grundsätzlich erfasst.

V. »›Kreise‹ sind keine Freundschaften«. Der Briefwechsel mit Karl Löwith

Die starke Wirkung des Freiburger Privatdozenten und Marburger Professors Anfang der 1920er wurde nachträglich vielfach erinnert, beschworen und verklärt. Hannah Arendt meinte dazu 1969 in einem Rundfunkvortrag zum 80. Geburtstag:

»Da war kaum mehr als ein Name, aber der Name reiste durch ganz Deutschland wie das Gerücht vom heimlichen König. Dies war etwas ganz anderes als die um einen ›Meister‹ zentrierten und von ihm dirigierten ›Kreise‹ (wie etwa der George-Kreis), die, der Öffentlichkeit wohl bekannt, sich von ihr durch die Aura eines Geheimnisses abgrenzen, um das angeblich nur die Mitglieder des Kreises wissen. Hier gab es weder Geheimnis noch Mitgliedschaft; diejenigen, zu denen das Gerücht gedrungen war, kannten sich zwar, weil sie alle Studenten waren, es gab gelegentlich Freundschaften unter ihnen, und später kam es dann wohl auch hie und da zu Cliquenbildungen, aber es gab nie einen Kreis und es gab keine Esoterik.«[1]

So treffsicher Arendt sonst auch urteilt, sollte man diese festlichen Worte doch vorsichtig lesen. Die Beziehung Arendts zu Heidegger und ihr intensiver später Einsatz für Heideggers Werk sind heute, in näherer Kenntnis von Heideggers blindem Nationalismus und auch seiner treulosen Affären, schwerlich nachvollziehbar. Die Abgrenzung vom George-Kreis ist ein Topos der Heidegger-Schüler, eine fragwürdige façon parler. Gewiss unterschied sich Heideggers philosophische Einsamkeits-Pose von der autoritären Erotik Georges. Das Gemeinschaftsbewusstsein der Heidegger-Schüler, die Öffentlichkeit der Heideggerianer, ist aber sehr wohl von der »Aura eines Geheimnisses« und Prätention einer »Esoterik« gekennzeichnet. Näher betrachtet zielte Heideggers Performanz, seine rhetorische Form der Ereignisstiftung, wie George auf eine erotische Pädagogik: Hei-

---

[1] Hannah Arendt, Martin Heidegger ist achtzig Jahre alt, in: dies., Menschen in finsteren Zeiten, München 1989, 170–184, 172 f.

degger thematisierte die Wirkung seiner Rede; er war ein akademischer Verführer.

Arendts Worte gewinnen die Autorität ihrer Zeugenschaft aus der Abgrenzung von den späteren Schülern und »Cliquenbildungen«. Diese Abgrenzung war nur zu notwendig, ist Heideggers autoritärer Anspruch bis hin zur Anrede als »Meister« doch nur zu bekannt. Das »Gerücht« von Heideggers früher charismatischer Wirkung, jenseits autoritärer Führerpose, kann sich allenfalls auf frühe Freiburger und Marburger Jahre stützen. Diese Wirkung ist aber eigentlich nur durch wenige Quellen bezeugt. Arendt selbst gehörte als Marburger Schülerin nicht zur ersten Freiburger Schülergeneration. Und von dieser Schülergeneration sind bisher nur wenige briefliche Zeugnisse bekannt. Nur wenige dichte Korrespondenzen mit frühen Schülern sind überhaupt erhalten und nicht alle Wahrnehmungen der frühen Wirkungen waren emphatisch positiv. Einige Teilnehmer der Freiburger Vorlesungen und Seminare waren mit Husserl aus Göttingen gekommen und orientierten sich mehr an Husserl. Sie äußerten sich recht zwiespältig, so etwa Edith Stein. Von anderen frühen Schülern, wie Oskar Becker, scheint keine umfangreiche Heidegger-Korrespondenz erhalten zu sein. Nähere Einblicke in die Heidegger-Kreise lassen sich zwar von einer Publikation der Gadamer-Korrespondenz erhoffen; auch Gadamer aber begegnete Heidegger erst in Marburg. Als Dokument früher und intensiver akademischer Lehrer-Schülerbeziehung ist deshalb der Briefwechsel mit Karl Löwith (1897–1973) eine zentrale Quelle.

Er umfasst über den langen Zeitraum von über einem halbem Jahrhundert 124 Briefe: 76 von Heidegger und 48 von Löwith, von der ersten Begegnung 1919 bis ans Sterbebett. Allerdings liegt das Schwergewicht eindeutig auf der Weimarer Zeit: 104 Briefe sind bis 1933 erhalten, nur 20 dagegen für die folgenden Jahre, nur wenige kurze Briefe für die Zeit nach 1945. Für die politischen Kontroversen um Heidegger seit 1933 und nach 1945 ist der Briefwechsel also nicht sonderlich ergiebig. Heidegger entzieht sich schon vor 1933 jedem politischen Streit. Der Kriegsteilnehmer des Ersten Weltkriegs kommt ebenso wenig zur Sprache wie die nationalsozialistischen Diskriminierungen seit 1933. Nationalistisches Pathos fehlt, geht Heidegger doch schon auf frühe kritische Bemerkungen zu Ludendorff, zur »Fascisten-Menge« und den »Hitler-Garden« (HL 116) nicht ein. Es ist eine Lehrer-Schüler-Korrespondenz, die politische Themen meidet. Auffällig ist das etwa in dem ausweichenden Brief vom

12. Juni 1933, der Löwith bittet, von der beabsichtigten Widmung seiner *Kierkegaard und Nietzsche*-Broschüre[2] abzusehen, für deren Publikation bei Klostermann Heidegger sich eingesetzt hatte. Heidegger geht in den 50er Jahren auch nicht auf Löwiths kritische Heidegger-Publikationen ein.

Was der Leser bedauern mag, war vernünftig: Heidegger meidet im Briefwechsel den offenen Streit und Bruch mit Löwith; er sah sich zu solchen Stellungnahmen moralisch auch nicht veranlasst. Ziemlich souverän hält er die Lehrerrolle und den akademischen Abstand fest. Löwith wirft zwar immer wieder die Frage der »Freundschaft« (HL 61) auf. Heidegger antwortet hier aber durchgängig rollenkonform mit dem professionellen Verhältnis des akademischen Lehrers: »Sie und Becker stehen mir gleich fern – nur nach verschiedenen Richtungen« (HL 53), schreibt er 1921. Ende 1927 versichert er erneut: »Ich stehe heute persönlich nicht anders zu Ihnen als früher« (HL 152). In diesem Rollenverständnis ließ er sich auf politische Kontroversen vor wie nach 1933 von Anfang an nicht ein. Es ist also das Lehrer-Schüler-Verhältnis – und Heideggers Auffassung dieser Rollen –, das diesem Briefwechsel sein spezifisches Profil gibt.

Wir haben hier also nicht mehr und nicht weniger als die bisher dichteste Korrespondenz mit einem der ältesten und engsten Schüler für die gesamte Phase des akademischen Qualifikationsverhältnisses vor uns. Dissertations- und Habilitationsphase sind intensiv dokumentiert, darüber hinaus auch beachtliche Bemühungen um Stipendien für den frisch verlobten und verheirateten Marburger Privatdozenten. Löwiths Habilitationsschrift *Das Individuum in der Rolle des Mitmenschen*[3] betonte das »Miteinandersein« und »Miteinandersprechen« als Ich-Du-Verhältnis und revidierte von daher Kants Begründung der »Autonomie«. Autonomie zeigt und beweist sich nach Löwith gerade in einem »Ideal der Freundschaft«, das über Kants »Achtung« hinaus auch auf »Liebe« basiert und in einer »Vereinigung von ›Liebe‹ und ›Achtung‹« besteht.[4] Solche Freundschaft hat Löwith wohl von Heidegger erhofft; schon dessen Habilitationsgutachten spricht aber nicht von diesem »Ideal«, sondern attestiert nur die »Selbständigkeit« (HL 199). Die akademische Betreuung ist in den

---

[2] Karl Löwith, Kierkegaard und Nietzsche oder die philosophische und theologische Überwindung des Nihilismus, Frankfurt 1933
[3] Karl Löwith, Das Individuum in der Rolle des Mitmenschen, München 1928
[4] Löwith, Das Individuum in der Rolle des Mitmenschen, 159 ff.

ersten Jahren dennoch nicht nur fachlich, sondern auch menschlich intensiv. Heidegger besucht Löwith gelegentlich in seinem Münchner Elternhaus, lernt die familiären Verhältnisse und Verwerfungen kennen und kennt die schwierige materielle Lage sehr genau. Intensiv kümmert er sich um das Dissertationsverfahren und die Einreichung der Nietzsche-Dissertation in Freiburg, Heidelberg (bei Jaspers) oder München (bei Moritz Geiger).

Einige Zeit gab Löwith Privatstunden als »Hauslehrer« und ging dann für ein Jahr als Buchhändlergehilfe nach Rom. Heidegger schreibt dazu im August 1924 ermunternd: »Die Gelegenheit in Rom kommt wie gerufen. Sie wären nicht der erste, der in Italien sich auf die Habilitation vorbereitete.« (HL 112) Nach der Habilitation bemüht er sich dann erfolgreich um ein Stipendium für Löwith durch die Notgemeinschaft. Die akademische Betreuung betrifft weniger einlässige Stellungnahmen zu den Vorstufen der Qualifikationsarbeiten als das grundlegende philosophische Selbstverständnis. Von Anfang an schreibt Löwith »philosophische« Briefe und äußert Kritik am akademischen Lehrer, dessen Veranstaltungen er vom Sommersemester 1919 bis zum Sommersemester 1927 mit wenigen Pausen regelmäßig besuchte. So schreibt er schon im Februar 1921 seitenlang: »Sie ›bohren‹ mir, offen gesagt, *manchmal zu viel* und zu oft an derselben Stelle.« (HL 38 f., vgl. 49) Ständig konfrontiert Löwith Heidegger mit seiner »Selbstproblematik« (HL 47). Dabei konzediert er, dass er »schärfer angefasst und angetrieben« (HL 36) werden müsse. Die agonale Semantik pflegen beide. Heidegger zeigt Löwith gegenüber einige fürsorgliche Geduld, so dass man insgesamt nicht von schwarzer Pädagogik, sondern von einem wohlwollenden und verlässlichen Betreuungsverhältnis sprechen kann.

Erstmals werden hier die akademischen Verhältnisse des Freiburger Privatdozenten sichtbar. Heidegger und Löwith teilen dabei von Anfang an die unmäßige fachliche und menschliche Verachtung Husserls, der durchgängig »der Alte« heißt. Für Löwith ist er – 1922 – »ein kleinlicher, gänzlich unbedeutender Mensch« (HL 69). Heidegger schreibt 1923, vor seinem Wechsel nach Marburg: »Husserl war nie auch nur eine Sekunde seines Lebens Philosoph.« (HL 84) Nur Jaspers und Natorp finden im Briefwechsel eine gewisse Anerkennung. Heidegger rechnet damals nicht mit einer Berufung. Über Hartmann meint er: »Man kann von niemandem verlangen, dass er seinen eigenen Henker ernährt.« (HL 75) Seine für Natorp geschriebene Aristoteles-Einleitung[5] publiziert er nicht. Dazu schreibt er im Mai 1923:

»Ich überlege mir ernstlich, ob ich meinen Aristoteles nicht zurückziehen soll. – Mit den ›Rufen‹ wird es wohl nichts werden. Und wenn ich erst publiziert habe, wird es gar aus sein mit den Aussichten. Vermutlich merkt der Alte dann wirklich, dass ich ihm den Hals umdrehe – und dann ist es mit der Nachfolgerschaft aus.« (HL 88)

Man sollte diese Überlegungen ernst nehmen: Seinen Ruf nach Marburg erhielt Heidegger dank Natorps positiver Einschätzung der unpublizierten Aristoteles-Aufzeichnungen; als Husserl *Sein und Zeit* endlich gründlich las und merkte, wie sehr das »sogenannte Buch« (Heidegger) gegen ihn geschrieben war, war Heidegger bereits nach Freiburg berufen; vielleicht wäre es ansonsten mit der Nachfolge wirklich nichts geworden. Nach der Veröffentlichung von *Sein und Zeit* schrieb Heidegger jedenfalls an Löwith: »Heute würde ich vermutlich nie berufen werden.« (HL 149)

Was die nahezu vollkommene Geringschätzung der Fachkollegen angeht, fügt der Briefwechsel bekannten Fakten also neue Formulierungen hinzu. Weitaus informativer ist er bezüglich der Inneneinsichten in die Schülerverhältnisse. Philosophie hat nach Heidegger die Aufgabe, »das Leben zu gestalten« (HL 18). Seine Schüler versteht er dabei als »Kreis« (HL 23). Dabei zeichnet er die ersten Nachkriegsstudenten gegenüber Löwith besonders aus: »Es war doch ein merkwürdiger ›Zufall‹, dass im Sommer-Semester 1919 ein ganz bestimmter Kreis von Menschen zusammenkam.« (HL 121) Später hätte er den ironisch apostrophierten »Zufall« wohl als »Ereignis« bezeichnet. Spätere Studenten-Generationen nennt Heidegger auch vor Marburg schon bisweilen »Gemüse« (HL 84) oder – 1922 – gar »Leichen« (HL 73). Selbst unter den frühen Freiburger Studenten herrscht also ein konkurrierendes Abgrenzungsbedürfnis. Dabei ist zwischen Schülern zu unterscheiden, die mit Husserl aus Göttingen nach Freiburg wechselten – wie Felix Kaufmann oder Edith Stein –, und ältesten Freiburger Heidegger-Schülern. Löwith misst sich hier insbesondere an Oskar Becker, andere, wie Bröcker, werden kaum beachtet. In Marburg kommt Dr. Gadamer hinzu, der mehrfach erwähnt wird, ohne dass sich besonders wertschätzende und freund-

---

[5] Martin Heidegger, Phänomenologische Interpretationen zu Aristoteles, Stuttgart 2003

liche Bemerkungen finden. Gerhard Krüger wird auch kaum erwähnt, Arendt gar nicht. Bei seiner Suche nach Freundschaft wird
Löwith also unter der engsten Schülerschaft kaum fündig.

Später (August 1927) bemerkt Heidegger in einem langen Brief
gelegentlich: »›Kreise‹ sind keine Freundschaften, was sich schon daran zeigt, dass man sie offenbar eines Tages satt bekommt.« (HL 152)
Das gilt für Löwith nicht zuletzt für seinen Umgang im George-Kreis:
für die Freundschaft zu Percy Gothein (HL 67) und etwa die Beobachtung von Gundolfs Publikationsflut. Löwith setzt Heideggers »Kreis«
vom hohen Muster des George-Kreises ab, den er von Anfang an
durch die Verehrung Max Webers relativierte. Alle diese Motive kehren im Erinnerungsbericht *Mein Leben in Deutschland vor und nach
1933*[6] später wieder, der durch den Briefwechsel im hohen Maße bestätigt wird. Die Abgrenzung vom George-Kreis und dessen Kanonpolitik wird für Löwiths weiteres Werk zentral. Gegen das »geistige
Korsett« des George-Kreises geht er mit seiner – bis heute unveröffentlichten – Dissertation auf Nietzsche zurück. Am 7. Dezember
1922 schreibt er dazu an Heidegger:

»Der arme Nietzsche ist schließlich für beide (ausdrücklich!) [Gundolf und
Hildebrandt] eben auf dem halben Weg zu – George stecken geblieben.
George – die Norm, Erfüllung, Vollendung, Gestalt, Zentrum, etc. etc. –
Nietzsche der Wegweiser dorthin. Wie dumm! – diese allzu Wissenden!«
(HL 78)

Der Briefwechsel ist nicht zuletzt für Heideggers frühe Begegnung
mit Nietzsche wichtig. So schreibt er 1929, Löwith entgegenkom-
mend: »Mir ist seit einiger Zeit aufgegangen, dass die heutige Zeit
Nietzsche noch nicht begriffen hat.« (HL 170) Heidegger fragt postchristlich mit Nietzsche: »Hat denn das Dasein überhaupt einen
Sinn?« (KSA III, 600) Und er antwortet anknüpfend auch an George
mit akademischer Ereignisstiftung. Mit Nietzsche und Hölderlin bewegt sich Heidegger zwar weiter im Kanon Georges; dieser »Erfüllung« stellt er aber seinen »Schritt zurück« entgegen, den er auch
gegen Jaspers in Stellung bringt. Oft distanziert er sich von seinen
Schülern. So schreibt er am 24. Juli 1931 an Jaspers: »Eigene ›Schüler‹
habe ich nicht und wünsche eigentlich etwas anderes.« (HJ 140) An
den Marburger Weggefährten Bultmann schreibt er im November
1931:

---

[6] Karl Löwith, Mein Leben in Deutschland vor und nach 1933. Ein Bericht, Stuttgart
1986

»Ich muss mich nur immer wieder wundern, dass gerade die ›Schüler‹ Praktiken verfolgen, über deren gänzliche Nutzlosigkeit ich sie oft unterrichtet habe. Wenn Löwith über Hegel schreiben soll, dann schreibt er über Marx und tut so, als begänne die Geschichte der Philosophie mit diesem. Mir scheint, die jungen Leute verlieren alle Maßstäbe, da sie es allzu leicht haben, ihre Ordinarien zu übertreffen. Aber sie sind ja bald alt genug, ihre eigene Form zu finden und da will ich nicht drein reden.« (BH 172)

Heidegger polemisierte zwar gegen den etablierten Universitätsbetrieb und adressierte sich jugendbewegt an seine Schülerinnen und Schüler, inszenierte sein Charisma aber autoritär und solitär in der Pose des einsamen Zarathustra. Mit den Wirkungen seines Werkes war er nie zufrieden; als Denker glaubte er sich unverstanden. Er stilisierte seinen Abstand vom Publikum im Jargon, zeremonialisierte seine Vorlesungen und hielt auch im Übergang vom Wort zur Schrift an seinem Alleingänger-Klischee fest. Trotz seines legendären Lehrerfolges, des Mythos vom »heimlichen König«, verlegte er die Rezeptionserwartungen seiner Zukunftsphilosophie schon früh aus der Mitwelt auf die Nachwelt und ein Publikum, das initiatorisch heraufzuzüchten sei.[7]

---

[7] Zu Heideggers Rückgang hinter die Bildungssemantik auf den älteren, von Platon ausgeführten Züchtungsgedanken schon Peter Sloterdijk, Regeln für den Menschenpark. Ein Antwortschreiben zu Heideggers Brief über den Humanismus, in: ders., Nicht gerettet. Versuche nach Heidegger, Frankfurt 2001, 302–337; ingeniös weiterführend ders., Du musst dein Leben ändern. Über Anthropotechnik, Frankfurt 2009; Heidegger war bei seiner Organisation der Gesamtausgabe als Initiationsgang allerdings vom Nachlasskonstrukt des *Willen zur Macht* und Alfred Baeumlers Nietzsche-Interpretation beeinflusst.

VI. Heideggers Publikationspolitik bis 1937

1. Heideggers Destruktionsprogramm

Der Umbruch zur Industriegesellschaft und Untergang des »langen« bürgerlichen 19. Jahrhunderts wurde mit vielfältigen neu-idealistischen und neo-romantischen Lebensreformbewegungen beantwortet. Der George-Kreis antwortete mit einer Revision des geistesgeschichtlichen Kanons. Nachhaltige lebensreformerische Wirkungen gingen auch von der »Jugendbewegung« aus, deren Ziele 1913 knapp in der »Autonomieformel« des Hohen Meißner formuliert wurden. Dort heißt es: »Die Freideutsche Jugend will aus eigener Bestimmung, vor eigener Verantwortung, mit innerer Wahrhaftigkeit ihr Leben gestalten. Für diese innere Freiheit tritt sie unter allen Umständen geschlossen ein.«[1] Zweifellos war Heidegger von diesen Strömungen beeinflusst, auch wenn er organisatorische Verbindungen mied und weder zum George-Kreis noch zur Jugendbewegung engeren Kontakt pflegte. In seiner Vorlesung solidarisierte er sich aber gelegentlich mit der Jugendbewegung. So meinte er 1924 im Nachruf zum Tode Natorps:

»Natorp war einer der wenigen, ja vielleicht der einzige unter den deutschen Professoren, der vor mehr als zehn Jahren verstand, was die deutsche Jugend wollte, als sie im Herbst 1913 auf den Hohen Meißner zog und gelobte, aus innerer Wahrhaftigkeit und Selbstverantwortung ihr Leben zu gestalten.« (GA 19, 5)

Manche Stichworte der Jugendbewegung finden sich gerade zu Beginn der Weimarer Republik in Heideggers Texten. Von »innerer Wahrhaftigkeit« und eigener Lebensgestaltung sprach auch er. Besonders deutlich sind hier seine frühen Briefe an Elfride Heidegger

---

[1] Abdruck in der Dokumentation von Wilhelm Flitner / Gerhard Kudritzki (Hg.), Die deutsche Reformpädagogik. Bd. I: Die Pioniere der Pädagogischen Bewegung, Düsseldorf 2. Aufl. 1967, 279

und Elisabeth Blochmann. Ein Schlüsselwort und Anspruch Heideggers ist das »geistige Leben«. Wenige Wochen vor Kriegsende schreibt er im Juni 1918 an Blochmann: »Das geistige Leben muss bei uns wieder ein wahrhaft wirkliches werden – es muss eine aus dem Persönlichen geborene Wucht bekommen, die ›umwirft‹ u. zum echten Aufstehen zwingt« (HB 7) Bald heißt es mitten in der November-Revolution: »Sicher ist u. unerschütterlich die Forderung an die wahrhaft geistigen Menschen, gerade jetzt nicht schwach zu werden, sondern eine entschlossene Führung an die Hand zu nehmen u. das Volk zur Wahrhaftigkeit u. echten Wertschätzung der echten Güter des Daseins zu erziehen.« Heidegger schließt ein apokryphes Hutten-Zitat an: »Mir ist es in der Tat eine Lust zu leben« (HB 13). Auch damals schon verband er sein revolutionäres Pathos und seinen Führungsanspruch mit hohen universitätspolitischen Hoffnungen und Erwartungen. Selbstverständlich erschien ihm die Universität als die maßgebende Stätte der Formulierung eines nationalpolitischen und revolutionären Erziehungsanspruchs.

Ein Revolutionär blieb Heidegger sein Leben lang. Er verschrieb sich mit *Sein und Zeit* auch bekanntlich einem Programm der produktiven Zerstörung: »Destruktion des überlieferten Bestandes der antiken Ontologie auf die ursprünglichen Erfahrungen, in denen die ersten und fortan leitenden Bestimmungen des Seins gewonnen wurde.« So schreibt Heidegger in *Sein und Zeit* § 6 (GA 2, 30) und betont: »Die Destruktion will aber nicht die Vergangenheit in Nichtigkeit begraben, sie hat positive Absicht« (GA 2, 31). Seine Destruktion der überlieferten Ontologie und Metaphysik beschränkte sich nicht auf die Ideengeschichte und Geschichte des Platonismus, sondern galt auch den resultierenden Formen und Strukturen. Heidegger betrachtete philosophische Ideen und Systeme als wirkmächtige formende Kräfte. Er hielt sie sogar für entscheidende Kräfte und identifizierte die Geschichte und Kultur einer Gesellschaft mit deren Philosophie. In diesem Sinne vertrat er selbstverständlich einen starken Idealismus. Dabei war er aber ein Revolutionär, der abgelebte Formen zerstören wollte, und er richtete sich hier zunächst und zumeist gegen die Reflexionsformen und Institutionen der »Metaphysik«: gegen die Universität und den Fachbetrieb der Philosophie, mit dessen Lehre und Forschung: also gegen den professoralen Habitus der »Bonzen« des Betriebs, den üblichen Vorlesungsstil und die publizistischen Formen der Universitätsphilosophie. Nach dem Scheitern des Rektorats verabschiedete er mit seinem Auszug aus der Universität deshalb auch den Titel des Philosophen und reklamierte ein »anderes Denken« für sich.

2. Publikationsphase I (bis 1933): nur das Nötigste!

Die philosophiegeschichtliche Forschung greift hermeneutisch oft allzu direkt auf die Ideen und Systeme von Autoren zu und vernachlässigt Kontextanalysen und literaturwissenschaftliche Fragen der Genese. Kein Werk ist vollkommen, jedes ist ärmer und reicher zugleich als irgendwelche initialen Ideen und Textstufen. Schon die Frühromantik betrachtete die hohe Idee des »Werkes« als eine Utopie.[2] Heidegger selbst vertrat eine Nachlass- und Fragmenthermeneutik, die von der Defizienz der Texte gegenüber initialen Ideen ausging. Stets meinte er: »Jeder wesentliche Denker denkt immer einen entscheidenden Sprung ursprünglicher als er spricht; und in jedem Denken muss er gefasst, sein Ungesagtes muss gesagt werden« (GA 94, 258). Das meinte Heidegger immer wieder: Das eigentliche »Wort« bleibt dem Autor selbst verborgen.

Vergegenwärtigen wir uns die Publikationspolitik bis 1937: Ähnlich wie bei George ist hier zunächst eine primäre Adressierung an einen intimen Kreis von Schülerinnen und Schülern und eine anhaltende Publikationsscheu zu konstatieren, die bei Heidegger allerdings durch akademische Publikationszwänge und karrierestrategische Erfordernisse relativiert ist. Seine Vorbehalte gegen die akademische Publizität äußerte Heidegger vielfach. »Die Öffentlichkeit verdunkelt alles«, meinte er in *Sein und Zeit* (GA 2, 170). Schon bei oberflächlicher Betrachtung ist zwischen unabdingbaren Qualifikationsschriften und darüber hinausgehenden Publikationen zu unterscheiden. Für eine genaue Analyse dieser Klassifizierung müssten die damaligen Publikationserwartungen vergleichend historisiert werden: Auch die akademischen Erwartungen an den publizistischen Auftritt eines Universitätsphilosophen sind historisch. Das betrifft nicht nur die monographische Form der Qualifikationsarbeiten, die heute erodiert, sondern etwa auch die Erwartung eines »dritten Buches«, kooperativer Herausgeberschaften, Internationalität, Dritt-

---

[2] Dazu schon Walter Benjamin, Der Begriff der Kunstkritik in der deutschen Romantik, Bern 1920; vgl. Dieter Henrich, Werke im Werden. Über die Genese philosophischer Einsichten, München 2011

mitteleinwerbung, Medienpräsenz u. ä. Die unabdingbaren Qualifikationen der Dissertation und Habilitation reichten schon für Heideggers Karriere nicht aus. Heidegger schrieb seine *Phänomenologischen Interpretationen zu Aristoteles* als »Natorp-Bericht« für den Entscheider Natorp um der Berufung nach Marburg willen; er verzichtete aber bei Lebzeiten auf dessen Veröffentlichung.[3] Zunächst hatte er wohl eine Publikation im *Jahrbuch* beabsichtigt. Als Niemeyer aber in der Hochphase der Hyperinflation im Herbst 1923 »seit Wochen die Publikation eingestellt« (HL 105) hat, ist ihm das nicht unlieb. Schon am 8. Mai 1923 schreibt er, wie schon im vorigen Kapitel zitiert, dazu an Löwith:

> »Ich überlege mir ernstlich, ob ich meinen Aristoteles nicht zurückziehen soll. – Mit den ›Rufen‹ wird es wohl nichts werden. Und wenn ich erst publiziert habe, wird es gar aus sein mit meinen Aussichten. Vermutlich merkt der Alte [Husserl] dann wirklich, dass ich ihm den Hals umdrehe – und dann ist es mit der Nachfolgerschaft aus.« (HL 88)

Das meinte Heidegger ernstlich, und nicht zu Unrecht, war Husserl doch später, nach verspäteter Lektüre, über *Sein und Zeit* entsetzt. Die Aristoteles-Einleitung war an Natorp als Entscheider adressiert. Doch schon damals zielte Heidegger offenbar aus strategischen Überlegungen vor allem auf die Husserl-Nachfolge in Freiburg. Dort rechnete er sich die besten Chancen aus. *Sein und Zeit* wurde zunächst allerdings nicht für Freiburg, und also nicht für Husserl, sondern für die Marburger Fakultät und das zuständige Ministerium geschrieben. Heidegger publizierte es aus strategischem Zwang, für den Aufstieg vom Extraordinarius zum Ordinarius in Marburg. Dazu schrieb er in *Mein Weg in die Phänomenologie*:

> »›Herr Kollege Heidegger – jetzt müssen Sie etwas veröffentlichen. Haben Sie ein geeignetes Manuskript?‹ Mit diesen Worten betrat der Dekan der Marburger Philosophischen Fakultät eines Tages im Wintersemester 1925/26 mein Studierzimmer. ›Gewiss‹, antwortete ich. Worauf der Dekan entgegnete: ›Aber es muss rasch gedruckt werden.‹« (GA XIV, 99)

Heidegger weist hier nicht zuletzt darauf hin, dass nicht nur die Niederschrift, wie beim Natorp-Bericht, sondern auch die Publikation von *Sein und Zeit* strategisch bedingt war. Die Publikation zielte im engen Kontakt mit Husserl damals aber bereits über Marburg hinaus

---

[3] Martin Heidegger, Phänomenologische Interpretationen zu Aristoteles, Stuttgart 2003

auf die Freiburger Nachfolge. 1928 nannte er *Sein und Zeit* dann gegenüber Jaspers leicht abschätzig sein »sogenanntes Buch«.[4]

Weitere Publikationen stehen im strategischen Zusammenhang
mit der Berufung nach Freiburg, der Darstellung von Schülerschaft
und Nachfolge sowie der Profilierung gegen den Marburger Neukantianismus. Selbstverständliche publizistische Pflichten waren die
Freiburger Antrittsvorlesung *Was ist Metaphysik?*, der Beitrag zur
Husserl-Festschrift *(Vom Wesen des Grundes)* und später die Rektoratsrede. Strategisch hilfreich waren die kleine Geschichte des Marburger Lehrstuhls, der Enzyklopädie-Artikel für Husserl[5] und auch
die Herausgabe von Husserls *Vorlesungen zur Phänomenologie des
inneren Zeitbewusstseins* im Hausorgan des *Jahrbuchs für Philosophie und phänomenologische Forschung*, in dem auch *Sein und Zeit* –
neben einer Abhandlung von Oskar Becker – erschienen war.

Nach dem Antritt der Husserl-Nachfolge positionierte Heidegger sich sofort gegen den herrschenden Neukantianismus. Dabei
stellte er den akademischen Stil um: Hatte er sich mit *Sein und Zeit*
gegenüber Husserl als Innovator behauptet, wobei er terminologie-
politisch aus Husserls Latein oder Fachchinesisch ins Deutsche wechselte, so zeigte er mit dem Kant-Buch seine Beherrschung des akademischen Mainstream vor. Dafür wechselte er auch den Verlag:
vom Phänomenologie-Verlag Niemeyer zum Bonner Cohen-Verlag.
Sein und Zeit wies allerdings bereits auf die Schlüsselbedeutung der
»Schematismuslehre« Kants hin und eine Auseinandersetzung mit
»Kants Lehre vom Schematismus« war dort bereits für den ersten
Abschnitt des zweiten Teils vorgesehen (GA 2, 40). Das Kantbuch ließ
sich also als direkte Fortsetzung von *Sein und Zeit* interpretieren.
Heidegger bemühte sich damals zunächst auch um eine Weiterfüh-
rung: so in der Vorlesung *Grundprobleme der Phänomenologie* von
SS 1927. Antrittsvorlesung und Festschriftbeitrag sind jedenfalls
Emanzipationserklärungen. Die Rektoratsrede war 1933 dann erneut
eine akademische Pflicht und darüber hinaus ein strategisches politisches Signal.

Man könnte nun genauer nach der Publikationsoffensive der
Jahre 1927 bis 1929 fragen, an die eine relative Schweigezeit bis 1933
anschloss. Halten wir aber zunächst nur fest: Nach den ersten Quali-

---

[4] Heidegger am 24. 9. 1928 an Jaspers, in: Briefwechsel 1920–1963, 103
[5] Dazu vgl. Renato Cristin (Hg.), Edmund Husserl – Martin Heidegger – Phänomenologie (1997), Berlin 1999

fikationsschriften trat eine erste publizistische Schweigephase ein, die Heidegger durch eine Publikationsoffensive ersetze, an die 1930 bis 1932 erneut eine Schweigephase anschloss.

3. Vorträge und Vortragspublikationen

Bei der Betrachtung eines Publikationsprofils wird meist von einem engen Konnex zwischen Abfassung und Publikation ausgegangen. Dabei dauert die Drucklegung von Texten häufig recht lange und scheitert im kooperativen Geschäft mitunter teils auch an kontingenten Gründen. Herausgeber sind träge, Verlage oder Autoren springen ab. Manches wird nur für die Schublade oder spätere Publikationsgelegenheiten geschrieben. Heidegger empfand stets eine Diskrepanz zwischen den karrierestrategischen Erfordernissen der Universitätsphilosophie und den Erfordernissen der Sache. Spätestens mit dem Sensationserfolg von *Sein und Zeit* publizierte er auch im Klassikernimbus und autorschaftlicher Rücksicht auf seinen transhistorischen oder »klassischen« Rang. Er wollte die hohen Erwartungen erfüllen, die mit *Sein und Zeit* geweckt waren. *Sein und Zeit* hatte sie mit dem Ausstand einer »zweiten Hälfte« selbst geschürt. Wenn Heidegger auch immer wieder gegen die selbst geweckten Erwartungen des Publikums polemisierte, konstruierte er doch seine Autorschaft auf Augenhöhe mit den »Klassikern« und adressierte sich nicht präsentistisch an den gegenwärtigen Philosophiebetrieb, den er verachtete, sondern über die Mitwelt heraus an die Nachwelt und »künftige« Generationen.

Eine Analyse seiner Publikationspolitik muss deshalb nicht nur fragen, was Heidegger unter welchen Umständen mit welchen strategischen Zielen unmittelbar für die Mitwelt publizierte, sondern muss auch fragen, was er publizistisch zurückhielt und nur für die Nachwelt vorsah oder als irrelevante oder private Aufzeichnungen nicht publiziert wissen wollte. Man könnte dabei zwischen einer abstrakten Autorisierung bestimmter Textsorten und einer konkreten Autorisierung oder gar Imprimatur von Texten unterscheiden. Nur wenige Bände der Gesamtausgabe konnte Heidegger noch bei Lebzeiten selbst imprimieren. Nur weniges hat er detailliert geregelt. Nicht nur für die Publikation der Briefwechsel stellt sich deshalb die Frage der autorschaftlichen Verfügungen oder Absichtsbekundungen. Heidegger hat seine Gesamtausgabe als Initiationsgang angelegt und ein

sukzessives Erscheinen der einzelnen Abteilungen nacheinander ge-
wünscht. Die Edition seiner Vorträge verfügte er schon im Verlagsvertrag von 1974 für die dritte Abteilung eindeutig selbst.[6] Weniger
selbstverständlich ist ihr Erscheinen zum Abschluss der dritten Abteilung. Man könnte von einer Rekapitulation des ganzen Denkwegs
im Spiegel der Vorträge sprechen, bevor die pädagogisch-politischen
Anwendungen folgen sollten.

Heidegger ist heute als Vortragskünstler bekannt, der in den
50er Jahren vor großem Publikum sprach und seine Auftritte als akademische Ereignisse zelebrierte.[7] Die frühen Vorträge zielten noch
nicht so durchgestaltet auf den Vortragseffekt, obgleich Heidegger
schon in seinem frühen Aristoteles-Vortrag von 1923/24 von der
Rhetorik des Aristoteles ausging (GA 80.1, 63 ff.). Einige frühe Vorträge hat Heidegger früh schon publiziert: so seine Freiburger An-
trittsrede *Was ist Metaphysik?*, die Rektoratsrede von 1933 und einige Hölderlin-Vorträge sowie die späteren Vorträge, die in der
Sammlung der *Vorträge und Aufsätze* auch als publizistische Form
eigens gekennzeichnet sind; er publizierte auch einige seiner Vorlesungen und bannte seine Stimme und Diktion auf Sprechplatten.

Die Zusammenstellung der Vortragsbände der Gesamtausgabe
ist deshalb keineswegs selbstverständlich. Nicht alle gehaltenen Vorträge liegen auch als Text vor. Es ließe sich fragen, ob die Publikation
der Vorträge eigentlich in die dritte Abteilung der Gesamtausgabe
gehört oder alternativ etwa in die zweite Abteilung der Vorlesungs-
bände. Man könnte die Vorträge als exoterische Texte auffassen, die
sich an die bestimmte Öffentlichkeit des Vortragspublikums richteten. Heidegger eröffnet hier aber, wie auch mit der Publikation der
Bremer und Freiburger Vorträge, ein Spiel um Exoterik und Esoterik,
veröffentlichten und unveröffentlichten Vorträgen. Der Vorträge-
Band der Gesamtausgabe liefert nicht nur die Texte nach, sondern
wirft damit auch Fragen nach der Publikationspolitik auf. Die Text-
sorte der Vorträge für sich genommen ist exoterisch; durch Heideggers tentative und selektive Publikationspolitik erst wird sie esoterisch, so dass der Vortrags-Band in der dritten Abteilung der
Gesamtausgabe richtig platziert ist.

Auch früher schon hatten Vorträge eine karrierestrategische Be-

---

[6] Dazu Verf., Heideggers ›große Politik‹. Die semantische Revolution der Gesamtausgabe, Tübingen 2016, 263
[7] Dazu exemplarisch Verf., Heideggers ›große Politik‹, 2016, 45 ff.

deutung, die der Freiburger Privatdozent und Marburger Professor nicht gänzlich ignorieren konnte. Es lässt sich zwischen öffentlichen Vorträgen unterscheiden, die sich an ein externes und größeres Publikum wandten, und Vorträgen für den inneren Kreis des Seminars oder akademischen Kränzchens: also zwischen Vorträgen für Studenten und Kollegen und akademischen Werbevorträgen außerhalb. Nahezu alle lassen sich als Profilbildungen und Profilierungsversuche auffassen. Die frühen Vorträge dienten der akademischen Profilierung der eigenen Auffassung von »Phänomenologie« im zeitgenössischen Diskurs: der Verhältnisbestimmung zu Rickert, Husserl und Dilthey im Rückgang auf Aristoteles. Seinen Aristoteles-Vortrag *Dasein und Wahrsein* hielt Heidegger im Dezember 1924 mindestens sieben Mal: in Marburg, Hagen und Elberfeld, Köln, Düsseldorf, Essen und Dortmund. Seinen Vortragszyklus *Wilhelm Diltheys Forschungsarbeit und der gegenwärtige Kampf um eine historische Weltanschauung,* nur in Mitschrift überliefert, hielt Heidegger wenige Monate später im April 1925, sodass von einem programmatischen Auftritt und einer Werbungsoffensive des jungen Marburger Professors vor der Niederschrift von *Sein und Zeit* zu sprechen ist: Mit diesen beiden Vorträgen trat er 1924/25 mit seinem programmatischen Schritt über Husserl hinaus im Rückgang auf Aristoteles exponiert hervor. In Kassel präsentierte er seine Daseinsanalyse dabei auch als Rückkehr zu Dilthey und Yorck von Wartenburg.

Heidegger zielte früh schon auf eine Profilierung seiner phänomenologischen Ontologie im Rückgang auf die »faktische Lebenserfahrung« (GA 80.1, 37) und das »ursprüngliche« Leben in der »Sorge« (GA 80.1, 139) um die »Möglichkeiten« des Daseins und den »Sinn von Sein« (GA 80.1, 135); er setzte Husserl gegen Rickert, Dilthey gegen Husserl, Aristoteles gegen Dilthey und seine phänomenologische Ontologie, im exoterischen Titel einer »Metaphysik des Daseins«, dann gegen die Philosophische Anthropologie. In Tübingen und Marburg präsentierte er sich 1927 noch als Phänomenologe gegen die dortige starke Theologie. Nach dem Erscheinen von *Sein und Zeit* und dem Wechsel nach Freiburg legte er dann die – karrierestrategisch erledigte – starke Selbstbezeichnung der »Phänomenologie« in den Titeln seiner Vorträge ab und profilierte seinen Ansatz in auswärtigen öffentlichen Vorträgen – u. a. in Frankfurt und Karlsruhe, Amsterdam und Den Haag – gegen die Philosophische Anthropologie Max Schelers, Hegel und die gegenwärtige »Problemlage« des Faches. Damals suchte er bekanntlich auch die Auseinandersetzung mit Ernst

Cassirer und publizierte sein Kant-Buch zur Bewährung seines Ansatzes gegen den Mainstream der Kantforschung.

Es lässt sich in den Vorträgen der 20er Jahre also insgesamt zwischen einer Phase des programmatischen Auftritts und einer Phase der profilierten Bewährung unterscheiden. Auch wenn Heidegger schon früh gegen die »Bonzen« des »Betriebs« polemisierte und sich nicht nur von seinen akademischen Lehrern, sondern auch von seinen akademischen Weggefährten und Zeitgenossen distanzierte, suchte er in den 20er Jahren noch die Auseinandersetzung im öffentlichen Auftritt. Seit den 30er Jahren ignorierte er den Diskurs der zeitgenössischen Universitätsphilosophie dann sehr weitgehend. Sein Vortrag *Vom Wesen der Wahrheit*, den Heidegger verschiedentlich hielt, markiert hier einen Abschied von den gängigen Erwartungen des akademischen Publikums. Spätere Vorträge hielt er dann im kleineren Kreis. Das kollegiale »Freiburger Kränzchen« wurde nun zu einem bevorzugten Explorationsraum der »Kehre« ins »andere Denken«.

4. Publikationsphase II (seit 1933): politischer Anspruch

Sondiert man die Publikationen bis 1933, so findet sich eigentlich keine einzige größere Publikation, die Heidegger jenseits strategischer Interessen eigeninitiativ veröffentlicht hätte. Selbst sein Vortrag *Vom Wesen der Wahrheit* erschien erst 1943 bei Klostermann. Umso interessanter ist die weitere Publikationspolitik im Rektorat: Die Bibliographie von Sass[8] verzeichnet nach der Selbstanzeige der Habilitationsschrift bis 1926 keine einzige Publikation und von 1927 bis 1932 nur sieben Publikationen, die alle bereits erwähnt wurden. Nach dem Festschriftbeitrag für Husserl erschien dabei von 1930 bis zum Rektorat erneut keine einzige. Es lässt sich hier von einer zweiten Schweigephase nach den Jahren 1917 bis 1926, der Inkubationszeit vor *Sein und Zeit*, sprechen. Während des Rektorats aber veröffentlichte Heidegger gleich 10 Texte, beginnend mit der Schlageterrede am 1. Juni 1933. Fünf erschienen in der *Freiburger Studentenzeitung* und richteten sich also primär an die Studentenschaft. Sie betrafen nicht nur organisatorische Fragen, wie die Integration des Arbeitsdienstes in die Universität; sie verpflichteten die »deutschen Studenten« im November 1933 auch auf den Führer »selbst und allein« als

---

[8] Hans-Martin Sass, Heidegger-Bibliographie, Meisenheim 1968

»die heutige und künftige deutsche Wirklichkeit und ihr Gesetz« (GA 16, 184) und sprachen eine starke Wahlempfehlung aus, die weit über das Plebiszit für den Austritt aus dem Völkerbund hinausging. Wenn Heidegger hier das Führerprinzip einfordert, ist zu erinnern, dass er damals gerade nach der neuen Hochschulverfassung vom Ministerium als »Führerrektor« bestätigt worden war. Die hochschulinterne Wahl, die ihn Ende April 1933 ins Amt gebracht hatte, war abgeschafft und durch das »Führerprinzip« ersetzt worden. Heidegger nahm dieses Führerprinzip umgehend für sich in Anspruch. Sein Wahlaufruf vom November 1933 lässt sich deshalb nicht als schlichte Wahlempfehlung bezeichnen. Die Autorität des Führerrektors hatte für Heidegger Gesetzeskraft: »Keiner kann fernbleiben am Tage der Bekundung dieses Willens.« (GA 16, 189) Dieses Können ist stärker zu lesen als ein bloßes Sollen. Es meint eine sanktionierte Wahlpflicht.

Heideggers Umstellung von einer minimalistischen Publikationspraxis auf die tagespolitische Intervention ist also mit dem Rektorat und der starken personalistischen Auffassung des Führerprinzips verbunden. Auch die anderen Publikationen, die nicht in der Freiburger Studentenzeitung erschienen, sind damals politisch konnotiert. So unterschrieb Heidegger ein *Bekenntnis der Professoren* zu Hitler und zum Nationalsozialismus. Seine Texte *Nationalsozialistische Wissensschulung* und *Schöpferische Landschaft* erschienen im *Alemannen*, dem *Kampfblatt der Nationalsozialisten Oberbadens*. Selten wird beachtet, dass Heidegger damals nach seiner Demission aus dem Rektorat noch einen Auszug der Rektoratsrede unter dem Titel *Die drei Bindungen* im *Völkischen Beobachter* publizierte und damit seinen universitätspolitischen Anspruch grundsätzlich erneuerte. Beachtlich ist hier auch das Datum: Der Auszug erschien am 20. Juli 1934, und es ist anzunehmen, dass das Erscheinungsdatum abgesprochen war.

Das Datum des 20. Juli wurde damals politisch auf den zweiten Jahrestag des sog. »Preußenschlags« vom 20. Juli 1932 bezogen, der im nationalsozialistischen Geschichtsbild – etwa bei Carl Schmitt[9] – für den Anfang vom Ende der Weimarer Republik und Auftakt zur nationalsozialistischen Machtergreifung stand, repräsentierte Papen

---

[9] Carl Schmitt, Ein Jahr deutsche Politik – Rückblick vom 20. Juli 1932: Von Papen über Schleicher zum ersten deutschen Volkskanzler, in: Westdeutscher Beobachter 9 (1933), Nr. 176 vom 23. Juli 1933, 1

als Vizekanzler Hitlers doch eine Kontinuität der Revolution. Heidegger lehnte Papen allerdings als Vertreter eines politischen Katholizismus und »Jesuitismus« scharf ab. Definiert man die Konservative Revolution strikt politisch, durch eine Zwischenstellung zwischen liberaler Demokratie und Nationalsozialismus und eine klare Option für den »autoritären Staat« des Präsidialsystems, so gehörte Heidegger mit seiner Revolutionsoption als Anhänger Hitlers schon vor 1933 nicht dazu. Heidegger wählte die Publikation im *Völkischen Beobachter* also nicht als Bekenntnis zur Konservativen Revolution. Der 20. Juli 1934 lag nach dem sog. Röhm-Putsch vom 30. Juni 1934 und den damaligen politischen Morden, mit denen Hitler vor aller Öffentlichkeit als terroristischer Diktator auftrat. Heidegger verstand die Enthauptung der SA und politisch unnötige Ermordung älterer Rivalen wie Ex-Kanzler Schleicher als gravierenden Einschnitt. Umso fataler ist seine neuerliche Empfehlung seiner Universitätskonzeption im *Völkischen Beobachter.*

Nach dieser Teilveröffentlichung verstummte Heidegger für zwei Jahre und trat erst mit seiner Rede *Hölderlin und das Wesen der Dichtung* wieder publizistisch hervor. Die Wahl der Zeitschrift *Das Innere Reich* wurde zutreffend als Abkehr von den direkten politischen Ambitionen und Wendesignal verstanden. Der kleine Text *Wege der Aussprache,* 1937 im *Jahrbuch der Stadt Freiburg* erschienen, einem »Buch von Volkstum und Sendung«, formulierte dann die neue Strategie,[10] der Heidegger fortan auch mit seinen Vorlesungen folgte: Die »Rettung des Abendlandes« erhoffte er nun von einer differenzpolitischen Hermeneutik der »Verständigung«, die auf die »eigene Art« zielte. Heidegger setzte hier Leibniz und Hegel gegen Descartes und verwies zuletzt auf die Notwendigkeit einer Auseinandersetzung mit dem »frühen Griechentum«.

Die kleine Publikation setzte sich polemisch vom Pariser Descartes-Kongress ab, der damals im Sommer 1937 der letzte große internationale Philosophenkongress vor dem Ausbruch des Weltkriegs war und auf dem die deutsche Delegation auch zahlreichen deutsch-jüdischen Emigranten – u. a. Löwith – wiederbegegnete. Heidegger hatte seine Teilnahme – nach den in GA Bd. 16 publizierten Dokumenten – abgesagt, weil seine Erwartung enttäuscht wurde, Delegationsleiter zu werden. Eigentlich wollte er in Paris dem »Vorstoß der

---

[10] Dazu auch Martin Heidegger, Europa und die deutsche Philosophie (1936), in: Hans-Helmuth Gander (Hg.), Europa und die Philosophie, Frankfurt 1992, 31–41

herrschenden liberal-demokratischen Wissensauffassung« (GA 16, 345) entgegentreten und sich dabei wohl auch zu Husserls – mit den *Cartesianischen Meditationen* einst in Paris formulierter – Descartes-Rezeption positionieren. Es gab damals intensive Descartes-Diskussionen, die grundsätzliche Stellungnahmen zum »klassischen« französischen Rationalismus und zur französischen Form der Nationalstaatlichkeit implizierten. Heideggers gerade nach Freiburg berufener Kollege Hugo Friedrich[11] beispielsweise publizierte 1937 ein Buch *Descartes und der französische Geist*, Carl Schmitt[12] initiierte ein Descartes-Themenheft im *Archiv für Rechts- und Sozialphilosophie* und publizierte hier seinen Vortrag *Der Staat als Mechanismus bei Hobbes und Descartes*, der sich am Ende auf Hegel als deutsche Alternative berief. Der kleine Text *Wege der Aussprache* formulierte nun den neuen metaphysikkritischen Rahmen, in dem Heidegger sein Zwiegespräch zwischen Griechenland und Germanien aufnahm und seine Nietzsche- und Hölderlinvorlesungen sah. Er ist seinerseits keineswegs unpolitisch und unproblematisch, was hier aber nicht weiter zu erörtern ist.

Zwei Phasen der Publikationspolitik lassen sich also zunächst unterscheiden: die karrierestrategisch notwendigen Publikationen bis 1933 (eigentlich: 1929) und die politisch motivierten Publikationen seit 1933. Es wäre falsch oder ungenau, hier von einer tentativen oder zögerlichen Publikationspolitik zu sprechen. Was Heidegger karrierestrategisch machen musste, lieferte er pünktlich und entschlossen ab. Es lässt sich aber bereits von einem bewussten Aufschub »eigentlicher« Äußerungen sprechen.

5. Das »sogenannte Buch« *Sein und Zeit*

A. Für eine kritische Edition der Textstufen von Sein und Zeit

Dass Heidegger nur vorbehaltlich von einem »Buch« sprach, hat schon formale Gründe. Bekanntlich publizierte er nur eine Einleitung sowie die ersten beiden »Abschnitte« einer »ersten Hälfte«. Das Werk war »Edmund Husserl in Verehrung und Freundschaft zugeeignet«

---

[11] Hugo Friedrich, Descartes und der französische Geist, Leipzig 1937
[12] Carl Schmitt, Der Staat als Mechanismus bei Hobbes und Descartes, in: ARSP 30 (1936/37), 622–632

und die Widmung war mit Ortsangabe Todtnauberg auf den 8. April 1926 datiert. Sie entfiel bekanntlich nach Husserls Tod in der fünften Auflage von 1941 und wurde nach 1945 wieder erneuert. Der 8. April 1926 war Husserls 67. Geburtstag. *Sein und Zeit* erschien aber erst 1927 im Druck. Die Widmung nennt also einen konkreten Adressaten, an den der Text schon vor der Veröffentlichung adressiert ist, und mit der Bekundung von »Verehrung und Freundschaft« ist auch ein Hinweis auf die kommende Emeritierung und Nachfolgefrage gegeben. Die personale Adressierung nimmt den Öffentlichkeitsanspruch der Publikation zurück: kein Buch für alle und keinen, sondern für jemanden, dessen Nachfolge Heidegger antreten wollte und dessen Werk er trotz zahlreicher Referenzen in *Sein und Zeit* längst äußerst distanziert sah. Die Differenzen kamen in der gemeinsamen Arbeit am lexikalischen Artikel für die *Encyclopaedia Britannica* 1927 auch zur Sprache und wurden Husserl in den nächsten Jahren zunehmend deutlicher. Anders als der Natorp-Bericht stand *Sein und Zeit* unter Publikationszwang. Der Publikationsort des *Jahrbuchs für Philosophie und phänomenologische Forschung*, des Organs der Husserl-Schule, war dabei ebenfalls strategisch bedingt.

Für *Sein und Zeit* lässt sich also zwischen den Textstufen und Fassungen von 1926 und 1927 unterscheiden. Manches findet sich noch im Nachlass und es ist nicht unwahrscheinlich, dass auch die 1926er-Druckbögen-Urfassung von *Sein und Zeit* als Typoskript erhalten ist: Für die Beförderung zum Ordinarius wünschte die Marburger Kommission *Sein und Zeit* wenigstens in einer »Anzahl von maschinenschriftlichen Exemplaren« bzw. in den Druckbögen. Heidegger gab die Abhandlung ab dem 1. April 1926 in den Druck. Zum 8. April 1926, Husserls Geburtstag, lagen aber noch keine Bögen vor. Husserl muss also eine maschinenschriftliche Urfassung erhalten haben. Malvine Husserl berichtet davon in einem Brief vom 16. April 1926 an Roman Ingarden.[13] Im Juni 1926 sandte die Marburger Fakultät den Stand der Druckbögen dann »in doppelter Ausführung« an den zuständigen Preußischen Minister Carl Heinrich Becker.[14] Heidegger berichtet Jaspers (HJ 62), dass der Druck von *Sein und Zeit* am

---

[13] In: Edmund Husserl, Briefe an Roman Ingarden, Den Haag 1968, 37; hier zitiert nach: Theodore Kisiel, The Genesis of Heidegger's *Being and Time*, Berkeley 1993, 482, dort 480 ff. insgesamt eine Dokumentation der damals bekannten entstehungsgeschichtlichen Äußerungen

[14] Zitiert nach: Kisiel, The Genesis of Heidegger's *Being and Time*, 483

1. April 1926 begann und das Ganze als »Übergangsarbeit« (HJ 64) am ehesten »gegen Husserl« geschrieben sei, »der das auch sofort sah, aber sich von Anfang an zum Positiven hielt.« (HJ 71) Wiederholt nennt er das Werk eine »Abhandlung« (HJ 71) und betont, dass die »Verknüpfung mit der Berufungsgeschichte« gleichsam die kathartische Funktion gehabt habe, »die Dinge von mir los« (HJ 71) zu bringen. Heidegger schreibt Jaspers: »Anfang Juni hat die Fakultät den 1. Teil meiner Arbeit in Reindruck in zwei Exemplaren dem Ministerium eingereicht« (HJ 66). Schon im Sommersemester »sistiert« er damals den Druck und beginnt mit einem »Umschreiben« (HJ 67), das zu einer Teilung und zur Entscheidung für die gesonderte Publikation eines »ersten Bandes« führte. Becker lehnte im November dann den Marburger Berufungsvorschlag ab, wie Heidegger Jaspers am 2. Dezember mitteilt (HJ 69), und schickte die Druckbögen zurück. Ende Dezember beschließt Heidegger einen Abbruch des Projekts. Das Buch erschien dann im April 1927, pünktlich zur Emeritierung Husserls, und wurde sogleich ein großer Erfolg. Bald rückt Heidegger aber vom Werk ab. Am 6. Oktober 1927 schreibt er an Bultmann: »Am II. Teil von Sein und Zeit habe ich streckenweise gearbeitet. Aber ich muss wohl das Ganze noch einmal schreiben« (BH 41).

Es ist also zwischen einer maschinenschriftlichen Urfassung von *Sein und Zeit* vom April 1926 und verschiedenen Druckbögen-Textstufen zu unterscheiden, die an verschiedene Leser und Korrektoren gingen, an Jaspers ebenso wie an einige Heidegger-Schüler. Adressaten der Textstufen waren Husserl, die Fakultäten in Marburg und Freiburg und die für Berufungsfragen zuständigen Ministerien. Es ist deshalb davon auszugehen, dass verschiedene Versionen und Textstufen erhalten sind. Eine historisch-kritische Edition dieser Versionen ist eine naheliegende Aufgabe. Es ist schwer einzusehen, weshalb zahlreiche Versionen von Heideggers »seinsgeschichtlichen« Abhandlungen innerhalb der dritten Abteilung veröffentlicht werden, die den Fachbetrieb weit stärker interessierenden Textstufen von *Sein und Zeit* aber nicht umfassend ediert sind.

B. Teil oder Ganzes?

Heidegger nennt *Sein und Zeit* stets eine »Abhandlung«. Alternativbegriffe lauteten etwa: Buch oder Werk. Als »Abhandlung« hätte Heidegger aber wohl auch das abgeschlossene Werk bezeichnet. Am

Ende der »Einleitung« steht jedenfalls (GA 2, 52 ff.) ein »Aufriss der Abhandlung«, der die ganze Gliederung mit beiden Teilen und allen »Abschnitten« nennt. Die Vorbemerkung von 1953 betont: »Die Abhandlung ›Sein und Zeit‹ erschien zuerst Frühjahr 1927 in dem von E. Husserl herausgegebenen Jahrbuch für Philosophie und Phänomenologische Forschung Bd. VIII und gleichzeitig als Sonderdruck.« Heidegger spricht also weiter von einer »Abhandlung« und einem »Sonderdruck«, nicht von einem Buch. Die »Kennzeichnung ›Erste Hälfte‹« wurde 1953 gestrichen.

Dass Heidegger zwischen Abhandlungen und Monographien unterschied, zeigt schon sein *Nietzsche* von 1961, der – laut Vorwort – Vorlesungen und Abhandlungen versammelt. Abhandlungen stehen nicht für sich, sondern bedürfen der Ergänzung. Sie erheben nicht den Anspruch, eine Frage in der Form eines autonomen Werks gänzlich auszuleuchten. Wenn Heidegger 1953 die Kennzeichnung »erste Hälfte« streicht, könnte dies zwar einen Geltungswechsel von der Abhandlung zur Monographie bezeichnen; Heidegger strich im Text aber nicht die Hinweise auf den ergänzungsbedürftigen oder fragmentarischen Charakter des Werkes und erneuerte 1953 ja auch die Kennzeichnung als »Abhandlung«. *Sein und Zeit* zielte also wohl von Anfang an auf eine Ergänzung oder Fortsetzung. Als »unendliches Werk« im Sinne der Romantik war es dabei nicht konzipiert. Eine »erste Hälfte« kommt mit einer »zweiten Hälfte« zum Abschluss. Es ist aber fraglich, ob Heidegger einen solchen Abschluss jemals ernstlich schreiben wollte. Diese Frage ist Gegenstand mancherlei Forschungen und Spekulationen. Es lässt sich fragen und teilweise rekonstruieren, was Heidegger darüber zum Zeitpunkt der Abfassung und Veröffentlichung dachte; es gibt auch Aussagen und Gerüchte, dass er eine zweite Hälfte wenigstens partiell geschrieben und vernichtet hat. Man kann fragen, in welchem Verhältnis bestimmte Texte oder gar die Gesamtausgabe als solche zu dieser – ihrerseits unvollendeten – »ersten Hälfte« stehen.

Der Text von 1927 spricht von zwei »Abschnitten« eines ersten »Teils«. Die »Einleitung«, »Die Exposition der Frage nach dem Sinn von Sein«, bezieht sich ebenso wie der Titel *Sein und Zeit* aber nicht auf den »ersten Teil«, sondern sie steht für das mögliche Ganzsein des Werkes. Das Patchwork ist also in merkwürdiger Weise Fragment: Die Teile und Abschnitte sind unvollständig, doch die Einleitung steht für ein Ganzes. Heidegger betont bereits die Vorläufigkeit seines ersten Ansatzes und relativiert den »exemplarischen Zugang«

beim »Seinsvorrang« (GA 2, 11) der Daseinshermeneutik. Nehmen wir pragmatisch an, dass nur die zweite Hälfte ausstand: Lassen sich etwa Heideggers »Beiträge zur Philosophie«, der Vortrag *Zeit und Sein* oder gar die Gesamtausgabe insgesamt als zweite Hälfte betrachten? *Sein und Zeit* ist ein Gesamttitel: Eine zweite Hälfte kann deshalb nicht »Zeit und Sein« heißen. Insgesamt liefert die Gesamtausgabe bekanntlich »Wege, nicht Werke«. Die Frage nach der »zweiten Hälfte« muss hier nicht weiter ausgelotet werden. Für die Analyse der frühen Publikationspolitik ist hier nur wichtig, dass Heidegger *Sein und Zeit* 1927 ganz bewusst als vorläufige und ergänzungsbedürftige Abhandlung präsentierte und für sein »sogenanntes Buch« keinen vollen Werkcharakter in Anspruch nahm.

Es wurde bereits gesagt, dass der Patchworkcharakter des Werkes formanalytisch nur selten beachtet wird. So analysiert Thomas Rentsch das Werk im *Heidegger-Handbuch* nicht nach seinem Aufbau, sondern nach fünf philosophischen »Komponenten bzw. Schichten«;[15] er unterscheidet hier Bedeutungskomponenten der Ontologie, Phänomenologie, Transzendentalphilosophie, Lebensphilosophie und Existentialtheologie. Diese heterogenen Einflüsse und Semantiken finden sich tatsächlich im Werk. Sie betreffen aber nicht die Form. Was den »Gesamtaufbau«[16] angeht, so identifiziert Rentsch für die beiden »Abschnitte« nur die »Fundamentalunterscheidung« Eigentlichkeit/Uneigentlichkeit. Demnach entwickelte Heidegger seine Daseinsanalyse, annähernd gesprochen, im doppelten Kursus der Uneigentlichkeit und der Eigentlichkeit. Der zweite Abschnitt erörterte das Dasein dabei aus der »Zeitlichkeit« und Sorgestruktur des »Seins zum Tod«, die eine »mögliche Ganzheit« eröffnet. Es ist didaktisch hilfreich, es so zu sehen, und so habe ich es in meinem Buch *Heideggers Überlieferungsgeschick* auch 1992[17] schon skizziert. Der Fragmentcharakter steht aber dafür, dass die »mögliche Ganzheit« des Werkes so nicht gegeben ist. Es ist bekannt, dass der dritte Abschnitt »Zeit und Sein« heißen sollte. Der »zweite Teil« des unvollendeten Werkes sollte dann, wie *Sein und Zeit* im »Aufriss der Abhandlung« (§ 8) schreibt, »Grundzüge einer phänomenologischen Destruktion

---

[15] Thomas Rentsch, »Sein und Zeit«. Fundamentalontologie als Hermeneutik der Endlichkeit, in: Heidegger-Handbuch, 2. Aufl. Stuttgart 2013, 48–74, hier: 50
[16] Rentsch, »Sein und Zeit«, 54
[17] Verf., Heideggers Überlieferungsgeschick. Eine dionysische Selbstinszenierung, Würzburg 1992, 13 ff.

der Geschichte der Ontologie« entwickeln und hier in drei Abschnitten von Kant über Descartes zu Aristoteles führen. Das deutet Heidegger auch bereits (§ 6) als »Aufgabe einer Destruktion der Geschichte der Ontologie« an. In den *Überlegungen IV* spricht er von einem Autodafé des dritten Abschnitts »Zeit und Sein«; er schreibt da: »Freilich musste der in der ersten Fassung unzureichende 3. Abschnitt des I. Teiles über ›Zeit und Sein‹ vernichtet werden.« (GA 94, 272) Ich weiß nicht, ob Näheres über diese Vernichtungsaktion bekannt ist: Wann, wo und wie Heidegger sie unternahm und wieweit die Ausarbeitung damals fortgeschritten war.

C. *Die philosophische Zweideutigkeit von* Sein und Zeit

Der Fragmentcharakter von *Sein und Zeit* resultiert sachlich der vorbereitenden oder propädeutischen Funktion der Daseinshermeneutik (Hermeneutik der Faktizität) für die »Freilegung« der Seinsfrage. *Sein und Zeit* zielt aber eigentlich auf eine »allgemeine Ontologie«. So heißt es einmal: »Philosophie ist universale phänomenologische Ontologie, ausgehend von der Hermeneutik des Daseins« (GA 2, 51) Die Betonung der Zeitlichkeit und ekstatischen Existenz des Daseins aus der Sorge um die eigene Zukunft diente der Destruktion der ursprünglichen griechischen Präsenzontologie, mit deren Auslegung des Seins als Anwesenheit. Diese Präsenzontologie übernahm das Christentum in seine Konstruktion »ewiger« Wahrheiten (vgl. GA 2, 303). *Sein und Zeit* endet deshalb auch mit Ausführungen zum stärksten Vorgänger, Hegel, der zwar bereits einen Zusammenhang von »Geist« und »Zeit« sah und damit Heideggers Umbestimmung von Sein und Zeit nahekam, aber noch in der präsenzontologischen Auslegung der Ewigkeit als Augenblick befangen blieb. Gegen Hegel betonte Heidegger auch, dass »das Selbst weder als Substanz noch als Subjekt begriffen werden kann« (GA 2, 439).

Heidegger nimmt sich also eigentlich drei Themen vor: die Daseinshermeneutik, die philosophiegeschichtliche Tradition der Präsenzontologie – von Aristoteles bis Hegel – und die Ausarbeitung einer alternativen Ontologie, die vom Primat oder Vorrang der Zeit bzw. des »Ereignisses« vor dem Sein her dachte. Die letzten beiden Sätze von *Sein und Zeit* lauten: »Führt ein Weg von der ursprünglichen Zeit zum Sinn von Sein? Offenbart sich die Zeit selbst als Horizont des Seins?« (GA 2, 577) Diese Fragen würde Heidegger gerne bejahen, schon seiner Ablehnung der ontologischen und metaphysischen Tradition wegen, aber ihm fehlt 1927 noch der methodische und begriffliche Zugang.

Man könnte sagen, dass *Sein und Zeit* stockte, weil Heidegger die Grundbegriffe der neuen Ontologie vom Vorrang der Zeit vor dem geschichtlichen Teil ausarbeiten wollte. Formal gesprochen: Er wollte eigentlich den dritten Abschnitt »Zeit und Sein« als grundbegriffliche Klärung vorausschicken. Erst nach dieser Klärung und »Kehre« zu »Zeit und Sein« schien ihm die zweite Hälfte möglich. So erklärte es Heidegger selbst im *Brief über den Humanismus* (GA 9, 327 f.). Man könnte auch vermuten und entstehungsgeschichtlich weiter klären, dass Heidegger bei der Umarbeitung von *Sein und Zeit* im Sommer 1926 vor den Unklarheiten der allgemeinen Ontologie in die Daseinshermeneutik flüchtete: Weil er mit der allgemeinen Ontologie von Zeit und Sein nicht weiterkam, baute er im Sommer 1926 die Daseinshermeneutik aus. Man könnte weiter vermuten, dass ihm diese Ausflucht in die populären »existentialistischen« Themen selbst misshagte, dass er sie aber um des karrierestrategisch notwendigen Erfolgs willen für zwingend hielt und mit diesem Ausbau überdies schnell und leicht vorankam, weil er hier auf Veranstaltungsthemen seiner Hermeneutik der Faktizität zurückgreifen konnte. Man könnte weiter fragen, ob der Urfassung von 1926 dieser daseinshermeneutische Ausbau oder Unterbau noch fehlte und Heideggers Unzufriedenheit mit dem »sogenannten Buch«, auch seine ständige Polemik gegen die »Philosophische Anthropologie« und andere zeitgenössische Ansätze, mit diesem Übergewicht der Daseinshermeneutik bzw. Abbruch des Projekts im propädeutischen Horizont zusammenhing.

Heidegger suchte die Antwort jedenfalls im Ansatz bei der Zeit. Diese philosophische Intuition korrespondierte mit der damaligen Revolution des physikalischen und kosmologischen Weltbilds, wie sie mit dem Namen Albert Einsteins verbunden ist. Hier liegt ein Motiv der philosophischen Konkurrenz mit Ernst Cassirer,[18] der näheren Umgang mit Einstein hatte. Zweifellos standen hinter den philosophischen Motiven aber auch religiöse Motive und antirömische Affekte: Die Destruktion der Präsenzontologie diente der Destruktion des Christentums.

---

[18] Dazu Ernst Cassirer, Zur Einstein'schen Relativitätstheorie. Erkenntnistheoretische Betrachtungen, Berlin 1921

Man hat oft betont, dass Heideggers Hermeneutik des Daseins mit der Rede von »Uneigentlichkeit«, »verfallenem« Dasein und »Schuld« oder »ursprünglicher Schuldigkeit« gnostische Motive[19] aufgreift und so mit der katholischen Dogmatik rivalisiert. Das möchte ich hier nicht entscheiden, sondern nur die antichristliche Stoßrichtung benennen. Weniger ergiebig erscheinen mir dagegen starke politische Interpretationen des Buches: Zweifellos zitierte Heidegger in seinen Vorlesungen damals zwar das Spektrum des antidemokratischen Denkens der Weimarer Republik. Politisch signifikant sind in *Sein und Zeit* aber nur seine Ausführungen zum »eigentlichen« Mitsein als generationellem »Schicksal« im »Volk« und seine »heroische« und »monumentalische« (GA 2, 523 f.) Konstruktion der Tradition als »Nachfolge« in der Wahl von »Helden«, die ihre Taten als »Siege« (GA 2, 350) auffassen. Hier klingt Heideggers generationeller Nationalismus als »ontisches« Ideal der Existenz leise an. Für eine politische Skandalisierung von *Sein und Zeit* taugen diese Andeutungen eines heroischen Endlichkeits- und Entschlossenheitspathos aber nicht. Viel wichtiger ist die grundsätzliche Umwertung des Verhältnisses von Sein und Zeit, die die christliche Antwort frontal angreift. Heideggers Lösungs- oder Losungswort zur Anzeige des Primats der Zeit besteht dann in der Rede vom »Ereignis«. Mit der Schöpfungstheologie ist hier jeder dogmatische Vorrang des »Seins« gemieden, der der christlichen Ontologie selbstverständlich ist und mit dem ja noch Hegel beginnt.

D. *Selbstrelativierung der Daseinshermeneutik*

Heidegger hat sich in seinen Briefen und Schriften immer wieder über *Sein und Zeit* geäußert und sich auch vielfach davon distanziert. So schreibt er am 18. September 1932 an Elisabeth Blochmann:

Man denkt u. redet schon darüber, dass ich nun Sein u. Zeit II schreibe. Das ist gut so. Aber da Sein u. Zeit I einmal für mich ein Weg war, der mich irgendwohin führte, dieser Weg aber jetzt nicht mehr begangen u. schon verwachsen ist, kann ich S. u. Z. gar nicht mehr schreiben. Ich schreibe überh(au)pt kein Buch.« (HB 54)

---

[19] Dazu schon Barbara Merker, Selbsttäuschung und Selbsterkenntnis. Heideggers Transformation der Phänomenologie Husserls, Frankfurt 1988

In dem von Thomas Rentsch herausgegebenen Kommentarband hat Theodore Kisiel die ersten Vorlesungsschritte nach der Publikation von *Sein und Zeit* als Abbruch der Weiterführung rekonstruiert, und Dieter Thomä hat »Heideggers Selbstkritik« näher analysiert.[20] Einige unlängst publizierte Belege aus den *Schwarzen Heften* seien ergänzend angeführt: So beginnen die erhaltenen *Überlegungen* mit Relativierungen von *Sein und Zeit*. Da heißt es: »›Sein und Zeit‹ ein recht unvollkommener Versuch, in die Zeitlichkeit des Daseins zu kommen, um die Seinsfrage seit Parmenides neu zu fragen.« (GA 94, 9) »Es gilt, ›Sein und Zeit‹ als Buch durch das Erwirken des darin Gewollten, aber vielfach Verfehlten, im wirklichen ›Werk‹ in den Schatten zu stellen. Das ist die rechte Widerlegung.« (GA 94, 37) Bald heißt es in Richtung der Komponententhese:

»›Sein und Zeit‹ ist auf seinem Weg – nicht in Ziel und Aufgabe – dreier ›Versuchungen‹ der Umgebung nicht Herr geworden: 1. die ›Grundlegungs‹haltung aus Neukantianismus (vgl. GA 94, 113); 2. das ›Existentielle‹ – Kierkegaard – Dilthey; 3. die ›Wissenschaftlichkeit‹ – Phänomenologie« (GA 94, 75)

Diese Versuchungen heißen für Heidegger namentlich: Rickert, Jaspers, Husserl. Wenn er hier von »drei Versuchungen« spricht, so zitiert er das Evangelium: drei Versuchungen des Teufels direkt nach der Taufe Jesu und vor dessen Wirken. Nietzsche setzte zum Auftakt des *Zarathustra* die »drei Verwandlungen« dagegen. Später schreibt Heidegger etwa:

»Man wartet auf den zweiten Band von ›Sein und Zeit‹: ich warte darauf, dass dieses Warten aufhört und man sich zuerst mit dem ersten auseinandersetzt.« (GA 94, 184)

In den späten 40er Jahren schreibt er in den *Schwarzen Heften* auch:

»Immer noch und immer wieder fragen sie nach dem II. Band von ›Sein und Zeit‹, gleich als fehle noch die Fortsetzung eines Romans. Man fragt nach dem II. Band, weil man noch am I. Band hängt; weil man noch nicht erfahren hat, dass dieses kein I. Band ist, sondern ein zwar unbeholfen aufgefangener, aber doch erlittener Wink des Geschicks, in dem die Wahrheit des Seins der Vergessenheit weggeblieben. Was soll da ein II. Band? Wäre es

---

[20] Dazu vgl. Theodore Kisiel, Das Versagen von Sein und Zeit: 1927–1930, in: Thomas Rentsch (Hg.), Martin Heidegger: Sein und Zeit, 3. Aufl. Berlin 2015, 239–262; Dieter Thomä, Sein und Zeit im Rückblick: Heideggers Selbstkritik, ebd., 263–278

nicht würdiger, auf jenen Wink zu achten und dem Geschick des Seins sich zu stellen.« (GA 97, 255)

Heidegger spricht sich in seiner Meditation dann selbst persönlich an:

»Aber hast du selbst vergessen, dass vielleicht nur ›Einige‹ vermögen, denkend den Wink des Seyns zu erleiden? Doch hierüber kann kein Mensch ohne den Anschein von Anmaßungen sprechen. Aber wie sollen wir die Vielen, unter denen manch ein Suchender ist, auf das Wesentliche aufmerksam machen, was hier zu bedenken bleibt. Seltsam: nach der Veröffentlichung des ›Briefes über den Humanismus‹ sollte man denken, dass, gesetzt, dass er ›verstanden‹ sei, das Erkundigen nach dem II. Band aufhören; aber es wird nur aufgeregter. Also haben sie wieder nicht nach-gedacht.« (GA 97, 255 f.)

Der sachlichen Selbstkritik tritt in den *Schwarzen Heften* also bald auch die Rezeptionskritik zur Seite. Dabei scheint Heidegger der Rezeption vor allem den Einwand zu machen, dass *Sein und Zeit* nicht als Weg der Erfahrung des Autors, sondern als Buch und Werk gelesen wurde, das einen zweiten Band als »Fortsetzung« ermöglichte und versprach. Heidegger stellt den Perspektivenwechsel der »Kehre« und Vorrang des unverfügbaren »Geschicks« vor jeder individuellen Lebensführung und Lebenskunst aber immer wieder heraus. Er insistiert auf der Unverfügbarkeit schicksalsförmiger Kontingenzerfahrung und lehnt einen akademischen Umgang mit seinen Schriften ab, der die leitenden Erfahrungen abblendet und sich nur für systemphilosophische Argumentationen interessiert.

6. Ergebnis

Universitätsprofessoren unterrichten im öffentlichen Dienst in öffentlich zugänglichen Räumen. Auch durch seine Lehrveranstaltungen und Vorträge stand Heidegger also in der Öffentlichkeit. Der publizistische Auftritt eines Autors ist nur ein Teil der öffentlichen Rolle. Wenn von publizistischen Schweigephasen und Schweigestrategien gesprochen wurde, so war also nur von einem Teil des öffentlichen Auftritts die Rede. Für die Vortragtätigkeit Heideggers wurde bis 1933 zwischen einer Marburger Phase des programmatischen Auftritts unterschieden, die mit dem strategischen Kampf um den Status des Ordinarius verbunden war, und einer Freiburger Phase der profilierten Bewährung von *Sein und Zeit*. Es wurden zwei Publikationsphasen vor und nach 1933 unterschieden, die sich ihrerseits weiter unterscheiden lassen. Für die strategische Phase bis 1933 lässt sich nach den ersten akademischen Qualifikationsschriften, Dissertation und Habilitation, bis 1927 eine erste skrupulöse Schweigephase konstatieren, auf die die strategisch zwingende Publikationsoffensive von 1927 bis 1929 folgte, an die eine zweite Schweigephase anschloss. Für die Zeit bis 1937 lässt sich eine politische Publikationsoffensive im Rektorat konstatieren, an die eine erneute Schweigephase und »Kehre« zur Metaphysikkritik und »Seinsgeschichte« anschloss.

Diesen ersten und offensichtlichen Befund ergänzte ich im zweiten Schritt um eine starke These zur philosophischen Kehre nach *Sein und Zeit*, die ich nicht in gleicher Weise als einfachen Textbefund behaupten möchte: Ich konstatierte eine philosophische Zweideutigkeit von *Sein und Zeit* zwischen Existentialanalyse und Fundamentalontologie, die Heidegger philosophisch nicht lösen konnte. Er brach das Projekt von *Sein und Zeit* ab, weil er den philosophischen Schritt von der Phänomenologie zur Fundamentalontologie nicht überzeugend fand, und er erhoffte sich von einem Erfahrungswandel einen Neuansatz. Die Suche nach einer »Kehre« verband er dabei ab 1931 mit Hitler, dem Nationalsozialismus und einer politischen Revolution. Nach dem Rektorat entsagte er dann mit seiner Wendung zur Metaphysikkritik und »Seinsgeschichte« seinem Primat des Nationalsozialismus und starken Konnex von philosophischer »Kehre« und politischer »Revolution« und stellte fortan, mit Nietzsche, von der Mitwelt auf die Nachwelt und den »künftigen Menschen« um. Seine skrupulöse, strategisch bedingte Publikationspolitik ging dann in die Publikationsoffensive nach 1945 über, die in die Gesamtausgabe mündete.

VII. »Das Jüdische« in der Metaphysik

1. Der Rahmen der vierten Abteilung

Es bedarf keiner Ausführungen, dass Heideggers Werk vielfältig anregend wirkte. Durch zahlreiche Themen, Fragen und Thesen gehört es in den Kanon und zu den »Klassikern« der Philosophie. Es dürfte jedoch auch unstrittig sein, dass Heidegger sich gerade im Zentrum seines Selbstverständnisses, der »Seinsfrage«, schon von der Mitwelt, den Zeitgenossen und engsten und ältesten Schülern, nicht angemessen rezipiert und verstanden glaubte. Dabei forderte er eine extensive und intensive Rezeption seiner Schriften ein. Ein selektiver Umgang mit dem Werk ist zwar möglich und legitim. Heidegger forderte aber eine holistische Rezeption. Der Heidegger-Forschung ist es heute auch jenseits von Heideggers Selbstverständnis akademisch aufgegeben, sämtliche Quellen, zumal die von Heidegger selbst zur Veröffentlichung bestimmten, philologisch und editorisch kompetent zu erschließen, in den historischen Kontext einzuordnen und im Zusammenhang des Gesamtwerks kritisch zu diskutieren. Das gebieten insbesondere neue und anstößige Quellen und Befunde.

Die Forschung muss sich dem Anspruch der Gesamtausgabe stellen und den Entstehungsprozess im Detail historisieren. Sie muss auch das Gefüge der Gesamtausgabe in den einzelnen Abteilungen, unterschiedlichen Textsorten und literarischen Genres genau analysieren und über die Gesamtaussage hinaus die jeweiligen Aufgaben der Abteilungen betrachten. Dabei ist heute unabweisbar, dass die Werkgestalt der Gesamtausgabe von Heidegger selbst in den 70er Jahren nicht mehr vollkommen überschaut wurde. Der auf Goethes Vorbild referierende Titel einer *Ausgabe letzter Hand* ist zwar nicht unpassend; Goethe plante seine Ausgabe aber über einen längeren Zeitraum detaillierter durch und gab darüber vor der Öffentlichkeit nähere Auskunft.[1] Heidegger legte die einzelnen Bände der Gesamtausgabe, anders als Goethe, dagegen nicht mehr selbst exakt fest und gestaltete sie auch nicht autorschaftlich im Detail durch. Nur wenige Bände konnte er noch selbst imprimieren. Goethes Ausgabe letzter Hand war auch nicht in gleicher Weise als Nachlassausgabe angelegt, obgleich Goethe selbst noch Supplementbände vorsah und nicht nur *Faust II*, sondern auch seine Schriften zur Farbenlehre und zur Naturwissenschaft zur posthumen Publikation bestimmte, so dass auch hier, wenigstens ansatzhaft, von einer posthumen Adressierung eines philosophischen Vermächtnisses zu sprechen ist.

Im hermeneutischen »Vorgriff der Vollkommenheit« (Gadamer) lässt sich der Aufbau der Gesamtausgabe heute rekonstruktiv betrachten. Die editorische Realisation des Anspruchs der Gesamtausgabe ist dabei über Heideggers letzte und spärliche Verfügungen hinaus auch das Werk der Herausgeber: insbesondere von Hermann Heidegger und Friedrich-Wilhelm von Herrmann. Es ist hier nicht zu gewichten, ob etwa der gewaltige Anteil Friedrich-Wilhelm von Herrmanns, um nur diesen zu nennen, dabei eher in der Analogie mit Platon, Friedrich Wilhelm Riemer oder auch Elisabeth Förster-Nietzsche zu sehen ist. Ohne v. Herrmann gäbe es die Gesamtausgabe in der vorliegenden autorintentionalen Fassung nicht und die »Seinsfrage« wäre nicht im extensiven Sinne Heideggers editorisch gestellt.

In der Kontroverse sind bislang nur wenige handschriftliche Verfügungen über das integrale Gefüge der Gesamtausgabe und die eigenen Aufgaben der vierten Abteilung bekannt geworden. Meine Analyse berücksichtigte 2016[2] vor allem die vertraglichen Bestimmungen der Entscheidung zur Gesamtausgabe sowie einige Nachworte und Erklärungen. Peter Trawny wies mich ergänzend auf weithin unbekannte Ausführungen hin, die unter dem Titel »*Eine gefährliche*

---

[1] Dazu vgl. Johann Wolfgang v. Goethe, Anzeige von Goethes sämtlichen Werken, in: Jubiläums-Ausgabe, Stuttgart o. J., Bd. 38, 41–48
[2] Verf., Heideggers ›große Politik‹, 251 ff.; Harald Seubert (Heidegger heute. Antwort auf vier Fragen von Manuel Herder, in: Homolka / Heidegger, Heidegger und der Antisemitismus, 2016, 342–352, hier: 348) erklärte meine Analyse beiläufig ohne Beleg für »haltlos«. Deshalb zur Klarstellung: Ich erkläre die autorintentionale Gesamtausgabe für ausreichend und halte eine historisch-kritische Gesamtausgabe, wie sie Trawny fordert, in der Prioritätsliste der deutschen Universität für nachrangig. Ich argumentiere normativ und schließe eine solche Ausgabe faktisch nicht aus. Völlig haltlos wird Seuberts Bemerkung, wenn er seinerseits »als mittelfristiges Projekt eine kommentierte Studienausgabe« (348) wünscht, ohne zu spezifizieren, welche Texte da hineingehörten und nach welchen Kriterien sie kommentiert werden sollten.

Irrnis«[3] als Jahresgabe 2008 der Heidegger-Gesellschaft publiziert wurden. Heidegger betont hier erneut den integralen Zusammenhang und die zentrale Bedeutung der vierten Abteilung im Gesamtwerk. Während der Verlagsvertrag 1973/74 noch von »Aufzeichnungen und Zusätzen« sprach, redet er nun von »Aufzeichnungen und Hinweisen« und bekräftigt die integrale Bedeutung der Abteilung für das volle Verständnis der Gesamtausgabe. Er spricht von einem »fragenderen Fragen[] der Seinsfrage«, einer Erfahrung des »gesparten« und »unvermuteten Vorenthalts« und einem »Vermächtnis an Sterbliche«, von der »Gewährnis einer Einkehr« in ein »Ent-sagen« und einem »Ereignis inmitten der Gewalten der technologischen Welt und der ›reißenden Zeit‹«.

Heideggers dunkle Formulierungen lassen sich vielleicht als Andeutungen oder Hinweise auf den politischen Entstehungskontext verstehen. Die Rede von einer »Einkehr« in die »reißende Zeit« scheint jedenfalls eine politische Kontextualisierung des »anderen Denkens« und eine politische Lesart des »Seinsdenkens« nahezulegen. Wie sonst sollte man sie verstehen? Die geläufige Rede von einer »Werkstatt«, einem mehr oder weniger improvisierten Gedankenlaboratorium, kann dagegen als Sinn- und Funktionsbestimmung der vierten Abteilung nicht genügen; sie mag zwar manche rohe und heterogene Züge der Aufzeichnungen treffen, nicht aber den eigenen starken Geltungsanspruch, den Heidegger mit der vierten Abteilung verband. Die vierte Abteilung ist kein loser Zettelkasten, den Heidegger ohne Werkanspruch als mehr oder weniger lässliche und kontingente Vorüberlegungen beigab. Solche lose Blätter sammelte er außerhalb der Gesamtausgabe in Ordnern und bestimmte sie nicht zur Veröffentlichung. Heidegger betrachtete die vierte Abteilung nicht als Vorstufe, sondern vielmehr als Schlusswerk. Auch in seinen Aufzeichnungen *»Eine gefährliche Irrnis«* betonte er den Initiationsgang sukzessiver Edition und Lektüre. So schreibt er: »Nötig bleibt vielmehr der wiederholte Durchgang der Abteilungen I–III mit ihren unvermeidlichen Irr-, Ab- und Umwegen, damit sich der Seinsblick für Abteilung IV auch nur um ein Geringes öffnet [...]«. Für die Publikation der *Schwarzen Hefte* könnte das besagen, dass der Durchgang durch die ersten drei Abteilungen dem Leser die Voraussetzungen vermittelt, Heideggers politische Gegenwartswahrnehmung nach-

[3] Martin Heidegger, ›Eine gefährliche Irrnis‹, Jahresgabe der Martin-Heidegger-Gesellschaft 2008, 11–15

zuvollziehen und gleichsam zu verstehen und zu verzeihen. Die ganze Gesamtausgabe lässt sich dann als rechtfertigende Apologie von Heideggers politischem Selbstverständnis und Scheitern im Rektorat betrachten.

Ein Blick auf die vorliegenden Bände zeigt, dass die Dokumentation der Seminare neben den *Schwarzen Heften* ein quantitatives Herzstück der vierten Abteilung bildet. In schwacher Lesart dient die vierte Abteilung, im Licht der Selbstinterpretation, der »Kehre« und »seinsgeschichtlichen« Gesamtinterpretation des Werkes. Von den Seminarbänden her wäre dabei mehr von der pädagogischen »Zucht und Züchtung« des Heideggerianers qua semantischer Revolution des »anderen Denkens«, von den *Schwarzen Heften* her mehr von der Artikulation der politischen Kontextbedingungen des Werkes zu sprechen. Wie v. Herrmann verstehe ich die Gesamtausgabe als Initiationsgang und betrachte den Durchgang durch die Seminarbände autorintentional als notwendige Voraussetzung für die adäquate Lektüre der *Schwarzen Hefte*. Dann konstruiert die vierte Abteilung gewissermaßen den idealen Heideggerianer, der in der totalen Rezeption und Teilnahme an allen exoterischen und esoterischen akademischen Texten die notwendige Initiation in das Verständnis von Heideggers Wahrnehmung der Zeitgeschichte als Seinsgeschichte und Ereignis erhielt. Ich lasse dahingestellt, ob die Gesamtausgabe nur auf eine solche Selbstapologie zielt oder als Anwendungsdiskurs auch eine multiplikatorische Paraphrase und Transposition des »seinsgeschichtlichen« Diskurses in künftige Zeiten fordert.

2. Holistische Exegese

Theodor W. Adorno[4] spottete einst über eine musikästhetische Rezeptionspraxis, die nur die Rosinen anheimelnder »schöner Stellen« herauspickt und zu strukturellem Hören nicht mehr fähig ist. Analog plädiere ich gegen eine Reduktion der *Schwarzen Hefte* auf wenige »schwarze Stellen« und für eine »holistische« Heidegger-Interpretation vom autorintentionalen Gesamtrahmen der Gesamtausgabe her. In der »neuen Heidegger-Debatte« (Marion Heinz)[5] sehe ich meine

---

[4] Theodor W. Adorno, Schöne Stellen, in: Gesammelte Schriften Bd. 18: Musikalische Schriften V, Frankfurt 1997, 695–718
[5] Abriss der Debatte jetzt bei Marion Heinz, Einleitung: Die neue Heidegger-Debatte,

Aufgabe und Rolle im hermeneutischen Verweis auf den Rahmen und Geltungsanspruch der Gesamtausgabe. Die unlängst veröffentlichten Briefe zwischen Martin und Fritz Heidegger scheinen weitere *Hefte*-Debatten heute nun fast zu erübrigen: Sie belegen unumstößlich, mit kaum zu überbietender Deutlichkeit, eine massive Option für Hitler und den Nationalsozialismus spätestens seit Ende 1931. Man muss heute deshalb nicht mehr über das Faktum von Heideggers Nationalsozialismus und Antisemitismus streiten: Heute stellt sich vielmehr die Aufgabe einer entwicklungsgeschichtlichen Differenzierung und Klärung im Kontext.

3. Die biographisch-psychologische Eisbergthese

Das Verhältnis zum Judentum lässt sich biographisch-psychologisch erörtern. Hier stellen sich zunächst biographische Fragen zur Sozialisation und Prägung Heideggers und zum durchschnittlichen Antisemitismus seines Herkunftsmilieus. Antisemitische Stereotype waren in seinem katholisch-kleinstädtischen und klerikalen Herkunftsmilieu geradezu gängig. Hugo Ott[6] verwies auf Abraham a Sancta Clara. Stereotype Assoziationen sind kollektive Prägungen, die schon die Alltagssprache konnotativ mitschleppt und die nicht leicht gänzlich unterdrückt werden können. Warum sollte Heidegger davon frei gewesen sein? Bruder Fritz scheint aber bei ähnlichen Sozialisationsbedingungen moderater gedacht zu haben, wobei eine frühe Orientierung am »Format Mussolini«[7] auffällt, während Heidegger von Hitler als »Staatsmann« ausgeht. Aus mancherlei Gründen mag Fritz gemäßigter gedacht haben. Bei Heidegger scheint der Führerglaube zentral gewesen zu sein.

Wenn der Antisemitismus ausgeprägter als beim Bruder war – was bisher nicht hinreichend belegt ist –, so dürften die Begegnungen mit »jüdischen« Kollegen und Lehrern und der Kampf um eine »deutsche« Universität und Philosophie zu dieser Radikalisierung beigetragen haben. Als Philosoph lehrte Heidegger in einem »konfes-

---

in: Marion Heinz / Sidonie Kellerer (Hg.), Martin Heideggers ›Schwarze Hefte‹. Eine philosophisch-politische Debatte, Berlin 2016, 9–39
[6] Hugo Ott, Martin Heidegger. Unterwegs zu seiner Biographie, Frankfurt 1988
[7] Fritz Heidegger am 3. April 1933 an Martin Heidegger, in: Homolka / Heidegger, Heidegger und der Antisemitismus, 2016, 33, vgl. 24

sionellen« Fach, in dem starke Bekenntnisse zu bestimmten Positionen und Begriffen erwartet wurden. Er verband das nationalistische Credo seiner Philosophie deshalb mit einem besetzungspolitischen Antisemitismus, dem Juden, jedenfalls als Ordinarien, im Fach Philosophie unerwünscht waren.[8] Die Debatte um Heideggers »Privatnationalsozialismus« hat schon zu mancherlei individualisierenden Prägungen geführt: Den Formeln von »seinsgeschichtlichem« oder »metaphysischem« Antisemitismus ließe sich die Rede von einem besetzungs- oder »berufungspolitischen« Antisemitismus hinzufügen, der den Einfluss jüdischer Intellektueller in einem universitären Weltanschauungsfach wie der Philosophie zurückdrängen wollte und auch in den Ministerien vor und nach 1900 stark verbreitet war. Ein solcher universitätspolitischer Antisemitismus unterschied vor 1933 noch einigermaßen deutlich zwischen Fächern, Statusgruppen und auch Gesinnungen. Es wurde auch zwischen konvertierten und bekennenden Juden unterschieden. Als Kernfrage galt die Ernennung zum Ordinarius mit vollen akademischen Rechten: Juden konnten in der Weimarer Republik oft ohne besondere Diskriminierungen Privatdozenten werden, sie wurden aber weitaus seltener Ordinarien: in der Philosophie vorbehaltlicher als etwa in der Medizin. Ein protestantischer Jude (wie Husserl) wurde leichter ernannt als ein nichtkonvertierter Jude (wie Cassirer). Einen solchen berufungspolitischen Antisemitismus hat Heidegger sicher ziemlich massiv vertreten. Er wünschte keine jüdischen Philosophieordinarien an deutschen Universitäten.

Biographisch-psychologisch lässt sich näher nach seine Beziehungen zu jüdischen Kollegen und Schülern fragen. Typische Beispiele sind Husserl, Löwith, Arendt. Keines dieser Beispiele ergibt einen glatten Freispruch erster Klasse, obgleich mancher Interpret – so auch Hermann Heidegger[9] – das meint. Die Beziehung zu Husserl

---

[8] Wichtig ist hier seine Wahrnehmung und sein Umgang mit dem »Gesetz zur Wiederherstellung des Berufsbeamtentums« vom 7. April 1933, das bereits in Kraft war, als Heidegger das Rektorat übernahm. Der Brief vom 13. April 1933 an Fritz deutet keine Vorbehalte an. Heideggers – faktisch im Detail noch keineswegs hinreichend geklärte – Anwendung einiger Ausnahmeregelungen, auf die Silvio Vietta (Heideggers seinsgeschichtliche Konvergenztheorie, in: Heidegger und der Antisemitismus, 405–427, hier: 406 f.) zutreffend verweist, widerspricht der Minimalbestimmung nicht, dass Heidegger wenigstens einen berufungspolitischen Antisemitismus vertrat.

[9] Hermann Heidegger, Martin Heidegger war kein Antisemit, in: Friedrich-Wilhelm v. Herrmann / Francesco Alfieri, Martin Heidegger. Die Wahrheit über die *Schwarzen Hefte*, Berlin 2017, 279 f.

war strategisch und ambivalent. Heidegger sah in Löwith wahrscheinlich – der Briefwechsel belegt es nicht – mehr den Kriegsteilnehmer und in Arendt das »Mädchen aus der Fremde«; er kommuni-
zierte mit ihnen nicht als Juden. Der befreundete »Ausnahme-Jude«
ist im Antisemitismusdiskurs ohnehin ein schwaches Exkulpations-
argument. Der Husserl-Schüler Ludwig Ferdinand Clauss beispielsweise, den Heidegger ziemlich gut gekannt haben muss, erhielt für
die Errettung einer jüdischen Freundin einen – inzwischen wieder
aberkannten – Gedenkstein in Yad Vashem, trotzdem er ein zentraler
Autor antisemitischer Rassepsychologie war. Heidegger äußerte sich
m. W. niemals eingehend zum Judentum und zur nationalsozialistischen Diskriminierungs- und Vernichtungspolitik. So sind auch keine
bedauernden Worte zum Synagogenbrand in Freiburg, unweit der
Universität, oder der Deportation der Freiburger Juden bekannt. Die
meisten Deportationen aus Freiburg erfolgten ins französische Lager
Gurs, in dem bei Kriegsbeginn, vor der Eroberung durch die Nazis,
auch Hannah Arendt und Eugen Fink einige Zeit als feindliche Aus-
länder interniert waren. Ob Arendt Heidegger auf solche Bezüge an-
sprach?

In der Debatte wird häufig eine Eisbergthese vertreten, so von
Richard Wolin[10] und Donatella Di Cesare,[11] wonach Heideggers wenige antisemitische Äußerungen gleichsam nur Symptome eines Ab-
grundes sind. Was tiefenpsychologisch als symptomatische Verschiebung und Verdrängung des Antisemitismus gedeutet werden kann,
lässt sich dabei alternativ auch als Deckdiskurs in Diskretionsformeln
betrachten, der bestimmte Themen für bestimmte Adressaten nur in
einer Anspielungskultur äußert. Ein typisches Beispiel ist der Konnex
von Antisemitismus und Antiamerikanismus: Hinter zahlreichen an-
tiamerikanischen Äußerungen lassen sich antisemitische Anspielungen und Motive vermuten. Remigranten werden dann als »Amerika-
ner« bezeichnet und alliierte Politik wird als jüdische »Rache«
gedeutet. Viele Notate der *Schwarzen Hefte* lassen sich so lesen.

---

[10] Richard Wolin, Heideggers ›Schwarze Hefte‹, in: Vierteljahreshefte für Zeitgeschichte 63 (2015), 379–410
[11] Donatella Di Cesare, Heidegger, die Juden, die Shoah, Frankfurt 2016, 319

4. Politisch-pädagogischer Anwendungsdiskurs

Im weiten Wortfeld des antisemitischen Stigmas vertrat Heidegger keine eindeutige und klare Position. Er spricht nicht deutlich vom Judentum als »Volk«, »Nation«, »Staat« oder »Rasse«. Dabei war sein politischer Leitbegriff bekanntlich das »Volk«, während Ernst Jünger mehr von der »Nation« und von einem »neuen Nationalismus« sprach und Carl Schmitt vom »Staat«. Heideggers Volksbegriff war im Rektorat eindeutig politisch konnotiert. Von einer unpolitischen Volkstumskunde grenzte er sich ab und lud das »Volk«, etwa mit seinem Schlageter-Kult, auch nationalistisch-militaristisch auf. Obgleich er also meist das politische Volk als »Nation« meinte, sprach er aus politischen Gründen, als Teil des »völkischen« Diskurses,[12] mehr vom »Volk«. Das Judentum bezeichnete er aber nicht deutlich als eigenes »Volk« oder »Nation«.

Im postassimilatorischen und zionistischen Diskurs verstanden sich viele deutsche Juden als eigene »Nation«. Jaspers gegenüber äußerte sich Arendt 1933 zum »deutschen Wesen«: »Für mich ist Deutschland die Muttersprache, die Philosophie und die Dichtung. Für all das kann und muss ich einstehen. Aber ich bin zur Distanz verpflichtet«.[13] Am 6. Januar 1933, wenige Wochen vor Hitlers Kanzlerschaft ergänzte sie: »Nur kann ich das geschichtlich politische Schicksal nicht einfach hinzufügen.«[14] Nach 1945 schrieb sie Jaspers, sie werde sich »historisch wie politisch von der Judenfrage her«[15] orientieren: »Ich möchte so sagen: Politisch werde ich immer nur im Namen der Juden sprechen, sofern ich durch die Umstände gezwungen bin, meine Nationalität anzugeben.«[16] In der Unterscheidung zwischen Kultur- und Staatsnation argumentiert die assimilierte deutsche Jüdin mit amerikanischem Pass damals also überraschend: Meine Kulturnation ist Deutschland, aber meine politische Loyalität

---

[12] Dazu die Ausführungen bei Armin Mohler, Die konservative Revolution in Deutschland 1918–1932. Ein Handbuch, 2. Aufl. Darmstadt 1972, 131 ff., 211 ff.

[13] Arendt am 1. Januar 1933 an Jaspers, in: Hannah Arendt / Karl Jaspers. Briefwechsel 1926–1969, München 1985, 52

[14] Arendt am 6. Januar 1933 an Jaspers, in: Hannah Arendt / Karl Jaspers. Briefwechsel, 55

[15] Arendt am 29. Januar 1946 an Jaspers, in: Hannah Arendt / Karl Jaspers. Briefwechsel, 67

[16] Arendt am 17. Dezember 1946 an Jaspers, in: Hannah Arendt / Karl Jaspers. Briefwechsel, 106

gilt vor allem dem verfolgten Judentum! Diese Antwort kennzeichnet sich als politische Verlegenheit oder Notwendigkeit: Arendt fasst ihr Judentum vor allem als politisches Schicksal auf. Im postassimilatorischen jüdischen Diskurs vor 1933 wurde das Judentum dagegen oft auch als kulturelle Prägung und »Kulturnation« verstanden: bei Ludwig Feuchtwanger wie Leo Strauss.

Heidegger sprach nicht von »deutschen Juden« oder jüdischen Deutschen als Gegenbegriff zum internationalen »Weltjudentum«. Er meinte vor allem das assimilierte deutsche Judentum, vornehmlich die jüdischen Intellektuellen an der Universität, und verstand Judentum primär nicht als Glaubens- und Kultusgemeinschaft oder Konfession, aber auch nicht deutlich als Herkunftsgemeinschaft eines eigenkulturellen Volkes oder als politische Schicksalsgemeinschaft einer Nation. Er sprach auch nicht vom jüdischen Staat, wie er als zionistisches Projekt und Siedlungsbewegung damals wirklich wurde. Heidegger bezog sich auch nicht ausdrücklich, mit Namen und Daten, auf die Eskalationsstufen der nationalsozialistischen Verfolgungs- und Vernichtungspolitik. Eine Geschichte des Holocaust oder der öffentlichen Wahrnehmung der nationalsozialistischen Diskriminierungen lässt sich nach Heideggers Texten nicht schreiben. Ein Außerirdischer, der nur Heidegger-Texte als Quelle fände, könnte sich kein Bild machen. Heidegger suchte nicht die Rolle des Zeitzeugen und Chronisten und nahm in seinen Texten nicht die Perspektive des politischen Denkers und Juristen ein, der die nationalsozialistische Politik in ihren Akteuren und Kräften, Motiven, Zielen und Strategien verstehen wollte. Das gilt für alle seine Aufzeichnungen: Sie abstrahieren von den ereignisgeschichtlichen Namen und Daten. Carl Schmitt würde sagen: Heidegger neutralisierte und entpolitisierte das Zeitgeschehen. Das betrifft nicht nur das schmerzliche Thema der Judenverfolgung, sondern die Wahrnehmung der nationalsozialistischen Politik insgesamt. Heidegger vernebelte und verschwieg nicht nur die antisemitischen Maßnahmen, sondern beschrieb und analysierte die nationalsozialistische Politik auch nicht tiefenscharf. Das »Gesicht des Dritten Reiches« blieb in seinen Aufzeichnungen blass. Es fehlte damit aber auch eine starke Apologie der nationalsozialistischen Politik und ein eigenes Projekt antisemitischer Sinnstiftung, wie es sich etwa bei Schmitt vor und nach 1945 findet.

Mit alledem ist gesagt: Heidegger äußerte sich in seinen Notaten nicht als politischer Denker, Jurist oder Historiker der Judenverfolgung. Er wählte auch nicht die Form eines Tagebuches, das die jewei-

ligen Anlässe der Notate identifizierbar machte. Manche briefliche
Äußerungen sind chronistisch konkreter als vergleichbare Parallel-
stellen der *Schwarzen Hefte*. Die Ökonomie und Rhetorik der Hefte
ist eine andere; sie ist durch Heideggers philosophische oder »seinsgeschichtliche« Perspektive mitbestimmt. Das besagt aber auch: Eine
strikte Trennung zwischen dem »reinen« seinsgeschichtlichen Denken und politisch-praktischen oder persönlichen Eintragungen ist
nicht möglich. Diese – etwa von v. Herrmann[17] vertretene – Trennungsthese scheitert vollends daran, dass Heidegger seine *Schwarzen
Hefte* selbst mit hohem Anspruch zur Publikation in der Gesamtausgabe bestimmt hat.

Wenn Heidegger die Notate in der vierten Abteilung publiziert
wissen wollte, handelt es sich nicht um rein private und marginale
Aufzeichnungen. Sie gehören dann zum Werk und erheben einen
besonderen Geltungsanspruch. Dieser Anspruch gilt, auch wenn Heidegger sich zum Zeitpunkt der Publikationsentscheidung nicht im
vollen Umfang über seine buchstäblichen Aufzeichnungen und deren
Publikumswirkung im Klaren war. Davon gehe ich aus: Ich glaube
nicht, dass Heidegger seine Aufzeichnungen in den 70er Jahren noch
wortwörtlich oder im politischen Tenor voll präsent hatte, und ich
meine auch, dass ihm ein nüchterner Abgleich seiner Aussagen etwa
mit dem damaligen Stand der historischen Forschung niemals möglich war. Heidegger hat den Sprengstoff seiner Notate und die Risiken
seiner Publikationsentscheidung unterschätzt, obgleich er seine Überlegungen durchaus als inkorrekte Enthüllungen wider den Zeitgeist
und das öffentliche »Gerede« empfand. Er wusste um die Anstößigkeit seiner Äußerungen, nicht aber um deren sachliche Substanz-
losigkeit. Wenn er die Gesamtausgabe in der vorliegender Form ge-
wollt hat, konnte er sich jedoch über den Geltungsanspruch der
Notate im Rahmen der vierten Abteilung nicht täuschen: Der Geltungsanspruch wird vom Gesamtrahmen her bestimmt. Hier ist klar:
Die dritte Abteilung bringt die seinsgeschichtliche Revolution des
»anderen Denkens«. Die vierte folgt als politisch-pädagogischer Anwendungsdiskurs. Die *Schwarzen Hefte* lassen sich deshalb nicht als
beiläufige und lässliche Aufzeichnungen marginalisieren. Dann hätte
Heidegger sie nicht in die Gesamtausgabe aufnehmen dürfen.

---

[17] Friedrich-Wilhelm v. Herrmann / Francesco Alfieri, Martin Heidegger. Die Wahrheit über die *Schwarzen Hefte*, Berlin 2017, 26 f.

5. Zur Trennung von Metaphysik- und Monotheismuskritik

Lassen wir das Faktum beiseite, dass Heidegger auch in den *Schwarzen Heften* nur relativ spät und selten vom Judentum sprach: soweit Datierungen überhaupt möglich sind, vor allem wohl in der Zeit der Kriegswende 1941/42. Nehmen wir an, dass die *Hefte* für ihn im Rahmen der Gesamtausgabe der gegebene Ort waren. An die Publikation antisemitischer brieflicher Äußerungen dachte er wohl nicht. Warum sprach er erst in den *Schwarzen Heften* dann autorschaftlich – für die Nachwelt – vom Judentum? Aus theologischer, religionsphilosophischer oder geistesgeschichtlicher Sicht waren extensive Thematisierungen des Judentums für einen Metaphysikkritiker doch eigentlich unabweisbar. Das galt gerade für einen Autor, der einige Semester Theologie studiert hatte, mit evangelischen Theologen wie Bultmann im intensiven Gespräch stand und von Hegel und Nietzsche stark beeinflusst war. Deutlicher noch gesagt: Im Rahmen der Nietzsche-Nachfolge, Nietzsche-Studien und Auseinandersetzungen mit dem Weimarer Nietzsche-Archiv und der Nietzsche-Edition war es – jenseits von Wagner – geradezu erstaunlich, dass Heidegger im Nationalsozialismus vom Judentum lange und weitgehend schwieg.

Es braucht hier nicht erinnert zu werden, was Nietzsche in der *Genealogie der Moral*, im *Antichristen* und weiteren Schriften über Judentum und den »Sklaven-Aufstand« in der Moral alles geschrieben hat. Es ist auch hinreichend bekannt, wie sehr Nietzsche den zeitgenössischen Antisemitismus verachtete. Er begegnete ihm schon im Umfeld des Wagnerianismus, bei seinem Verleger Schmeitzner und Schwager Bernhard Förster. Dem antisemitischen Publizisten Theodor Fritzsch empfahl er zunächst ironisch: »Ein Wunsch: geben Sie doch eine Liste deutscher Gelehrter, Künstler, Dichter, Schriftsteller, Schauspieler und Virtuosen von jüdischer Abkunft oder Herkunft heraus!« (KSB VIII, 46) Er versicherte Fritsch, dass er unter seinen Freunden »keinen Juden habe. Allerdings auch keine Antisemiten.« (KSB VIII, 46) Er verwahrte sich dann entschieden dagegen, dass »der Name Zarathustra von Antisemiten in den Mund genommen wird« (KSB VIII, 51). Fritsch publizierte noch im gleichen Jahr 1887 einen *Antisemiten-Katechismus*, aus dem 1907 das einschlägige *Handbuch der Judenfrage* hervorging. Und er veröffentlichte 1892 eine *Statistik des Judenthums*, die Nietzsches ironischem Vorschlag nicht ganz fern lag. Schon durch seinen Ausgang beim Wagnerianismus musste Nietzsche sich vielfältig vom Antisemitismus abgrenzen. Zuletzt dekretierte er als Dionysos in einem seiner »Wahnsinnszettel«: »Ich lasse eben alle Antisemiten erschiessen ...« (KSB VIII, 575)

Nietzsche knüpfte nicht nur einen starken Konnex von Platonismus, Idealismus und Metaphysik, dem Heidegger folgte, sondern auch einen starken Konnex von Metaphysik- und Monotheismuskritik. Christentum betrachtete er als »Platonismus für's Volk«. Heidegger folgte diesen beiden Destruktionsprojekten. Insbesondere Band 97 der Gesamtausgabe zeigt, dass auch er Metaphysik- und Monotheismuskritik miteinander verknüpfte und einen »anderen Anfang« jenseits des »jüdisch-christlichen« Monotheismus wie der philosophischen Metaphysik suchte. Deshalb ist es höchst erstaunlich, dass er der radikalen Kritik des Platonismus, Christentums und Katholizismus zwar folgte, aber das initiale Judentum nicht eingehend thematisierte. Es finden sich bei Heidegger keine Ausführungen zur jüdischen Erfindung des Monotheismus, die Nietzsches Polemik vergleichbar wären. Betrachtet man das antisemitische Gesamtmilieu der nationalsozialistischen Universitäten, auch der nationalsozialistischen Nietzsche-Instrumentalisierung, so fällt auf, dass Heidegger sich antisemitischer Äußerungen weitgehend enthielt und selbst im Rahmen seiner Nietzsche-Rezeption das Thema mied. Ich gehe hier von einer bewussten Entscheidung aus, einem weitgehenden Verzicht auf die Thematisierung des Judentums nach 1933: also von einer Diskretionsentscheidung und Tabuisierung des Themas im Rahmen öffentlicher Auseinandersetzungen. Heidegger enthielt sich aus moralisch-politischen Motiven aggressiver antisemitischer Polemik, obgleich er professionell im Rahmen der Seinsgeschichte eigentlich auch über Judentum sprechen musste. Er reagierte mit einer rhetorischen Trennungsmaxime und verlegte religionspolitische und -polemische Auslassungen auf die diskreten Aufzeichnungen der *Hefte*.

Die starke Trennungsthese (v. Herrmanns) möchte ich deshalb für die Gesamtausgabe in schwacher Lesart als eine Trennungsregel reformulieren: Heidegger unterschied rhetorisch bewusst zwischen der seinssemantischen Revolution der dritten Abteilung und dem politisch-pädagogischen Anwendungsdiskurs der vierten Abteilung. Während Nietzsche Religionsgeschichte und Philosophiegeschichte eng miteinander verband und als konfessionellen Diskurs geradezu identifizierte, trennte Heidegger – spätestens seit seinem Marburger Vortrag über *Phänomenologie und Theologie* – zwischen beiden Diskursen erneut und bestand auf der Eigenlogik der philosophischen »Seinsgeschichte«. Andererseits folgte er Nietzsche im Konnex von

Monotheismus und Metaphysik. Seine rhetorisch-pragmatische Lösung bestand in der Trennung der Texte und Diskurse: Heidegger erzählte seine »Seinsgeschichte« in der dritten Abteilung im Rahmen und Kanon der etablierten philosophischen Diskurse und thematisierte die genealogischen Kontexte dieser Seinsgeschichte dagegen nur im Explikations- und Anwendungsdiskurs der vierten Abteilung. Hier äußerte er sein monotheismuskritisches Motiv deutlicher und erwähnte am Rande auch das Judentum als Anfang der »mosaischen Unterscheidung«.

Für unser Thema heißt das: Heidegger musste sich in der Nietzsche-Nachfolge eigentlich über Judentum äußern. Verwunderlich ist im Kontext der damaligen Nietzsche-Rezeptionen und gängigen Instrumentalisierungen von Nietzsches einschlägigen Äußerungen deshalb mehr seine äußerst skrupulöse Thematisierung dieser Fragen. Heideggers Trennung von Philosophie- und Religionsgeschichte führte zu einer Abstraktion von den religionsgeschichtlichen und genealogischen Hintergründen der »Seinsgeschichte«. Heidegger machte die starke Einbettung der Philosophiegeschichte in die allgemeine Kultur- und Geistesgeschichte wieder rückgängig, die seit Hegel, Dilthey und Nietzsche zum Standard der Philosophiegeschichtsschreibung gehörte. Systematisch verknüpfte er aber ebenfalls Philosophie- und Religionsgeschichte miteinander. Diesen verdrängten Kontext der »Seinsgeschichte« thematisierte er in den *Schwarzen Hefte*. Auch hier ist sein relatives Schweigen aber eigentlich auffälliger und interessanter als die wenigen Äußerungen, die der nationalsozialistischen Propaganda ziemlich gedankenlosen Tribut zollten. Ich meine also, dass Heidegger die »Judenfrage« im Nationalsozialismus öffentlich bewusst umgangen hat und auf starke antisemitische Äußerungen verzichtete. Seine schwarzen Stellen sind dem Schredder seines Jargons eher unterlaufen. Sein autorschaftliches Bewusstsein von der Trennung seiner literarischen Foren und Formen verwies die wenigen Äußerungen aber passend in die vierte Abteilung.

6. Heideggers »metaphysische« Identifikation von Judentum und Nationalsozialismus

Es bedarf keiner Ausführungen, dass Heidegger oft aggressiv und polemisch formulierte und einen ganzen Assoziationsraum von Stereotypen aufgriff und bediente. Das gilt auch für seine Äußerungen

137

zum Judentum. Worte wie »Bodenlosigkeit«, »Weltlosigkeit«, »Zerstörungssucht«, »jüdisches Gebaren«, »Rasseprinzip« und »Weltjudentum« sind nicht neutral. Heidegger polemisierte aber gleichsam im Rundumschlag nach vielen Seiten: auch gegen den Nationalsozialismus. Dabei verschränkte er seine antisemitischen Auslassungen auch mit seiner Polemik gegen den Nationalsozialismus.

Ein Beispiel ist hier die Rede vom »Rasseprinzip« und von »Rasse«. Heidegger schiebt die Semantik ineinander und schlägt eine Brücke vom jüdischen Geburtsrecht zu den Nürnberger Rassegesetzen. Hier wäre genauer zu identifizieren: Das »Rasseprinzip« abstrahiert vom Kriterium der religiösen Konfession. Im Judentum gilt das matrilineare Mutterprinzip: Jude ist, wer eine jüdische Mutter hat. In patriarchalischen und polygamen Zeiten hatte dieses Identitätskriterium den Vorteil der Eindeutigkeit. Mutterschaft ist vor den Zeiten der »Leihmütter« in aller Regel unstrittig, während Vaterschaft erst seit einigen Jahren durch DNA-Analysen eindeutig feststellbar ist. Mater semper certa est, pater semper incertus. Näher betrachtet ist das jüdische Geburtsrecht weitaus komplexer. Strikte Matrilinearität kennt die Thora noch nicht. Konversion zum Judentum ist seit der Antike möglich (Giur) und das liberale Reformjudentum akzeptiert auch die patrilineare Abstammung. Auch die nationalsozialistischen Ariernachweise griffen auf die Personenstandsregister der jüdischen Gemeinden zurück: also auf Konfessionszugehörigkeit. In Deutschland gilt bekanntlich – allerdings nur in erster Annäherung[18] – das Jus sanguinis, das »Blutrecht«, und nicht das Geburtsortprinzip, das Jus soli. Das Grundgesetz kennt laut Art. 116 GG neben der deutschen Staatsangehörigkeit auch heute noch die »deutsche Volkszugehörigkeit« für »Abkömmlinge« von Personen »in dem Gebiete des Deutschen Reiches nach dem Stande vom 31. Dezember 1937«. Nach dem Mauerfall kehrten bekanntlich viele »Volkszugehörige« in großzügiger Interpretation und teils mit zweifelhaften Papieren heim in die Bundesrepublik. Strittige Zugehörigkeitsfragen belasten heute weltweit auch die jüdischen Gemeinden.

Heidegger äußert sich nicht differenziert zum »Rasseprinzip«. Sein Theorem von der jüdischen Erfindung des »Rasseprinzips« war

---

[18] Zu den vielfältigen Verschlingungen von Abstammungs- und Territorialprinzip und der massiven Nationalisierung, Ethnisierung und Biologisierung der Staatsbürgerschaft im 20. Jahrhundert vgl. Dieter Gosewinkel, Schutz und Freiheit? Staatsbürgerschaft in Europa im 20. und 21. Jahrhundert, Berlin 2016

im antisemitischen Diskurs aber verbreitet, der gerne auf Benjamin Disraeli (1804–1881) verwies, einen britischen Premierminister jüdischer Abstammung, bei dem sich kolonialer Imperialismus mit rassistischen Überzeugungen von der Überlegenheit der »weißen Rasse«[19] verbanden. Auch jüdische Historiker der Rasseidee, so auch Hannah Arendt,[20] schrieben Disraeli eine historische Pionierrolle zu. Grundsätzlich war eine strikt »biologistische« Festschreibung von »Rasse« auch im antisemitischen Rassediskurs nicht möglich. Selbst der NS-Vordenker und Biologe H. St. Chamberlain betrachtete »Rasse« nicht als sicheres Herkunftsmerkmal, sondern als utopisches Züchtungsprojekt.[21] Auch für die moderne Genetik ist die Normierung der Spezies im fließenden Genpool eine elastische Aufgabe. Mit Heidegger ließe sich sagen: »Auch die Medizin ist eine ›speculative‹ Wissenschaft.« (GA 16, 150) Heidegger greift die nationalsozialistische Rassesemantik also nicht einfach auf und spricht etwa im Sinne der Nürnberger Gesetze vom Judentum, sondern er schlägt eine sachlich sehr undifferenzierte Brücke vom Judentum zum Nationalsozialismus, wie sie sich im antisemitischen Diskurs auch findet.

Solche Identifizierungen kennzeichnen auch andere Äußerungen über Judentum. Nur eine zentrale Stelle will ich hier – erneut[22] – näher betrachten. Es ist die vielleicht strittigste schwarze Stelle in der öffentlichen Kontroverse. Sie lautet:

»Der Anti-christ muss wie jedes Anti- aus dem selben Wesensgrund stammen wie das, wogegen es anti- ist – also wie der ›Christ‹. Dieser stammt aus der Judenschaft. Diese ist im Zeitraum des christlichen Abendlandes, d. h. der Metaphysik, das Prinzip der Zerstörung. […] Wenn erst das wesenhaft ›Jüdische‹ im metaphysischen Sinne gegen das Jüdische kämpft, ist der Höhepunkt der Selbstvernichtung in der Geschichte erreicht; gesetzt, dass das ›Jüdische‹ überall die Herrschaft vollständig an sich gerissen hat, so dass auch die Bekämpfung ›des Jüdischen‹ und sie zuvörderst in die Botmäßigkeit zu ihm gelangt.« (GA 97, 20)

Heidegger schlägt hier erneut eine Brücke zwischen Judentum und Nationalsozialismus. Namentlich meint er die biologistische Auffassung des Volkes. Buchstäblich schließt er sich dabei an den christ-

---

[19] Dazu Edgar Feuchtwanger, Disraeli. Eine politische Biographie, Berlin 2012
[20] Hannah Arendt, Elemente und Ursprünge totaler Herrschaft, Frankfurt 1955, 155
[21] Dazu eingehend Udo Bermbach, Houston Stewart Chamberlain. Wagners Schwiegersohn – Hitlers Vordenker, Stuttgart 2015
[22] Ebenso Verf., Heideggers ›große Politik‹, 206 ff.

lichen Antijudaismus an. Der Antichrist-Diskurs im Nationalsozialismus ist hier nicht zu rekonstruieren.[23] Für die Chefetagen der Nazis war das Antichrist-Motiv eigentlich mehr propagandistisch als ideologisch interessant. Hitler oder Himmler waren erklärte Antichristen, die nur strategische Rücksicht auf die Kirchen nahmen. Heidegger verlegt sich ebenfalls aus dem christlichen Diskurs heraus direkt auf den Antijudaismus: Das »Prinzip der Zerstörung« sei nicht vom Christentum, sondern vom Judentum her zu verstehen. Heidegger sagt ungebräuchlich: »Judenschaft«, und scheint hier seine »Machenschaft« zu assoziieren. Irritierend ist auch seine Eingrenzung der Metaphysik auf den »Zeitraum des christlichen Abendlandes«. Monotheismus- und Metaphysikkritik werden hier miteinander verknüpft. Die Rede vom »christlichen Abendland«, von der Konservativen Revolution propagiert, ist eine katholische Formel und meint dann die Allianz von Philosophie und Theologie seit der spätantiken patristischen Formierung des Dogmas.

Entscheidend ist aber die systematische Verschiebung des Antisemitismus auf die Metaphysikkritik. Heidegger benennt das historische Judentum zwar als »Prinzip der Zerstörung«, abstrahiert »das Jüdische«, den Impuls der Zerstörung, dann aber vom Judentum und überträgt ihn als allgemeines Merkmal der Metaphysik oder metaphysischen »Machenschaft« auch auf den Nationalsozialismus. Er abstrahiert ein adjektivisches Attribut und nominalisiert es als allgemeines Merkmal: »das Jüdische«. »Das Jüdische« ist kein exklusives Merkmal des Judentums, sondern ein generelles Kennzeichen der metaphysischen »Verwüstung« der Erde. Namentlich charakterisiert es die nationalsozialistische Destruktivität, die sich auch und gerade in der biologistischen Auffassung des »Volkes« und resultierenden Rassepolitik zeigte. Heideggers polemisches Notat richtet sich damit – in den 40er Jahren – nicht nur gegen das Judentum, sondern auch und gerade gegen den Nationalsozialismus. Heidegger löst dabei die antisemitische Figur des Antichristen von personalen Identifikationen mit Juden ab, wie sie Schmitts geradezu paranoische Identifikation von jüdischen Urhebern und »jüdischem Geist« kennzeichnete, und gelangt zu anderen uferlosen Identifikationen. Eine generelle Gleichsetzung der metaphysischen »Verwüstung« mit »dem Jüdischen« ist dann möglich. Der allgemeine Rahmen der Gleichsetzung

---

[23] Zur Geschichte etwa Mariano Delgado / Volker Leppin (Hrsg.), Der Antichrist. Historische und systematische Zugänge, Stuttgart 2011

ist klar: Es ist die große Narration der »Seinsgeschichte«, die Zuschreibung aller abendländischen »Verwüstungen« an Monotheismus und Metaphysik. Anfang und Ende werden hier mit Judentum und Nationalsozialismus kurzgeschlossen: von Moses zu Hitler. Strikt trennt Heidegger immer wieder zwischen metaphysischer »Verwüstung« und realhistorischer »Zerstörung«. Die metaphysische »Verwüstung« betrachtet er dabei als vorgängig: Sie stiftet das »Wesen« der »Zerstörung«. Ohne Verwüstung keine Zerstörung!

Zusammenfassend ist also zu sagen: In den *Schwarzen Heften* ergänzt Heidegger seine Metaphysikkritik um eine Monotheismuskritik. Wie bei Nietzsche wird damit das Judentum als historischer Anfang des Monotheismus thematisch. Heidegger betont die historische Priorität des Judentums, ohne eine differenzierte Ursprungsgeschichte von Monotheismus und Metaphysik ernstlich zu beabsichtigen. Historisch fällt er schon hinter Nietzsche zurück. Eine differenzierte Geschichte des reinen oder »anderen Anfangs« jenseits von Monotheismus und Christentum hat er nie geschrieben. Ich glaube auch nicht, dass er je ernsthaft darüber nachdachte, was ein Rückgang hinter die »mosaische Unterscheidung« (Jan Assmann) für das »Abendland« bedeutete. Hier ist nur festzuhalten, dass auch die zitierte inkriminierte Stelle, so ärgerlich sie in ihrer verdichteten Polemik auch ist, sich nicht zuletzt gegen den Nationalsozialismus richtet. Heidegger greift den zeitgenössischen Antisemitismusdiskurs auf, um ihn in seine Metaphysikkritik zu wenden. Was er primär kritisiert, ist die Metaphysik. In zweiter Linie kritisiert er den Nationalsozialismus, wobei seine Betonungen der nationalsozialistischen Destruktivität nicht sonderlich konkret sind und die aktuellen Hintergründe als Kontextwissen pragmatisch voraussetzen.

Diese Feststellung bezieht sich nur auf das erörterte Beispiel. Eine breitere Entwicklungsgeschichte von Heideggers Antisemitismus könnte etwa folgende Schritte zeigen: Vor 1933 äußerte sich Heidegger innerhalb der Familie relativ unbefangen antisemitisch; 1933 wurde seine Haltung auch mit der Verpflichtung des Rektors zur Durchsetzung der antisemitischen Diskriminierungspolitik aber ambivalent: Heidegger setzte die Diskriminierungen als Rektor, mit individuellen Unterscheidungen, zwar teils zurückhaltend und teils forciert durch, hielt sich aber in seinen verbalen Äußerungen öffentlich zurück. Mit dem Kriegsgeschehen radikalisierte er sich. Dabei folgte er aber weitgehend unkritisch der nationalsozialistischen Propaganda. Die Reedukationspolitik nach 1945 und Remigration jüdischer Philosophen nach Deutschland betrachtete er dann erneut antisemitisch.

7.   Retourkutschenlogik

Wenn Heidegger den nationalsozialistischen Antisemitismus gelegentlich polemisch umdeutete und gegen die Nationalsozialisten wendete, ist das keine abgeklärte akademische Auseinandersetzung und Distanznahme. Solche polemische Retourkutschen und »Kehren« finden sich mit verschiedenen Begründungskonzepten damals häufiger. Schmitt meinte: Der Feind ist die »eigne Frage als Gestalt«:[24] Im Kampf des Anerkennens sind Freundschaft und Feindschaft enharmonisch verschwistert und fallen zusammen. Neben solchen identitätstheoretischen Gründen für die Retourkutschenrhetorik finden sich etwa auch psychodynamische Konzepte der »Spaltung« und »Projektion«. Solche Umkehrlogiken verlocken zu biographischen Spekulationen: Wagner, Hitler oder Heydrich werden dann jüdischen Vätern zugesprochen oder Hitler gilt als Bewunderer seines jüdischen Mitschülers Wittgenstein. Bei Otto Weininger liest man im Kapitel »Das Judentum«:

»Es handelt sich nicht um eine Rasse und nicht um ein Volk, noch weniger freilich um ein gesetzlich anerkanntes Bekenntnis. Man darf das Judentum nur für eine Geistesrichtung, für eine psychische Konstitution halten, welche für den Menschen eine Möglichkeit bildet, und im historischen Judentum bloß die grandioseste Verwirklichung gefunden hat. Dass dem so ist, wird durch nichts anderes bewiesen, als durch den Antisemiten. […] Im aggressiven Antisemiten wird man […] immer selbst gewisse jüdische Eigenschaften wahrnehmen«.[25]

Weininger unterscheidet den »Antisemitismus des Juden« vom »Antisemitismus des Ariers« und meint: »Aber auch Richard Wagner – der tiefste Antisemit – ist von einem Beisatz von Judentum, selbst in seiner Kunst, nicht freizusprechen.«[26] Solche biographisch-genealogische Spekulationen beerben das mythische Potential des Antichrist-Diskurses. Heideggers Formulierungen sind solchen zeitgenössischen

---

[24] Carl Schmitt, Ex Captivitate Salus. Erfahrungen der Zeit 1945/47, Köln 1950, 90

[25] Otto Weininger, Geschlecht und Charakter. Eine prinzipielle Untersuchung, 26. Aufl. Wien 1925, 402 f.

[26] Weininger, Geschlecht und Charakter, 404.

Topoi mehr oder weniger bewusst vielfach verpflichtet. So zitiert seine Rede von der »Selbstvernichtung« des Judentums Richard Wagners initialen Aufsatz *Das Judenthum in der Musik*, dort den Schlussabsatz der ersten Fassung von 1850. Wagner nennt Jesus hier als Beispiel der »Erlösung« aus der »Sonderstellung als Jude« zur postkonfessionellen Humanität des »wahrhaften Menschen« und appelliert an seine jüdische Leserschaft:

> »Nehmt rücksichtslos an diesem durch Selbstvernichtung wiedergebärenden Erlösungswerke teil, so sind wir einig und ununterschieden! Aber bedenkt, dass nur eines eure Erlösung von dem auf euch lastenden Fluch sein kann: die Erlösung Ahasvers, – der Untergang!«[27]

Diese mythisch verdunkelten Worte dürften neben Treitschkes Faustformel von 1879 – »Die Juden sind unser Unglück!« – zu den bekanntesten Schlagworten des modernen Antisemitismus gehören. Wagner vertritt 1850 noch ein vormärzlich-transkonfessionelles Humanitätskonzept; er geht über einen Aufruf zur Konversion und die Forderung nach Assimilation hinaus und spricht buchstäblich von einer künftigen – oder mit Nietzsche zu sprechen: übermenschlichen – Humanität als gemeinschaftlicher Aufgabe von Juden und Christen. Den pseudonymen Aufsatz von 1850 veröffentlichte Wagner dann 1869 stark erweitert und antisemitisch verschärft im eigenen Namen. Vor allem diese Fassung machte ihn zu einem zentralen Autor des modernen Antisemitismus.[28] Auch Nietzsches forsche Kritik des »europäischen Nihilismus«, mit ihrer starken Gleichsetzung von Judentum und Christentum, Monotheismus, Platonismus und Idealismus, hatte in der nachfolgenden Generation der »aktiven Nihilisten« verheerende Folgen. Die Faustformeln und Fronten gerieten dabei wild durcheinander. Jacob Klein beispielsweise schreibt im Juni 1934 an Leo Strauss:

---

[27] Richard Wagner, Das Judentum in der Musik (1850), in: ders., Gesammelte Schriften und Dichtungen, Bd. IV, 66–85; dazu vorzüglich Jens Malte Fischer, Richard Wagners ›Das Judentum in der Musik‹. Eine kritische Dokumentation als Beitrag zur Geschichte des Antisemitismus, Frankfurt 2000, dort das Zitat 173; vgl. Dieter Borchmeyer, Richard Wagner. Werk – Leben – Zeit, Stuttgart 2013, 160 ff. Die Fassung von 1850 endet mit dem zitierten Satz. Wagner radikalisierte seine Ausführungen durch Ergänzungen von 1869, die er in seinen Gesammelten Schriften (Bd. VIII, 238–260) allerdings dann getrennt publizierte und die geradezu einen Positions- und Bedeutungswandel von der vormärzlichen Humanitätsutopie zur rassistischen Auslegung brachten.

[28] Diesen Unterschied betont die Edition von Jens Malte Fischer.

»Der Nationalsozialismus hat überhaupt nur ein Fundament: eben den Antisemitismus. Alles andere ist überhaupt nicht nationalsozialistisch. [...]
Der Kampf ist darum entscheidend, weil er sich auf den vom Judentum
bestimmten Kampfplatz begibt: der Nationalsozialismus ist ›pervertiertes
Judentum‹, nichts anderes: Judentum ohne Gott, d. h. eine wahre contra-
dictio in adjecto.«[29]

Und Leo Strauss antwortet:

»Dass der Nationalsozialismus pervertiertes Judentum ist, würde ich zugeben. Aber nur in demselben Sinn, in dem ich es für die ganze moderne
Welt zugebe – der Nationalsozialismus ist nur das letzte Wort der ›Säkula-
risierung‹«.[30]

Das hätte Heidegger vielleicht unterschrieben. Carl Schmitt meinte
nach 1945 wiederholt: »Christentum ist Judentum fürs Volk.«[31] Bei
Nietzsche heißt es: »Im Christentum, als der Kunst, heilig zu lügen,
kommt das ganze Judenthum, eine mehrhundertjährige jüdische al-
lerernsthafteste Vorübung und Technik zur letzten Meisterschaft.
Der Christ, diese ultima ratio der Lüge, ist der Jude noch einmal«
(KSA VI, 219) Auch das hätte Heidegger vielleicht als metaphysische
Perspektive bestätigt. Das Abstraktionsniveau solcher Sätze ist allzu
luftig. Wichtig ist hier aber vor allem, den Wildwuchs solcher steiler
Thesen von nüchternen historischen Analysen zu unterscheiden. Das
hat schon Heidegger oft nicht getan und auch die jüngste Kontroverse
folgt hier in manchen Äußerungen dem Jargon. Natürlich gehört
Heidegger in die Geschichte des deutschen Antisemitismus. Weit
ausführlicher und klarer als gegen das Judentum polemisierte er aber
gegen Christentum und Katholizismus. Der negative Zeitgeistsurfer
und Polemiker griff nationalsozialistische Phrasen auf, um sie »seins-
geschichtlich« zu transformieren. Heideggers Generalaussage betonte dabei den Primat der philosophischen »Verwüstung« vor der gegenwärtigen »Zerstörung«. Seine »große Politik« lag im Projekt der
semantischen Revolution der Gesamtausgabe. Im Rahmen dieses Ge-
samtprojekts und dieses Politikbegriffs sind seine schwarzen Stellen
zu diskutieren.

---

[29] Klein am 19./20. Juni 1934 an Strauss, in: Leo Strauss, Gesammelte Schriften,
Stuttgart 2001, Bd. III, 512 f.
[30] Strauss am 23. Juni 1934 an Klein, in: ders., Gesammelte Schriften Bd. III, 516 f.
[31] Carl Schmitt, Glossarium. Aufzeichnungen aus den Jahren 1947 bis 1958, hrsg.
Gerd Giesler / Martin Tielke, Berlin 2015, 353, vgl. 253, 269

VIII. Der »konkrete Feind« und der Übermensch: Judentum und Antisemitismus bei Schmitt, Jünger und Heidegger

1. Eingangsthese

Bei der Diskussion des Verhältnisses zum Nationalsozialismus und Antisemitismus kann Jünger auf den ersten Blick gegen Heidegger und Schmitt nur gewinnen. Es ist aber, näher betrachtet, gar nicht selbstverständlich, dass man den passionierten Soldaten und Zerstörer Weimars den Apologeten Hitlers vorzieht. Legt man das Jahr 1933 als Scheidedatum an, so sollte über Jüngers Haltung seit 1933 jedenfalls sein militanter Nationalismus vor 1933 nicht übersehen werden.

Als autoritäre »Dezisionisten« und rechtsintellektuelle Repräsentanten des »antidemokratischen Denkens« (Kurt Sontheimer) wurden Schmitt, Jünger und Heidegger häufig in einen Topf geworfen: früh und wirkmächtig etwa in der prägnanten Dissertation von Christian von Krockow.[1] Die Zusammenstellung hat aber einen historischen Ort. Als Referenztitel gilt eine frühe, 1935 pseudonym erschienene Abhandlung von Karl Löwith. Dabei wird meist zwischen der Fassung von 1935 und der späteren Publikation von 1960 nicht unterschieden: Die erste beschränkte sich auf eine Auseinandersetzung mit Carl Schmitt; erst die Fassung von 1960 erweiterte die Kritik um Heidegger und Gogarten. Löwith betrachtete seine Ergänzung als Antwort auf Krockow; er monierte, dass in dessen »soziologischer Untersuchung« der »theologische Dezisionismus nicht berücksichtigt wird«.[2] Jünger fehlte hier also nicht zufällig: Löwith setzte »Theologie« gegen »Ästhetizismus«. Krockow konstruierte dagegen einen

---

[1] Christian von Krockow, Die Entscheidung. Eine Untersuchung über E. Jünger, C. Schmitt, M. Heidegger, Stuttgart 1958
[2] Karl Löwith, Der Okkasionelle Dezisionismus von C. Schmitt, in: ders., Gesammelte Abhandlungen. Zur Kritik der geschichtlichen Existenz, Stuttgart 1960, 93–126, hier: 118 Fn.; Erstfassung: Politischer Dezisionismus, in: Internationale Zeitschrift für Theorie des Rechts 9 (1935), 101–123; es ist auffällig, dass die Fassung von 1935 im Titel keinen Namen nennt, während die Fassung von 1960 nur Schmitt nennt, wo

Konnex zwischen Ästhetizismus oder »ästhetischem Fundamentalismus« (Stefan Breuer) und politischem Radikalismus. Ein solcher Konnex findet sich etwa bei Thomas Mann[3] und später bei Karl-Heinz Bohrer;[4] Löwith verweist dagegen erneut auf »theologische« Ursprünge und Wurzeln und auf die Aufgabe einer scharfen Religionskritik und »Kritik der christlichen Überlieferung«.

Sondiert man die ältere Literatur, so wird man überall recht verschiedene Gruppierungen finden. Ein Zufallsfund von 1946 sei hier zitiert, der sich auf eine ältere Studie von Herbert Marcuse bezieht und Verwandtschaften auf Hegel zurückführt: Der Breslauer Neukantianer Siegfried Marck, der Thomas Mann als Orientierungsposten des Neuhumanismus in die Debatte geworfen hatte,[5] schrieb in einem Leserbrief im *Aufbau*, der Zeitung der deutsch-jüdischen Emigration in den USA:

Zum Fall Heidegger
Walter Mehring hat recht, dass die neue »Existentialismus-Mode« mit Misstrauen aufgenommen werden muss; diese gründet sich auf das Wissen um den nicht zufälligen Weg Kierkegaard – Gogarten – E. Griesebach – Heidegger und sogar C. Schmitt. Andererseits begeht Mehring faktische Irrtümer. Heidegger war, soviel ich weiss, nie in Heidelberg, sondern in Freiburg und ist, wie ich höre psychisch erkrankt: der Kollaps hat sich wohl lange vorbereitet. Und ferner soll man nicht despektierlich von Hegel sprechen – trotz allem nicht! C. Schmitt sah gar nicht falsch, dass Hegel in Deutschland definitiv am 30. Januar 33 starb. Und H. Marcuse hat noch 1942 eine interessante Studie über den »linken« Hegel (Reason and Revolution) veröffentlicht.
S. Marck (Chicago)[6]

Schon früh gab es also interessierte Auseinandersetzungen um die Konstellationen und Traditionslinien. Es war umstritten, wer und was für »Existentialismus« und Nationalsozialismus verantwortlich gemacht wurde. Eine Einbeziehung Ernst Jüngers wurde dabei wahrscheinlich erst Ende der 50er Jahre einigermaßen plausibel. Die »theo-

---

auch Heidegger und Gogarten behandelt werden. Wahrscheinlich hatte Löwith seine Kritik schon 1935 exemplarisch gemeint und Heidegger implizit kritisiert.
[3] Thomas Mann, Nietzsches Philosophie im Licht unserer Erfahrung, Stockholm 1947
[4] Karl-Heinz Bohrer, Die Ästhetik des Schreckens. Die pessimistische Romantik und Ernst Jüngers Frühwerk, München 1978
[5] Siegfried Marck, Der Neuhumanismus als politische Philosophie, Zürich 1938
[6] Siegfried Marck, Leserbrief, in: Der Aufbau 12 (1946), Nr. 13 v. 29. März 1946, S. 19; der Zufallsfund wurde mir durch Rolf Rieß bekannt.

logischen« Herleitungen erschienen vorerst ausgereizt und erschöpft und Jünger war nun erst als Schriftsteller einigermaßen im Kanon der »Klassiker« angekommen, die sich auf schwarze Listen setzen lassen und die also beachtlich sind. Heidegger und Schmitt wurden dagegen schon vor 1933 in einer gemeinsamen Front gesehen. Wichtig wurde dabei die philosophische Rezeption von Schmitts Programmschrift *Der Begriff des Politischen*, die jüdische Heidegger-Schüler (H. Kuhn, H. Marcuse, K. Löwith) entwickelten, um die politischen Implikationen von Heideggers Philosophie mit Schmitt zu erhellen. Man kann hier von einer »Komplementaritätsthese« sprechen:[7] Schmitt schrieb demnach den politischen Klartext zu Heidegger.

Solche Gruppierungen und Frontbildungen lassen sich heute in ihrer Vielfalt und ihren selektiven Motiven historisch betrachten. Starke hermeneutische Konstruktionen von Gemeinsamkeiten scheitern dabei an historischen Differenzierungen und Individualisierungen: Schmitt, Heidegger und Jünger vertraten zu bestimmten Zeiten oft sehr unterschiedliche Positionen. Auch die persönlichen Beziehungen waren divers. Heute ist biographisch bekannt:[8] Schmitt und Jünger waren seit 1930 lebenslang, mit Trennungsphasen, spannungsvoll befreundet. Jünger hatte dagegen mit Heidegger erst seit 1948 losen und geschäftlichen, d. h. publizistisch interessierten Kontakt. Wenige persönliche Berührungen zwischen Schmitt und Heidegger waren ganz peripher und antipathisch. Es gab aber zahlreiche gemeinsame Bekannte, Satelliten und Trabanten.

Jünger betrieb die Vernetzungen absichtsvoll. Schon sein berühmter Brief vom 14. Oktober 1930 nach Lektüre des – zuerst 1927 erschienenen – *Begriffs des Politischen* schließt: »Was mich betrifft, so fühle ich mich durch diese substanzielle Mahlzeit recht gestärkt. Ich gedenke Ihnen einige jener Leser zuzuführen, die heute ebenso selten wie Bücher sind.«[9] Jünger dankte dann umgehend für die Be-

---

[7] Dazu eingehend Verf., Formalismus, Dezisionismus, Nihilismus: Jüdische Heidegger-Schüler als Schmitt-Kritiker, in: ders., Heideggers ›große Politik‹. Die semantische Revolution der Gesamtausgabe, Tübingen 2016, 93–117
[8] Übersicht über die Beziehungsgeschichte Verf., Don Capisco und sein Soldat. Carl Schmitt und Ernst Jünger, in: ders., Kriegstechniker des Begriffs. Biographische Studien zu Carl Schmitt, Tübingen 2014, 153–172; zur hier vertretenen Sicht auch ders., Carl Schmitt. Aufstieg und Fall. Eine Biographie, München 2009; Carl Schmitt: Denker im Widerspruch. Werk – Wirkung – Aktualität, Freiburg 2017
[9] Ernst Jünger / Carl Schmitt, Briefwechsel 1930–1983, hrsg. Helmuth Kiesel, Stuttgart 1999, 7

kanntschaft mit Albrecht Erich Günther aus den Hamburger Kreisen um Wilhelm Stapel und das *Deutsche Volkstum*. In den nächsten Berliner Jahren lernten Jünger und Schmitt so ziemlich ihren gesamten Bekanntenkreis wechselseitig kennen. So begegnete Schmitt über Jünger Ernst Niekisch und machte Ernst Rudolf Huber mit Jünger bekannt. Auch in späteren Jahren ergaben sich neue Vernetzungen. Zu nennen sind etwa Herbert Gremmels, Günther Nebel oder Armin Mohler.

Die enge Beziehung zwischen Schmitt und Jünger ist in eine familiäre Gesamtkonstellation verwoben: 1934 wurde Schmitt der Namenspatron und Patenonkel von Carl Alexander Jünger. Ernst Jünger suchte damit vermutlich einige politische und persönliche Differenzen zu überbrücken und dachte dabei evtl. auch an eine mögliche Protektion des preußischen »Staatsrats« Schmitt, der seinerseits als Staatsrat, wie alle Staatsräte, eine schriftliche Protektionserklärung von Hermann Göring vorweisen konnte. Die Beziehung zwischen Jünger und Schmitt ist also in eine familiäre Bindung gehoben. Auch die Frauen verkehrten privat miteinander und auch Carl Alexander Jünger pflegte eine familiär erwünschte Korrespondenz mit Schmitt. Der Ernstfall der Patenschaft trat bei Carl Alexander zwar nicht ein; Duschka Schmitt aber verstarb im Dezember 1950 früh, als die einzige Tochter Anima gerade 19 Jahre alt war; die Patenschaft wurde also für Anima relevant, die in den 50er Jahren denn wiederholt im Hause Jünger verkehrte. Die persönliche Basis der Beziehungen zwischen Schmitt und Jünger war also gänzlich anders als die eher marginalen Kontakte zu Heidegger. Bei den publizistischen Foren gab es dagegen nur wenige Berührungen. Schmitt schrieb als Jurist meist in anderen Organen und Verlagen. Armin Mohler vernetzte die rechtsintellektuellen Meisterdenker 1955 dann in der Jünger-Festschrift *Freundschaftliche Begegnungen* miteinander und pries Schmitt dabei als »dialogischen« Partner[10] gegenüber Jünger, zu einem Zeitpunkt, als Schmitts Freundschaft mit Jünger fast gänzlich zerbrochen war.

Vergleicht man die biographischen Prägungen, so war Jünger seiner Herkunft nach urbaner, protestantisch und bürgerlich sozialisiert. Schmitt und Heidegger stammten dagegen aus katholischen und mehr kleinstädtischem und kleinbürgerlichem Milieu. Heidegger war dabei, anders als Schmitt, als Meßkircher Mesmerskind klerikal

---

[10] Dazu vgl. Armin Mohler, Begegnungen bei Ernst Jünger. Fragmente einer Ortung, in: Freundschaftliche Begegnungen. FS Ernst Jünger, Frankfurt 1955, 181–195

geprägt und verdankte seine Schul- und Studienlaufbahn sowie ersten akademischen Förderungen kirchlichen Kreisen. Sein starkes Ressentiment richtete sich deshalb auch und vor allem gegen Katholizismus und Christentum, wie Hugo Ott[11] es 1988 schon in seiner bahnbrechenden Biographie richtig sah. Heidegger verpönte die Großstadt und namentlich Berlin, das er als Soldat vor 1918 kennengelernt hatte und geradezu als Hure Babylon verfluchte. Zwei Mal, 1930 und 1933, lehnte er Berufungen an die Berliner Universität ab. Jünger und Schmitt liebten dagegen die Großstadt und das Leben als Bohèmien. Jüngers »Nationalismus ist ein großstädtisches Gefühl« (PP 234). Alle drei freibeuterten gerne in der Damenwelt und suchten erotische Abenteuer und Affären. Schmitt verkehrte dabei auch auf dem Straßenstrich, Heidegger hingegen hatte diverse Liebschaften, was von Schmitt nicht bekannt ist.

Was den Umgang und die Freundschaft mit Juden angeht, so hatte der schärfste Antisemit zweifellos die meisten und engsten jüdischen Bekanntschaften und Freunde. Enge jüdische Freunde Jüngers sind nicht bekannt. Heidegger hatte zwar einige jüdische Schüler und wenigstens eine intensive Liebesbeziehung mit einer Jüdin, die sich dezidiert auch als Jüdin verstand: Hannah Arendt; ich möchte aber behaupten, dass Heidegger keine Freundschaft mit Juden suchte und Arendt nicht als Jüdin liebte. Beim glühenden Antisemiten ist das anders. Intensive Liebschaften mit Jüdinnen sind von Schmitt zwar nicht bekannt; zweifellos suchte er aber seit seiner Studienzeit intensive Bekanntschaft und Freundschaft mit jüdischen Intellektuellen. Zu nennen sind hier außer den Studienfreunden Eisler und Rosenbaum etwa Moritz Bonn, Ludwig Feuchtwanger, Gottfried Salomon, Edgar Salin, Ernst Landsberg, Erich Kaufmann, Waldemar Gurian, Otto Kirchheimer, Hans Blumenberg, Jacob Taubes und mancher andere.[12] Dabei kommt es schon 1912 zu einer Art Spaltung zwischen »guten« und »schlechten« Juden: Schmitt war seit frühen

---

[11] Hugo Ott, Martin Heidegger. Unterwegs zu seiner Biographie, Frankfurt 1988
[12] Dazu etwa die Korrespondenzeditionen: Carl Schmitt-Ludwig Feuchtwanger. Briefwechsel 1918–1935, hrsg. Rolf Rieß, Berlin 2007; Jacob Taubes-Carl Schmitt. Briefwechsel mit Materialien, hrsg. Herbert Kopp-Oberstebrink, München 2012; Verf., Carl Schmitt im Gespräch mit Philosophen. Korrespondenzen bis 1933 mit Pichler, Spranger, Baeumler, Dempf, Landsberg, Litt, Strauss, Kuhn, Heidegger, Voegelin, in: Schmittiana N.F. 2 (2014), 119–199; Carl Schmitt in der Korrespondenz mit Nationalökonomen und Soziologen I: Rosenbaum, Singer, Salin, Lederer, Salomon, Tönnies, in: Schmittiana 3 N.F. (2016), 23–118

Studientagen mit Fritz Eisler intensiv befreundet; nachdem Fritz in den ersten Kriegswochen vor Verdun gefallen war, wurde dessen Bruder Georg Eisler dann bis 1933 Schmitts engster Freund.[13] 1912 finden sich in den Tagebüchern aber auch bereits scharfe negative Affekte, und Schmitt bricht die Beziehung zum Studienfreund Eduard Rosenbaum damals mit antisemitischen Schmähungen ab. In Weimar steht er bis 1933 dann aber mit Rosenbaum erneut in näherer Verbindung.

Lebenslang blieb sein Verhältnis zum Judentum von Ambivalenzen geprägt. Etwa seit Mitte der 20er Jahre triumphierte dabei der antisemitische Affekt über den ausgeprägten Philosemitismus. Schmitt interessierte sich aber weiter vor allem für jüdische Intellektuelle; er betrachtete sie in seinem Freund-Feind-Denken nicht nur als die einzig kongenialen Feinde, sondern eben deshalb auch als einzig mögliche Freunde. Jünger ist hier eine Ausnahme. Nur dem scharfen Blick des politisch-theologischen Feindes traute Schmitt eigentlich zu, sein »Arcanum« zu erkennen. Formelhaft meinte er: Der Feind ist die »eigne Frage als Gestalt«. 1955 hoffte er auf Alexandre Kojève, der »Hegels Gott-Nahme« begriffen habe:

»Wer kann diese Erkenntnis der Gott-Nahme heute verstehen? Keiner unserer heutigen Staats- und Gesellschafts-Christen. Kein zölibatärer Bürokrat – der wird nur bösartig, wenn er davon hört – und kein Pharisäer. Ich muss also wohl auf einen Juden warten.«[14]

Anders als für Jünger und Heidegger war das konfessionelle Verhältnis zum Judentum für Schmitt also identitätspolitisch bestimmend. Im Rahmen seiner »Politischen Theologie« betrachtete er das Judentum als konstitutives Alter Ego. Anders als Jünger und Heidegger fragte er stets nach dem aktualen und »konkreten« Freund und Feind. Schmitt war kein Nietzscheaner: Der künftige Übermensch interessierte ihn nicht; er dachte als radikaler Anti-Utopist in der Gegenwart und für die Mitwelt. Jünger und Heidegger dagegen distanzierten sich als Nietzscheaner von den konfessionellen Herkunftsidentitäten und arbeiteten mit ihrem literarischen Werk am Übermenschen: an der Elite des »neuen Nationalismus« oder am Heideggerianer als künftigen Menschen. Schmitt definierte die Feindschaften von der

---

[13] Dazu vgl. Verf., Die Hamburger Verlegerfamilie Eisler und Carl Schmitt, Plettenberg 2009
[14] Schmitt, Glossarium, 2015, 313.

konfessionellen Herkunft her; Jünger und Heidegger argumentierten dagegen mit möglicher Zukunft.

2. Divergierende Prägungen und Konzeptionen

Antisemitismus ist das Interpretament eines xenophoben Affekts. Menschen werden als heterogene Andere und Fremde wahrgenommen und negativ stigmatisiert. Juden waren um 1900 die einzige größere nationale Minderheit im deutschen Reich, nachdem die konfessionellen Gegensätze zwischen Katholiken und Protestanten nach 1648 einigermaßen entpolitisiert und neutralisiert waren.[15] Man sollte vielleicht genauer sagen: Das assimilierte deutsche Judentum war die einzige größere nationale Minderheit im öffentlichen Raum, die gesellschaftliche Machtpositionen errang. Das wilhelminische Deutschland kannte ja noch andere Minderheiten und Bevölkerungsbewegungen, etwa Polen in Ostelbien und im expandierenden Ruhrgebiet. Der Zuzug von »Ostjuden«,[16] vor allem nach Berlin, wurde dabei auch von den assimilierten und arrivierten Juden in Deutschland als Herausforderung betrachtet, denen der Aufstieg vom Paria zum Parvenü, in Kategorien Arendts zu sprechen, gelungen war. Schmitt, Jünger und Heidegger stammten alle drei aus »Westelbien«, verglichen mit dem multiethnischen Ostpreußen also aus deutschen »Kernlanden«, die sich vor allem nach Westen gegen Frankreich abgrenzten. Der moderne deutsche Antisemitismus verschärfte sich im Wilhelminismus unter dem Druck der Nationalstaatsparole, was nach 1914 verstärkt auch zur Gegenbewegung einer jüdischen »Renaissance« gerade bei den jüdischen Intellektuellen führte, die in Weimar an die Universität kamen. Die föderalen und regionalen Identitäten traten im Nationalisierungsdruck des späten Wilhelminismus und den imperialen Konkurrenzen dabei schon vor 1914 deutlich zurück. Der junge Nationalstaat träumte einen Homogenisierungstraum. Die Regionalismen nationalisierten sich und profilierten sich in xenophoben Abgrenzungen.

Schmitt, Heidegger und Jünger gelten heute als Vertreter des

---

[15] Dazu Dieter Gosewinkel, Schutz und Freiheit? Staatsbürgerschaft in Europa im 20. und 21. Jahrhundert, Berlin 2016
[16] Dazu etwa Anne-Christin Saß, Berliner Luftmenschen. Osteuropäisch-jüdische Migranten in der Weimarer Republik, Göttingen 2012

»neuen Nationalismus« der Konservativen Revolution. Sie waren alle drei noch im Wilhelminismus sozialisiert und gehörten auf den ersten Blick derselben Generation an. Schmitt wurde 1888 geboren, Heidegger – Jahrgang Hitler – 1889 und Jünger 1895. Der Altersabstand bedeutete aber immerhin, dass Schmitt und Heidegger vor Kriegsausbruch bereits promoviert waren – Schmitt 1910 und Heidegger 1913 – und sich während des Krieges habilitierten und auch heirateten. Anders als Jünger waren sie bereits vor 1918 einigermaßen etabliert. Während Jünger nach seinen »afrikanischen Spielen« Frontsoldat und Stoßtruppführer wurde, dienten Schmitt und Heidegger beide als Soldaten mehr in der Etappe. Der Wehrdienst zerstörte ihre akademische Karriere nicht, sondern beförderte sie eher. Als »Volljurist« arbeitete Schmitt bis zum Sommer 1919 im Münchner Generalkommando in der Heeresverwaltung, während Heidegger es gegen Kriegsende noch bis zur Wetterwarte vor Verdun brachte, was er als Frontinitiation gelegentlich später betonte. Jünger war auch deshalb nur Frontsoldat, weil er einige Jahre jünger als Schmitt und Heidegger war und sich keine alternative Stellung anbot. Nach Kriegsende drohte er in die Perspektivlosigkeit der entwurzelten Freikorpskämpfer zu fallen und blieb bis 1923 als Berufssoldat in der Armee. Sein Studium brach er später ab und hatte also jenseits des Kriegshandwerks keine Berufsausbildung vorzuweisen. Von dieser Kriegsgeneration, den Jüngern des Krieges, unterschied Arendt noch den wenige Jahre jüngeren Bert Brecht, den sie einer »verlorenen Generation« zurechnete. Historiker unterscheiden heute davon gerne noch die »Generation des Unbedingten«,[17] der knapp nach 1900 Geborenen, die den Ersten Weltkrieg verpasst hatten und in nachholender Revolution dann oft aktivistische Träger des Nationalsozialismus wurden.

Für die wechselvollen prägenden Jahre bis 1918 lassen sich also verschiedene Typen und »Generationen« unterscheiden: eine Generation Heidegger/Hitler (1889), Generation Jünger (1895), Generation Brecht (1898) und etwa eine Generation Ernst Rudolf Huber (1903), um einen Meisterschüler Schmitts zu nennen. Zur Jünger-Generation schreibt Arendt im Brecht-Essay erstaunlich konziliant: »Die Besten weigerten sich, das zu verraten, was unbestreitbar ihr Leben gewesen war, und beschlossen sich zu verlieren, wie es am ein-

---

[17] Michael Wildt, Generation des Unbedingten. Das Führungskorps des Reichssicherheitshauptamtes, Hamburg 2002

drucksvollsten Lawrence von Arabien getan hat.«[18] Wir trennen
heute selten zwischen dem moralischen und dem politischen Urteil
und vertreten – nach Klaus Theweleit[19] – eine Pauschalverdammung
der kriegsgezeichneten Freikorpstypen, für die Schlageter prototypisch steht. Wehrmacht und Dichterruhm schützten Jünger nach
1918 vor diesem Schlageterschicksal. Seine Vision von der neuen Elite der »Arbeiter« war aber von der strategischen Idealisierung der
soldatischen Lebensform und Mobilisierung dieses Anti-Versailles-
Nationalismus geprägt.

Bei der Stellung zum Judentum ist nun zwischen persönlichen
Affekten und Haltungen und konzeptionellen oder auch ideologischen Interpretamenten zu unterscheiden. Die persönlichen Aspekte
– etwa Schmitts Beziehung zu Eisler, Heideggers zu Arendt oder
Jüngers zu Valeriu Marcu – seien hier dahingestellt. Auch die nach-
träglichen Interpretationen des nationalsozialistischen Antisemitismus und des Holocaust werden im Folgenden nicht erörtert. Hier
interessiert lediglich die Frage, ob Judentum und Antisemitismus für
die Theoriebildung und Feindidentifikationen der genannten Autoren
von zentraler Bedeutung waren. Dabei wurde bereits angedeutet, dass
unsere Autoren differierende Prägungen und Zugänge zu den politischen Kategorien von Staat, Nation und Volk hatten. Nur auf den
ersten Blick sind alle drei pauschal dem »neuen Nationalismus« zu-
rechenbar, den Jünger vor 1933 offensiv propagierte.

3. Carl Schmitts Antisemitismus

Schmitts »Politische Theologie«[20] fragt im Horizont von Bürgerkrieg
und Ausnahmezustand nach dem Subjekt des Politischen und der
Souveränität. Dabei geht sie von der zeitgenössischen Erfahrung der
Erschütterung des staatlichen Politikmonopols aus, von einer Span-
nung von Staat und Nation, und entkoppelt den Begriff des Politi-

---

[18] Hannah Arendt, Bertolt Brecht, in: dies., Menschen in finsteren Zeiten, München
1989, 243–289, hier: 255
[19] Klaus Theweleit, Männerphantasien. Männerkörper. Zur Psychoanalyse des weißen Terrors, Frankfurt 1978; zur Freikorpsliteratur jetzt eingehend auch Helmuth
Kiesel, Geschichte der deutschsprachigen Literatur 1918 bis 1933, München 2017
[20] Carl Schmitt, Politische Theologie. Vier Kapitel zur Lehre von der Souveränität,
München 1922

schen vom Staatsbegriff.[21] Weimar ist nicht unstrittig souverän: Das staatliche Gewaltmonopol ist in den Krisenlagen Weimars nicht mehr unbestritten und neue politische Akteure und Bewegungen treten auf. Der säkulare Verfassungsstaat antwortet zwar mit Strategien der Neutralisierung und Entpolitisierung von Konflikten. Nach Schmitts Begriff des Politischen sind solche Strategien aber zum Scheitern verurteilt. Schmitt begab sich deshalb in Weimar auf die Suche nach neuen politischen Akteuren, die als politische Elite neue Formen von Staatlichkeit tragen könnten. Die möglichen Subjekte identifizierte er auch »geistesgeschichtlich« in ihren soziomoralischen Voraussetzungen. Als mögliche neue Autorität und Elite bejahte er dabei 1922/23 zunächst die »Gegenrevolution«, die das Staatsmodell der caesaristischen Diktatur propagierte. Jenseits des innenpolitisch konkreten Feindes der Kräfte von Revolution und Anarchie betonte er schon in frühen völkerrechtlichen Schriften[22] dabei die katalytische Verantwortung der Siegermächte von »Versailles«, die dem »Unrecht der Fremdherrschaft«, wie Schmitt sagt, den »Betrug der Anonymität« hinzufügten: die Verschleierung der Fremdherrschaft durch verfassungsstaatliche Fassaden. Schmitt betrachtete Weimar und Genf als Mittel alliierter Fremdherrschaft. Die USA betrachtete und bekämpfte er dabei schon vor 1933 als einen Virtuosen der indirekten Herrschaftstechniken des »modernen Imperialismus«.

Es ist hier nicht differenziert auszuführen, wie er nach 1933 Judentum und »jüdischen Geist« als Autor, Träger und Akteur der Fremdherrschaft und des »Betrugs der Anonymität« identifizierte. So unbestreitbar er sich schon vor 1933 privat, verschärft seit Mitte der 20er Jahre, antisemitisch äußerte, so unabweisbar propagierte er ab 1933 auch öffentlich die starke nationalsozialistische und antisemitische Fassung des »konkreten Feindes«. Nach dem 30. Juni 1934 stellte er dabei von einer institutionellen Sinngebung, die an die Verfassungsfähigkeit des Nationalsozialismus glaubte und Staat machen wollte, auf eine antisemitische Sinngebung um. 1935/36 äußerte er sich öffentlich besonders scharf. Seine Interventionen müssen konzeptionell wie strategisch verstanden werden: Strategisch antwortete Schmitt mit seiner antisemitischen Radikalisierung vor allem auf seinen nationalsozialistischen Mentor Hans Frank, einen glühenden

---

[21] Carl Schmitt, Der Begriff des Politischen, München 1932
[22] Carl Schmitt, Die Rheinlande als Objekt internationaler Politik, Köln 1925; Die Kernfrage des Völkerbundes, Berlin 1926

Antisemiten, sowie interne Auseinandersetzungen und Konkurrenzen um die Rolle des »Kronjuristen«.

So formal und offen sein *Begriff des Politischen* als erstes Fundamentalkriterium auch war und so eindeutig er sich theoretisch gegen eine essentialistische Wesensdefinition und Festlegung auf Staat und Volk oder Judentum sperrte – was ihm schon 1933 von nationalsozialistischen Konkurrenten wie Koellreutter oder Heidegger (s. u. S. 160 ff.) vorgeworfen wurde –, so unabweisbar trat die antisemitische Identifikation bei Schmitt immer mehr ins Zentrum. Dabei verknüpfte er seine politische Generalerklärung und antisemitische Schablone eng mit persönlichen Erfahrungen: Er sah sich nach 1945 verstärkt von jüdischen Feinden umzingelt, verfemt und verfolgt und spann sich immer mehr in seine Fokussierung der Frontlinien auf den Kampf gegen »jüdischen Geist« und jüdische Autoren ein. Seine antisemitische Dämonologie und Meistererzählung der modernen Geisterkämpfe zwischen Judentum und Christentum ist dabei im Detail zwar originell und erhellend; in nüchterner historisch-politischer Betrachtung erscheint Schmitts Kampf gegen das Judentum in der Weltgeschichte aber wie eine groteske pseudowissenschaftliche Rationalisierung des mehr oder weniger typischen antisemitischen Geschichtsbildes. Schmitts Feindidentifikationen zielten buchstäblich nicht zuletzt auf die Selbstidentifikation. Schmitt begab sich auf die Suche nach dem Feind, der ihn antipodisch erkennt. Die Identitätserkenntnis im Auge des Feindes geriet ihm mit Hobbes und Hegel zu einer Herr-Knecht-Dialektik des Kampfs um Anerkennung: Identitäts- und Differenzbestimmungen fallen in der Erkenntnis der Individualitäten zusammen und jeder hat seinen besten Freund als wahren Feind zu töten. Und so beschließt Schmitt sein Werk 1978, zum 90. Geburtstag, mit dem »Wort eines sterbenden Machthabers, der auf dem Sterbebett von seinem geistlichen Berater gefragt wird: ›Verzeihen Sie Ihren Feinden?‹ und der mit bestem Gewissen antwortet: ›Ich habe keine Feinde; ich habe sie alle getötet‹.«[23]

---

[23] Carl Schmitt, Die legale Weltrevolution (1978), in: ders., Frieden oder Pazifismus, Berlin 2005, 936; der Herausgeber Maschke schreibt im Kommentar (966), es wäre »eine zu schöne Pointe«, dass Schmitt sein Werk mit diesen Worten beschloss. Maschke verweist auf spätere entlegene Publikationen. Autorintentional betrachtete Schmitt aber diese letzte Abhandlung damals als Werkabschluss. Das Zitat ist als Schlusswort gemeint, wie die letzte Monographie *Politische Theologie II* auch ein bewusster Werkabschluss durch autoritative Selbstinterpretation war.

4. Jüngers utopischer Nationalismus

Wie Ulrich Sieg[24] gezeigt hat, war die Diskriminierungserfahrung der
jüdischen Soldaten im Ersten Weltkrieg ein Schlüssel zur Aufkündi-
gung des Projekts der deutsch-jüdischen Symbiose und Entscheidung
für eine jüdische Renaissance. Die deutschen Juden erkannten, dass
selbst ihre äußersten Assimilierungsleistungen, der Soldatentod für
Kaiser und Nation, von der deutschen Mehrheitsgesellschaft nicht
angemessen honoriert wurde. Jünger betrachtete einen solchen Ka-
meradschaftsverrat gewiss als unritterlich. Ich vermute, dass seine
Kriegserfahrungen auch für seine Ablehnung des typischen Konnexes von Nationalismus und Antisemitismus wichtig waren. Jünger
betrachtete die personalen Identitäten nicht von der kontingenten
Herkunft, sondern vom persönlichen Habitus her. Entscheidend ist
deshalb ein anderer Aspekt: die negativ-utopische Auslegung des
»neuen Nationalismus«.

Jünger deutete die Gegenwart in seinen zahlreichen – unter dem
Titel *Politische Publizistik* (Kürzel: PP) gesammelten – Artikeln von
der »Materialschlacht«[25] her. Sein berühmter Essay *Die totale Mobilmachung* betont, dass der Krieg verloren wurde, weil eigentlich nur
eine »partielle« und technisch-ökonomische Mobilmachung erfolgte
und die »deutsche Ideologie« (PP 570) vor der Herausforderung versagte. Jünger exemplifiziert das mit antisemitischer Note am »tragischen Rang« (PP 574) Walters Rathenaus: Rathenau habe zwar die
»große Rüstung« organisiert, den nationalistischen Glauben an den
Sieg aber nicht fassen können: »Hier wird es sehr deutlich, wie eine
Mobilmachung sich die technischen Fähigkeiten eines Menschen unterstellt, ohne jedoch in den Kern seines Glaubens eindringen zu können.« (PP 575) Jünger mobilisiert dagegen die »Zone des Feuers« und
den Glauben an Krieg und Tod als »Gewinn eines tieferen Deutschland« (PP 581). Der Mensch scheint der Maschine zwar »noch nicht
gewachsen« (PP 54) zu sein; doch die Elite der Frontsoldaten setzt den
»großen Krieg« als Kampf um die Nation fort. Der »große Politiker
der Zukunft« (PP 65) steht noch aus. Auch Hitler ist es nicht. Die
bündische Frontsoldatenbewegung erscheint aber als Avantgarde der

[24] Ulrich Sieg, Jüdische Intellektuelle im Ersten Weltkrieg. Kriegserfahrungen, weltanschauliche Debatte und kulturelle Neuentwürfe, Berlin 2001
[25] Ernst Jünger, Politische Publizistik. 1919 bis 1933, hrsg. Sven Olaf Berggötz, Stuttgart 2001, 53 ff. (Kürzel: PP)

kommenden Elite. Nietzsches »freier Geist« ist nicht mehr das Ziel; die neue Elite ist als kollektive »Blutsgemeinschaft« gebunden. Jünger spricht zunächst im Namen der »Frontsoldaten« und »Kameraden«. Seine 1926 eigentlich erst hervortretende und auch von Jünger als »neu« verstandene Sammlungsparole des »Nationalismus« und »neuen Nationalismus« kompensiert Abgrenzungen vom Jungdeutschen Orden und Stahlhelm, dem Jünger früher zugehörte und in dessen *Standarte* er regelmäßig geschrieben hatte. Später (1929) distanzierte er sich auch vom Nationalsozialismus. Jüngers »nationale Idee« bedient viele Gemeinplätze der Weimarer Rechten. Kennzeichnend ist der Radikalismus der »Revolution« und Rekurs auf »Bewegung« und »Gefolgschaft« bei scharfer Ablehnung der Organisationsformen des Vereins und der Partei. 1926 formuliert Jünger seinen »Nationalismus der Tat« einmal zusammenfassend folgendermaßen:

»Wir waren und sind des Glaubens, dass nur die Gruppierung der Kreise um eine zentrale Idee den Erfolg des großen Kampfes gewährleisten kann, der ausgefochten werden muss, wenn wir diesem Staate und statt dieses Staates das Deutsche zur Herrschaft bringen wollen. Diese zentrale Idee eben nannten wir die deutsche Idee und ihre erstrebenswerte Form: den nationalen, sozialen, wehrhaften und autoritativ gegliederten Staat. Als den einzig möglichen Weg zu diesem Staat bezeichneten wir den einer Revolution und als Instrument dieser Revolution disziplinierte Gefolgschaften, einer obersten Befehlsgewalt unterstellt.« (PP 251)

Damals denkt Jünger noch durchaus an einen Putsch nach dem Vorbild von Mussolini und Hitler. Im Kursivdruck hebt er noch 1929 hervor: »Zerstörung ist das Mittel, das dem Nationalismus dem augenblicklichen Zustand gegenüber allein angemessen erscheint.« (PP 506) Im Artikel *Die antinationalen Mächte* stellt er die »Judenfrage« dabei ausdrücklich hinter die Konzentration auf das primäre Ziel der Zerstörung der Weimarer Republik zurück. Er schreibt: »Wir halten es vielmehr für richtiger, die Kraft gegen einen einzigen Feind zu versammeln: gegen den augenblicklichen Staat.« (PP 294)

Jüngers Rede vom Nationalismus verschleiert den sektiererischen Zug seines negativierenden Radikalismus. Man sollte seine Formel vom »Neuen Nationalismus« im Akzent auf dem Neuen und Revolutionären betonen. Jünger schließt sich zwar an gängige Schlagworte an, sein Nationalismus darf aber nicht mit einem zufälligen Herkunftskollektivismus verwechselt werden: Jünger zählt nicht Hinz und Kunz zur nationalistischen Avantgarde, sondern greift eine geläufige Sammlungsparole auf, um eine kommende Elite zu visionieren. Dabei bekennt er sich unverhohlen zur revolutionären Gewalt. Die nationalistische Bewegung datiert er, wie Heidegger und anders als Schmitt, seit 1914 und er geht wie die Nationalbolschewisten auch auf die marxistische Arbeiterschaft zu, um sie als Revolutionäre und Nationalisten unter seiner Parole zu versammeln.

Die deutsche Arbeiterschaft hatte ihre Zugehörigkeit durch ihre Haltung zum »großen Krieg« bewiesen. Ähnlich betrachtete Jünger vermutlich auch die »Judenfrage«: Wer als deutscher Jude am Weltkrieg teilnahm und sich für die »nationale Idee« zu opfern bereit war, gehört dazu. Wer im weiteren Sinne ein Frontsoldat der Materialschlacht war, sollte sich unter Jüngers Fahne versammeln dürfen. Der Nationalsozialismus konzedierte diese Kriterien zunächst auch, indem der »Frontkämpferparagraph« (§3) des *Gesetzes zur Wiederherstellung des Berufsbeamtentums* vom April 1933 jüdische Weltkriegsteilnehmer von den ersten Exklusionen ausnahm. Der Paragraph war nicht befristet: Bis zu den Nürnberger Rassegesetzen vom Herbst 1935 galten jüdische Kriegsteilnehmer damit also in gewissem Sinne als gleichrangig. Das Gesetz sprach allerdings nicht von der deutschen Staatsangehörigkeit, sondern von Beamten und »arischer Abstammung«. Der »Arierparagraph« diskriminierte Juden als »Nicht-Arier« und definierte Weltkriegsteilnehmer als Ausnahme-Nichtarier. Jünger akzeptierte jüdische Kriegsteilnehmer dagegen prinzipiell wohl als gleichrangig, als nationalistische Kameraden, und er dachte vermutlich auch nach 1935 noch so.

Der Krieg ist nach Jünger nicht nur Vergangenheit, sondern auch eine Aufgabe der »Zukunft«. Jüngers Frontsoldat ist als »neuer Menschenschlag« die Vorhut der Gestalt des »Arbeiters«. Heidegger schreibt dazu zutreffend: »Der Titel ›Arbeiter‹ ist der nüchterne Name für die Gestalt des Menschen, die Nietzsche den ›Übermenschen‹ nennt.« (GA 90, 257) Jünger schreibt Ende 1929 schon an Friedrich Hielscher: »Auf den Spuren Nietzsches sind wir überzeugt von der Permanenz des Willens zur Macht. Dieser Wille ist an der Arbeit, auch wenn ihm noch kein Bekenntnis geschaffen ist.«[26] Für Jünger ist der Staat »nur eine Form der Nation, er darf niemals Selbstzweck sein« (PP 285). Der »neue Nationalismus« grenzt sich als »Arbeitertum« vom Bürger ab. Er meidet jede parteiförmige »Organisation«

---

[26] Jünger am 14. Dezember 1929 an Hielscher, in: Ernst Jünger / Friedrich Hielscher. Briefe 1927–1985, Stuttgart 2005, 100

und distanziert sich auch vom Nationalsozialismus, um als »geistige Bewegung« seine reine Formulierung der »Idee« nicht durch strategische Kompromisse an die Tagespolitik zu verraten. Die Teilnahme an Wahlen lehnt Jünger ab (PP 245). Der »neue Nationalismus« definiert sich nicht durch alte Feindschaften und überkommene Gegner, sondern als »Aristokratie von morgen und übermorgen« (PP 509). Was Jünger vom Antisemitismus schreibt, sagt er deshalb mehr oder weniger von allen aktuellen politischen Gegnern: »Die Überschätzung des Juden, wie sie sich im modernen Antisemitismus andeutet, ist eine Nebenerscheinung der liberalistischen Zeit.« (PP 544) Jüngers »neuer Nationalismus« ist elitär und utopisch.

In Jüngers literarischem Werk spielt jüdische Herkunft deshalb, als kontingenter Faktor, keine große Rolle. Jünger trennt zwischen seiner eigentlich literarischen Autorschaft und seiner politischen Publizistik. Als politischer Publizist kann er der »Judenfrage« zwar nicht gänzlich ausweichen, die im nationalistischen Diskurs als Abgrenzungsstereotyp eine zentrale Rolle spielt; wo Jünger dieses Thema aber aufgedrängt und aufgenötigt wird, marginalisiert er es und substituiert es gleichsam durch seinen Antiliberalismus. Jünger zieht den Antisemitismus in seine Liberalismuskritik hinein, um ihn als sekundären Aspekt auszuklammern.

In seinem einschlägigen Artikel *Über Nationalismus und Judenfrage* expliziert er den Antisemitismus zunächst historisch als »spätes und schwächliches Kind der feudalen Welt« (PP 587) und deutet dann an, dass der »Typus des jüdischen Advokaten« (PP 588) den Antisemitismus selbst strategisch als »jüdische Erfindung« (PP 589) schürte. Jüngers einziger größerer Artikel zur »Judenfrage« mündet dann in eine Kritik der antisemitischen Propaganda: Die Polemik zeige im »Stoß gegen den Juden« einen »Mangel an Instinktsicherheit« (PP 590); in der Fixierung auf den modernen »Zivilisationsjuden« bleibe sie dem »liberalistischen Raum« verhaftet. Jünger nimmt selbst den italienischen Faschismus in seine Pauschalkritik hinein und schreibt: »So ist es kein Zufall, dass der italienische Faschismus mit dem Zivilisationsjuden auf gutem Fuße steht, denn der Faschismus ist unzweifelhaft nichts als ein später Zustand des Liberalismus« (PP 591). Auch ihn rechnet Jünger also noch zur vergangenen Epoche, der der »Wille zur Gestalt«, die »neue deutsche Haltung« (PP 591) und »Gestalt des Deutschen Reiches« (PP 591) fehlte. Jüngers Vision braucht keine Identität durch Abgrenzungen. So antizipiert Jünger auch keine Diskriminierungspolitik, wenn er am Ende seines Artikels

Über Nationalismus und Judenfrage Deutschland vom Judentum trennt. »Die Erkenntnis und Verwirklichung der eigentümlichen deutschen Gestalt scheidet die Gestalt des Juden ebenso sichtbar und deutlich von sich ab, wie das klare und unbewegte Wasser das Öl als eine besondere Schicht sichtbar macht.« (PP 592) Die Möglichkeit einer »neuen Ordnung« bindet Jünger an den »neuen Menschenschlag« (PP 648) des Arbeiters und betont als neue Form eigentlich nur das Erfordernis eines staatlichen »Arbeitsplanes« und Arbeitsdienstes. Seine politische Publizistik endet im August 1933 mit einem »Bericht aus dem Lande der Planwirtschaft«, der Sowjetunion, der ein »Missverhältnis zwischen Traum und Wirklichkeit« (PP 655) und den Zerfall einer »Utopie« (PP 659) konstatiert. Helmuth Kiesel schreibt dazu: »Immer wieder hat man dem *Arbeiter* eine starke Affinität zum Nationalsozialismus nachgesagt; eher hat Jünger aber den ›ersten russischen Fünfjahresplan‹ im Auge gehabt«.[27] Auch sein Bericht ist eigentlich eine negativistische Beisetzung. An seiner »Utopie« hält Jünger dennoch als »Weltanschauung« fest.

5. Heideggers abstrakter Heideggerianer

Heidegger trat erst nach 1945 mit Jünger in Kontakt. Das überrascht schon deshalb, weil er sich mit Jüngers Schriften schon 1932/33 »im kleinen Kreis« systematisch auseinandersetzte und ihnen in seiner Meistererzählung von der »Vollendung«, »Überwindung« und »Verwindung« der Metaphysik Nietzsches einen festen Platz gab. An Schmitt schickte Heidegger im Sommer 1933 dagegen seine Rektoratsrede. Eine persönliche Begegnung scheiterte aber im September 1933 in Berlin, und Heidegger kritisierte Schmitts *Begriff des Politischen* dann im Wintersemester 1933/34 in seinem Seminar;[28] in oberflächlicher Weise warf er Schmitt dabei die mangelnde völkische Substantialisierung des Freund-Feind-Kriteriums vor; Heidegger folgte damit einem Einwand von Schmitts nationalsozialistischem Konkurrenten Otto Koellreutter. Für Heidegger war das »Volk« die zentrale

---

[27] Helmuth Kiesel, Geschichte der deutschsprachigen Literatur 1918 bis 1933, München 2017, 901

[28] Dazu Verf., Kriegstechniker des Begriffs. Biographische Studien zu Carl Schmitt, Tübingen 2014, 99–109

politische Kategorie; Jünger sprach mehr von der »Nation« und Schmitt vom »Staat«.

Zwar sprach Heidegger bereits in *Sein und Zeit* vom »Volk« als eigentlichem »Mitsein« des Daseins. Erst im Rektorat ordnete er aber seine politischen Kategorien. Das Rektorat übernahm er dabei Ende April 1933, nach dem Ermächtigungsgesetz und dem *Gesetz zur Wiederherstellung des Berufsbeamtentums*. Bei Dienstantritt wusste er also schon von seiner Aufgabe, die Rassegesetzgebung durchzusetzen und die Universität zu arisieren. Schon vor der Übernahme des Rektorats hatte Elisabeth Blochmann Heidegger mit der »Härte dieses Gesetzes« (HB 64) und dem »Ausgestoßenwerden« konfrontiert. Heidegger mied in seinen zahlreichen Briefen an Blochmann aber das ganze Jahr 1933 hindurch jede Distanzierung vom Gesetz. Als »Antisemit« in »Universitätsfragen« (AH 69) hatte er sich ja zuvor schon gegenüber Arendt bekannt.

Die Rektoratsrede spricht von den Bedingungen des Führungsanspruchs: Die Universität wird dann zur »hohen Schule« der »Führer und Hüter des Schicksals des deutschen Volkes« (GA 16, 108), wenn sie den »Aufbruch der griechischen Philosophie« als »Größe« und »Macht des Anfangs« unverfälscht von der »christlich-theologischen Weltdeutung« (GA 16, 110) und dem späteren »mathematisch-technischen Denken« realisiert und das Ende der Metaphysik von Nietzsche her als »Verlassenheit des heutigen Menschen« (GA 16, 111) ergreift. Die »Kampfgemeinschaft« (GA 16, 116) der Lehrer und Schüler steht im Streit: Die Bindungen des Arbeitsdienstes, Wehrdienstes und Wissensdienstes wirken hier zusammen. Heidegger beruft sich auf das neue nationalsozialistische Studentenrecht, spricht die »studentische Jugend« an und meidet konkrete Namen und Daten. Selbst das Wort »Revolution« fällt nicht. Er sieht die Studentenschaft aber »auf dem Marsch« und beschwört die »Herrlichkeit« und »Größe« des »Aufbruchs« (GA 16, 117) von 1933. Die Rektoratsrede zitiert Clausewitz. Heidegger verknüpft sein universitätspolitisches Programm damals auch eng mit einem Schlageterkult (GA 16, 97, 207, 759 f.) und Langemarck-Gedächtnis (GA 16, 199), »Wissensdienst« also mit »Wehrdienst«, und er grenzt sich immer wieder von einem unpolitischen und provinzialistisch-regionalistischen Volksbegriff ab. Heidegger verbindet seinen märtyrologisch aufgeladenen Volksbegriff mit dem »deutschen Sozialismus« und »Frontgeist« (GA 16, 299 f.) seit dem Ersten Weltkrieg und der Aufgabe einer »geistigen-geschichtlichen Eroberung des großen

161

Krieges« (GA 16, 284) und propagiert auch nach dem Rektorat noch eine »Umerziehung des Volkes zum Volk durch den Staat« (GA 16, 304). Ein expliziter und enger Konnex dieses Volksbegriffs mit den antisemitischen Diskriminierungen findet sich aber nicht. Obwohl oder weil der Rektor die Arisierung der Universität exekutierte, schwieg er von den Ausgrenzungen und Vertreibungen als Möglichkeitsbedingungen des nationalsozialistischen Umbaus der Universität.

Seit der Publikation der sog. *Schwarzen Hefte* gibt es, durch den Herausgeber Peter Trawny initiiert, eine Heidegger-Antisemitismusdiskussion. Donatella Di Cesare[29] hat die wenigen antisemitischen Stellen, die sich in den *Heften* finden, im Kontext der protestantischen Tradition zum Sprechen gebracht und als »metaphysischen Antisemitismus« begriffen: Heidegger verstand den Rassediskurs als Biopolitik. Wenn er abschätzig vom nationalsozialistischen »Biologismus« sprach, lehnte er nicht den Antisemitismus ab, sondern nur dessen naturalistisches Selbstmissverständnis. Heidegger verstand sich vor allem als Antichrist. Die unlängst erschienene, selektive – und deshalb problematische – Teiledition des Briefwechsels mit dem Bruder Fritz Heidegger[30] belegt nun unumstößlich, dass er schon Ende 1931 dezidiert für Hitler und den Nationalsozialismus optierte. In den Briefen finden sich auch weitere antisemitische Äußerungen. Heideggers fanatischer »Hitlerismus«, schon physiognomisch und habituell selbst dem Bruder auffallend,[31] muss aber vom Antisemitismus sorgsam unterschieden werden. Gewiss war der Antisemitismus ein zentrales Motiv Hitlers, vielleicht das bestimmende. Der Nationalsozialismus lässt sich, gerade für die Wendezeit 1933/34, aber nicht nur vom Antisemitismus her betrachten. Nicht alle Nationalsozialisten waren scharfe Antisemiten. Heideggers frühe Option für Hitler darf nicht mit dem Bekenntnis zu einem radikalen Antisemitismus kurzgeschlossen werden, auch wenn an Heideggers Antisemitismus kein Zweifel besteht. Er war zwar Antisemit, doch gewiss nicht so aggressiv wie etwa Carl Schmitt.

Im Licht der aktuellen Auseinandersetzungen sind wenigstens zwei Aspekte der Rektoratsrede signifikant: die Rolle Nietzsches und

---

[29] Donatella Di Cesare, Heidegger, die Juden, die Shoah, Frankfurt 2016
[30] Martin und Fritz Heidegger. Briefe, in: Homolka / Heidegger, Heidegger und der Antisemitismus, 2016, 16–142, bes. 22 ff.
[31] Fritz am 3. April 1933 an Martin, in: Martin und Fritz Heidegger. Briefe, 33

die strikte Unterscheidung zwischen der »Größe« des griechischen »Anfangs« und der »christlich-theologischen Weltdeutung«. Als Philosoph kritisierte Heidegger die abendländische Metaphysik von Platon bis Nietzsche und schrieb Jünger als letzten Erben in diese Geschichte hinein. Niemals äußerte er sich aber religionsgeschichtlich eingehend über die Genealogie des Monotheismus. Seine »Seinsgeschichte« reduziert den Klassikerkanon auf wenige Autoren und ignoriert komplexe Rekonstruktionen der prägenden Motive, wie sie Dilthey etwa im Rückgang hinter die Systeme auf die »Jugendgeschichte« polyperspektivisch eruiert hatte. Die Komplexitätsreduktion dieser »Seinsgeschichte« gegenüber dem Standard von 1900 sei dahingestellt. Heidegger schweigt vom Judentum weitgehend auch in seiner »Seinsgeschichte«. Im Horizont der Monotheismuskritik taucht das Judentum nur am Rande des Werkes beiläufig auf. Ganz anders als etwa für Schmitt gab es für Heidegger ernstlich keine jüdische Religions- und Geistesgeschichte, die er für das Verständnis der abendländischen Metaphysik zur Kenntnis nehmen musste.

Woher diese Ignoranz? Ähnlich wie Jünger verstand Heidegger sich als Erbe Nietzsches. Er legte Jünger in seiner Metaphysikgeschichte auf die Rolle des letzten Erben Nietzsches fest und verstand sich als ersten postmetaphysischen Autor des »anderen Denkens« jenseits von Metaphysik und Nihilismus. Nach dem Scheitern seines Rektorats stellte er von der Rolle des Philosophenkönigs und Prätention auf »unmittelbare« Gefolgschaft auf die spätere säkulare Wirkung auf »künftige Menschen« um und begann Ende der 1930er Jahre mit der »großen Politik« der Organisation seiner Gesamtausgabe. Heidegger verlegte sich von der Mitwelt auf die Nachwelt und schuf sich den Heideggerianer in den Spuren Zarathustras als jenen »höheren Menschen«, der dem »Übermenschen« vorausgeht, weil er qua Edition und Interpretation von Heideggers Werk die semantische Revolution des »anderen Denkens« ermöglicht. Heidegger schuf sich den Heideggerianer als Vorgänger des Übermenschen. Was Bayreuth für Wagner und Villa Silberblick für Nietzsche wurden, realisierte der Heidegger-Betrieb dann für den Lehrer der Seinsgeschichte. Man könnte die Gestalten um Heidegger deshalb in die Jünger Zarathustras hineinschreiben. Anders als Schmitt ist Heidegger kein historisch versierter Antisemit. Mit Jünger teilt er zwar die Umstellung der zeitlichen Ekstasen von der Vergangenheit auf die Zukunft; die »Judenfrage« ignoriert er dabei aber nicht so souverän wie Jünger.

6. Im Horizont Nietzsches

Jünger distanzierte sich von seiner Weimarer Militanz schon bald nach 1933. Deutlich ist das schon in den *Afrikanischen Spielen* und später auch in den *Gärten und Straßen,* die das Soldatentum nicht mehr preisen. Ein Beleg aus den *Strahlungen* sei herausgegriffen: In den *Kaukasischen Aufzeichnungen* erwähnt Jünger Ende 1942 einen Brief Carl Schmitts über »Nihilismus«. Dazu bemerkt er, Schmitt gehöre »doch zu den wenigen, die den Vorgang an Kategorien zu messen suchen, die nicht ganz abwegig sind, wie die nationalen, die sozialen, die ökonomischen.« Im nächsten Absatz empfiehlt er dann die Bibel als geeignete »Tornisterlektüre«, »die weder ein Stück des Zarathustra noch ein Gedicht von Hölderlin« erreichen könne.[32] Ganz lapidar distanziert sich Jünger hier von der nationalistischen Ideologie seiner Jugend. Sie war auch schon vor 1933 eine leicht plakative Mobilisierungsphrase und »Frontliteratur«.

Der Schulterschluss der rechtsintellektuellen Meisterdenker wurde dann nach 1945 ein Geschäftsmodell. Nicht zuletzt aus publizistischen Interessen pflegte Jünger mit Heidegger nach 1945 Korrespondenz und Umgang. Im Festschriftbeitrag *Über die Linie* positioniert er sich zu Heideggers wirkmächtiger Nietzsche-Deutung, die damals gerade publik wurde. Jüngers Beitrag erweitert die Geistesgeschichte der Nihilismusdiagnose dabei, ähnlich wie Schmitt, über Nietzsche hinaus, stellt Dostojewski Nietzsche zur Seite und fragt nach Gegenkräften als »Oasen in der Wüste«. Solche Kräfte fand Heidegger nicht in Jüngers Schriften; er ignorierte dessen Spätwerk, weil er die »Phantastik« als metaphysisches Korrelat des heroischen »Realismus« empfand (vgl. etwa GA 90, 241, 272, 279). Jünger nennt regenerierende Kräfte des aktiven Nihilismus: Eros, Tod und Freundschaft sowie vor allem die Werke der Kunst. Heidegger[33] antwortete einige Jahre später dann in der Festschrift für Jünger, das Spätwerk nach 1939 ignorierend, mit säuberlichen dogmatischen Beisetzungen Jüngers im Prozess der »Vollendung«, »Überwindung« und »Verwindung« der Metaphysik. Er antwortete auf den Beitrag *Über die Linie* und berücksichtigte über den *Arbeiter* hinaus noch den Essay *Über den Schmerz* aus den *Blättern und Steinen.* Heidegger scheint damit

---

[32] Dazu vgl. Ernst Jünger, Strahlungen, Tübingen 1949, 241 f.; dazu vgl. Ernst Jünger / Carl Schmitt. Briefe 1930–1983, hrsg. Helmuth Kiesel, Stuttgart 1999, 151–153
[33] Martin Heidegger, Zur Seinsfrage, Frankfurt 1956

im Vorkriegs-Jünger steckengeblieben zu sein; er hält an seiner alten Deutung fest.

Erneut meint er: »Das metaphysische Sehen der Gestalt des Arbeiters entspricht dem Entwurf der Wesensgestalt des Zarathustra innerhalb der Metaphysik des Willens zur Macht.« (JH 162) Gegen Jüngers »Sprache der Metaphysik« (JH 172) profiliert er seine »Einkehr« ins Seinsdenken. Heideggers Festschriftbeitrag setzt Jüngers metaphysische »Grundstellung« mit dem »anderen Denken« auseinander. Jüngers spätere *Federbälle* sind eine ironische Antwort auf diese respektvolle Beisetzung und Generalkritik der Stellung im europäischen Nihilismus: Jünger spottet in den *Federbällen* über die billigen Wortwitze der »Sprachjongleure« (JH 232) und die schlechte Metaphysik, die »vor lauter Wald die Bäume nicht mehr sieht« (JH 241). Jünger gibt Heidegger die Beisetzung ironisch zurück und kontert die Dogmatik der Metaphysikgeschichte mit einer artistischen Variation auf die etymologisierende Sprachphilosophie und Heideggers Theorem vom »dichterischem Wohnen« im Dialekt als Muttersprache.

7. Schluss: Mitwelt und Nachwelt als Kriterium und Adressat

Im Dialog der Festschriften positionieren sich Jünger wie Heidegger beide als Erben Nietzsches. Das unterscheidet sie von Schmitt, der zu Heidegger weitgehend schwieg und Jünger 1955 in seinem Festschriftbeitrag als politischen Romantiker beisetzte. Schmitt interessierte sich nicht für Nietzsche und den »Übermenschen«, nicht für die Überwindung der »Metaphysik« und »anderes Denken«. Das trennte ihn von Jünger und Heidegger. In der Nietzsche-Nachfolge visionierten Jünger und Heidegger konkrete Gestalten des »Übermenschen«: Frontsoldaten und Arbeiter, Waldgänger und Heideggerianer. Schmitt warf sein Werk dagegen anti-utopisch in die »Waagschale« der Gegenwart und Mitwelt. Während Jünger und Heidegger ihre Visionen nicht durch konkrete Feindbestimmungen der Gegenwart trüben wollten, fixierte Schmitt sich im Rahmen seiner »Politischen Theologie« auf das Judentum als konkreten Feind und »eigne Frage als Gestalt«. Seine Auseinandersetzung mit dem Judentum war konzeptionell mit seinen konkreten Feindbestimmungen verbunden; Jünger und Heidegger hatten dagegen kein theoretisch begründetes

Verhältnis zum Judentum und waren deshalb auch letztlich keine substantiellen Autoren des deutschen Antisemitismus. Man kann die Werke von Jünger und Heidegger im konzeptionellen Design rekonstruieren, ohne von Judentum und Antisemitismus zu sprechen; bei Schmitt ist das nicht möglich.

Jenseits der Identitäts- oder Wesensfrage, ob Judentum und Antisemitismus für die Werke konstitutiv waren, bleiben biographische Fragen nach dem persönlichen Verhältnis zu Juden und die moralisch-politischen Fragen nach Stellungnahmen etwa zum Holocaust. Die *Schwarzen Hefte* der Nachkriegszeit beispielsweise belegen Heideggers fortdauerndes antisemitisches Ressentiment: Heidegger interpretierte die alliierte Nachkriegspolitik, ähnlich wie Schmitt, in vielen Aspekten als Rache des »Weltjudentums«. Schmitt las Jüngers »Parsen« als Anspielung auf Judentum. Vieles ist anstößig, ärgerlich und inakzeptabel. Antisemitische Affekte und Stereotype gehörten damals im gängigen Konnex von Nationalismus und Antisemitismus aber mehr oder weniger zur nationalen Grundverfassung. Es wäre verwunderlich, wenn sich diese deutsche Mitgift des Antisemitismus nicht auch bei Heidegger und Jünger irgendwie finden ließe. Solche Stereotype lassen sich bei einiger Hermeneutik und Hellhörigkeit auch heute noch fast überall identifizieren. Schmitts politisches Denken ist von den antisemitischen Affekten und Obsessionen in furchtbarer Weise belastet und in der Hellsicht getrübt; die Ausrichtung des politischen Denkens auf elitäre Konzepte vom Übermenschen, wie sie Heidegger und Jünger vertraten, ist aber auch nicht unproblematisch. Auch ihr Denken war diskriminierend und destruktiv. Ist der Antisemitismus für Heidegger und Jünger auch nicht konstitutiv, so ist ihre politische Theorie damit doch noch lange nicht gerettet.

Teil III
Humanistische Wendung

IX. Heidegger-Revision: Manfred Riedels Sicht des »geheimen Deutschland«

Fast alle Autoren der Konservativen Revolution waren in der einen oder anderen Weise von der »Lebensphilosophie« der Jahrhundertwende und von Friedrich Nietzsche beeinflusst. Das hat Armin Mohler schon bei seinem ersten Klassifikationsversuch betont. Von der Epochenwende um 1900 her ergab sich die Frage, ob der Kanon der Weimarer »Klassik« und das Erbe des Neuhumanismus auch im 20. Jahrhundert noch gültig waren. Wer einen »revolutionären Bruch« von Hegel zu Nietzsche proklamierte, dem wurden Goethe und Schiller als Nationalautoren fragwürdig. Eingangs dieses Buches wurde dafür im Vorwort ein Diktum Carl Schmitts von 1948 zitiert:

»›Jugend ohne Goethe‹ (Max Kommerell), das war für uns seit 1910 in concreto Jugend mit Hölderlin, d. h. der Übergang vom optimistisch-irenisch-neutralisierenden Genialismus zum pessimistisch-aktiv-tragischen Genialismus.«[1]

Hölderlin wurde eigentlich erst nach 1900 als Vorgänger der Moderne und Zeitgenosse entdeckt. Heidegger hat diesen Epochenumbruch mit seiner Metaphysikkritik und »Destruktion« der Tradition dann scharf vollzogen. Nach dem »Zivilisationsbruch« des Nationalsozialismus und des Holocaust stellte sich die Frage nach der Kontinuität der Nationalgeschichte und Gültigkeit des Kanons verschärft. Die Suche nach einem Neuanfang wurde deshalb mit kulturpolitischen Fragen verbunden. Diese Überlieferungskritik fand sich nicht zuletzt auch im sozialistischen und kommunistischen »Lager«. So schrieb Georg Lukács in seinem Thomas Mann-Buch von 1949:

»Es ist ein gemeinsamer Stempel der deutschen Misere im Bürgertum sowohl wie in der Arbeiterschaft, dass Marx und Engels bis jetzt nicht zum nationalen Kulturbesitz der Deutschen geworden sind, so wie in Russland Lenin und Stalin zu nationalen Gestalten auch der Kultur wurden. Die

---

[1] Schmitt, Glossarium, 2015, 115

169

kommende Entwicklung, die Zukunft, die Neugeburt Deutschlands hängt weitgehend davon ab, wie weit es den deutschen Arbeitern und Bürgern gelingen wird, die in ihrer Geschichte vorhandenen freiheitlichen und fort- schrittlichen Reserven für das kommende nationale Leben zu mobilisieren, wie weit an die Stelle der – früher auch von Thomas Mann anerkannten – Hauptlinie: Goethe – Schopenhauer – Wagner – Nietzsche, deren letzte drei Glieder der Faschismus mit Recht für sich in Anspruch nahm, eine Linie Lessing – Goethe – Hölderlin – Büchner – Heine – Marx treten wird. Das Goethe-Bild Thomas Manns ist ein verheißungsvoller Anfang zu einem solchen Umbruch.«[2]

Heidegger hätte es empört, dass Hölderlin hier in die »fortschritt- liche« Aufklärungs- und Revolutionslinie eingereiht ist. Noch weni- ge Monate vor seinem Tod schrieb er an die v. Hellingrath-Verlobte Imma von Bodmershof: »In Ihnen ist auf die einfachste Weise das versammelt, was Hölderlin der heutigen Weltzivilisation zu sagen hat. Aber er wird zum Jakobiner umgefälscht«.[3] Heidegger blieb im Wesentlichen bei seiner Disjunktion von Goethe und Hölderlin, 19. und 20. Jahrhundert. Das lehnte Hans-Georg Gadamer schon ab, der Hermeneut der Traditionsbewahrung durch »Horizontverschmel- zung«. Gerade in den 1940er Jahren besann er sich deshalb auch auf Goethe.[4] Eine andere eindrucksvolle Revision von Heideggers Kanon sei hier aber erörtert, die ebenfalls von Heidelberg ausging und die ich als letzte produktive Fortbildung betrachten möchte. Mir scheint, Manfred Riedel (1936–2009) war überhaupt der letzte Heideg- gerianer in einem anspruchsvollen philosophischen Sinn, der biogra- phisch noch in einem echten Schülerverhältnis zu den Heidegger- Kreisen stand.

1. Von Hegel zu Nietzsche und von der »Dialektik« zum »dionysischen« Sprechen

Manfred Riedel war als Schüler Karl Löwiths ein Enkelschüler Hei- deggers. Er hatte eine DDR-Jugend hinter sich und war in die Bundes- republik geflüchtet. Bei Wikipedia heißt es: »Riedel studierte von

---

2 Georg Lukács, Thomas Mann, Berlin 1949, 46
3 Heidegger am 10. Februar 1976 an Imma v. Bodmershof, in: Martin Heidegger / Imma von Bodmershof. Briefwechsel 1959 bis 1976, hrsg. Bruno Pieger, Stuttgart 2000, 143
4 Dazu Verf., Heideggers ›große Politik‹, 2016, 128 ff.

1954 bis 1957 Philosophie, Geschichte, Germanistik, Psychologie und Soziologie an der Universität Leipzig, unter anderem bei Ernst Bloch, Hans Mayer und Hermann August Korff. 1957 wechselte er von Leipzig nach Heidelberg. Dort führte er sein Studium an der Ruprechts-Karls-Universität bei Karl Löwith, Hans-Georg Gadamer, Arthur Henkel und Werner Conze fort. 1960 promovierte er bei Löwith mit einer Arbeit über *Theorie und Praxis im Denken Hegels.*[5] Entgegen dem allgemeinen Trend der 1960er-Jahre verstand Riedel Hegel nicht von Marx her, sondern aus den auf Aristoteles zurückgehenden alteuropäischen Traditionen praktischer Philosophie. 1968 habilitierte er sich in Heidelberg mit einer Arbeit zum Thema *Bürgerliche Gesellschaft. Eine Kategorie der klassischen Politik und des modernen Naturrechts.*«[6] 1970 wurde er Professor für Philosophie in Erlangen. Nach der Wiedervereinigung wechselte er 1992 an die Universität Halle-Wittenberg nahe Leipzig und seiner sächsischen Heimat zurück.

In den 1960er Jahren wurde Riedel mit seinen Hegel-Studien schnell bekannt und er initiierte als Herausgeber dann Anfang der 70er Jahre eine großangelegte »Rehabilitierung der praktischen Philosophie«.[7] Riedel arbeitete dann die Tradition philosophischer Hermeneutik von Humboldt bis Dilthey auf.[8] Erst seit den 1990er Jahren ist eine starke Prägung durch Heidegger in seinen zahlreichen Publikationen erkennbar. Von 1991 bis 2003 war Riedel dabei auch Präsident der Heidegger-Gesellschaft.[9]

In diesen Jahren waren die 1983 von Heideggers Rektoratsbericht ausgegangenen Kontroversen, die insbesondere von Hugo Ott und Victor Farías auf eine breitere historisierende Basis gestellt wurden, noch nicht abgeklungen. Gadamer lehnte die polemische Tendenz von Farías damals scharf ab, warb in den Heidegger-Kreisen

---

[5] Manfred Riedel, Theorie und Praxis im Denken Hegels, Stuttgart 1965; ders., Zwischen Tradition und Revolution. Studien zu Hegels Rechtsphilosophie, Frankfurt 1969

[6] https://de.wikipedia.org/Manfred_Riedel (Zugriff 9. Juni 2017); die Habilitationsschrift wurde erst posthum publiziert: Bürgerliche Gesellschaft. Eine Kategorie der klassischen Politik und des modernen Naturrechts, Stuttgart 2011

[7] Manfred Riedel (Hg.), Rehabilitierung der Praktischen Philosophie, 2 Bde., Freiburg 1972/74

[8] Manfred Riedel, Verstehen oder Erklären? Zur Theorie und Geschichte der hermeneutischen Wissenschaften, Stuttgart 1978

[9] Riedels Schüler Harald Seubert (* 1967) ist seit 2016 Präsident der Heidegger-Gesellschaft.

aber für eine aufgeschlossene Kenntnisnahme der solideren Forschungen Hugo Otts.[10] Als ältester Heidegger-Schüler mit höchster
internationaler Reputation, geradezu Klassiker-Status, sah er sich wi-
derstrebend zur Teilnahme an der Kontroverse verpflichtet. Riedel
war in den 1990er Jahren dann schon von Amts wegen, als Präsident
der Heidegger-Gesellschaft, zur Stellungnahme und Organisation
eines produktiven Umgangs der Heidegger-Gesellschaft mit der Kontroverse gezwungen. Dabei mied er aber die detaillierte Auseinandersetzung. In einem Band der Heidegger-Gesellschaft meinte er 1992:
»Es widerstrebt mir, an dieser Stelle noch einmal die deutsche Heidegger-Debatte zu berühren, die sich an Linien des abgelaufenen
Weltbürgerkriegs festklammert«.[11] Eine gewisse Berührungsscheu
gegenüber konkreten historischen Fragen ist in der deutschen Universitätsphilosophie generell verbreitet: Abstraktion gehört zu den
Bedingungen eines transhistorischen Geltungsanspruchs. Riedel verweist aber immerhin auf Heideggers Nietzsche-Identifikation und die
Notwendigkeit der »Verarbeitung des Traumas von 1933/34«. Er formuliert damals auch eine starke These, die auf seine späteren Publikationen vorausweist; Riedel schreibt:

»Im Prozess der Verarbeitung des Traumas bewegt sich Heideggers Denken
in zwei scheinbar gegensätzlichen Richtungen fort, die aber eng zusammen-
gehören. Vordergründig gesehen wandelt sich die philosophisch-dichteri-
sche Vision vom ›geistigen Deutschland‹ zu der im George-Kreis aufgekom-
menen Idee eines ›geheimen‹ gegenüber dem ›offiziellen Deutschland‹. Es
ist eine Widerstandsidee«.[12]

Letztlich aber habe Heidegger mit seiner Metaphysikkritik im Schritt
zurück in den Anfang geantwortet. Man könnte hier einen ersten
Prospekt von Riedels späteren Arbeiten herauslesen: Riedel wird später das Konzept des »geheimen Deutschland« als integre Antwort auf
den Nationalsozialismus preisen. Es war damals 1992 einigermaßen
verwegen, historisch geradezu ungesichert, Heidegger eine »Widerstandsidee« in der Linie Georges zu attestieren. Riedel deutet auch
selbst an, dass Heidegger letztlich eine andere Antwort gab. Er selbst

---

[10] Dazu vgl. Gadamers Brief vom 11. April 1988 an F.-W. von Herrmann, in: v. Herr-
mann/Alfieri, Martin Heidegger. Die Wahrheit über die *Schwarzen Hefte*, Berlin
2017, 256 ff.
[11] Manfred Riedel, Heideggers europäische Wendung, in: Hans-Helmuth Gander
(Hg.), Europa und die Philosophie, Frankfurt 1992, 43–66, hier: 66
[12] Riedel, Heideggers europäische Wendung, 66

folgte Heideggers »Schritt zurück« im Spätwerk nicht, weil er damals bereits, gleichsam im Schritt zurück auf Nietzsche, erhebliche Bedenken gegen Heideggers Fassung des »Anfangs« hatte. Seine Revision von Heideggers Auslegung der metaphysischen Tradition publizierte er damals unter dem programmatischen Stichwort einer »zweiten Philosophie«[13] insbesondere mit der anspruchsvollen Sammlung *Hören auf die Sprache.*[14]

Wirkte diese Revision von Heideggers Metaphysikgeschichte noch etwas scholastisch und konstruiert, wie ein akademischer Überbietungsversuch, so entwickelte *Zeitkehre in Deutschland,*[15] Riedels Deutung der Wiedervereinigung, eine kreative und eigenständige Adaption von Heideggers »tragischer« Sichtweise und Stimmungsgeschichte. In der Reihe »idealistischer« philosophischer Sinndeutungen von 1989/90 sticht diese Sinndeutung durch den tragisch-elegischen Ton und die Emphase einer Wendestimmung heraus. Riedel erfasste das Transitorische der Vereinigung als offenen Prozess. Dabei war er von Heideggers Nietzsche- und Hölderlinauslegungen inspiriert. Bald ließ er Bloch-Vorlesungen[16] folgen, als Rückbezug und Antrittserklärung in Halle, und intensivierte dann Ende der 90er Jahre seine Nietzsche-Studien. Er publizierte eine Geschichte der politischen Nietzsche-Instrumentalisierungen[17] und setzte sein philosophisches »Zwiegespräch« mit Nietzsche dann, nach einer Analyse des *Zarathustra*, originell bei Nietzsches Lyrik an.[18]

Heidegger und Löwith wirkten einst maßgeblich an der Nobilitierung Nietzsches als »Klassiker« der Philosophie mit; Heidegger initiierte dazu parallel auch seine philosophische Auffassung Hölderlins; Riedel wandte nun die philosophische Auslegung von Dichtung auf Nietzsche an und schlug damit ein einigermaßen neues Kapitel in der philosophischen Nietzsche-Rezeption auf. Von Heidegger über-

---

[13] Manfred Riedel, Für eine zweite Philosophie, Frankfurt 1988

[14] Manfred Riedel, Hören auf die Sprache. Die akroamatische Dimension der Hermeneutik, Frankfurt 1990

[15] Manfred Riedel, Zeitkehre in Deutschland. Wege in das vergessene Land, Berlin 1991

[16] Manfred Riedel, Tradition und Utopie. Ernst Blochs Philosophie im Licht unserer geschichtlichen Denkerfahrung, Frankfurt 1994

[17] Manfred Riedel, Nietzsche in Weimar. Ein deutsches Drama, Stuttgart 1997

[18] Manfred Riedel, Freilichtgedanken. Nietzsches dichterische Welterfahrung, Stuttgart 1998; Nietzsches Lenzerheide-Fragment über den Europäischen Nihilismus. Entstehungsgeschichte und Wirkung, Zürich 2000; aus dem Nachlass: Vorspiele zur ewigen Wiederkunft. Nietzsches Grundlehre, hrsg. Harald Seubert, Weimar 2012

nahm er dabei die Auffassung, dass Lyrik, poetische Verdichtung, in der »Nachbarschaft von Dichten und Denken« der konzentrierteste und substantiellste Ausdruck philosophischer Entdeckungen und Überzeugungen sei. Das Buch *Freilichtgedanken. Nietzsches dichterische Welterfahrung*[19] ist vielleicht Riedels eigenständigstes und gewichtigstes Buch überhaupt. Es betrachtet den Philosophen vom Altphilologen und begnadeten Dichter her und fragt aus der Verwandtschaft von Poesie und Musik nach der »dionysischen« Praxis. Riedel begreift Nietzsche als modernen Dichter, der sich im Rückgang auf antike Formen von der Weimarer Klassik emanzipierte: »Nietzsches Modernisierungsversuch steht nicht im Schatten der Weimarer Klassik. Er erwächst seinem kritischen Vorbehalt gegenüber der spätantiken (vornehmlich römischen) und dann frühneuzeitlichen Einengung der Elegie auf das Klagelied.«[20]

Riedel rekonstruiert Nietzsches poetische Erfahrung und Poetisierung seiner bevorzugten Lebensräume, des Engadin und der Riviera, als »Gedankenlandschaften«. Auf diese Verdichtung der Landschaftserfahrungen des »Freigeists« und »Wanderers« im lyrischen Ausdruck zielt wohl auch der Buchtitel *Freilichtgedanken*. Nietzsches Gedanken lichteten sich vor allem im Gedicht; hier fand Nietzsche zum »dionysischen« Sprechen. In der Konzentration auf die Erhellung einzelner Gedichte meidet Riedel eine literaturwissenschaftliche Gesamtanalyse des *Zarathustra*. Vermutlich schätzt er in Nietzsche vor allem den Lyriker. Die große Bedeutung gerade dieses Buches für die Heidegger-Rezeption liegt nun in der detaillierten Betrachtung der »Nachbarschaft von Dichten und Denken«, die Heidegger in seinen Hölderlin-Auslegungen niemals annähernd so tiefenscharf suchte: Nietzsche löste seinen Anspruch auf »dionysisches« Philosophieren mit seinen Gedichten ein. Wie später im Buch *Geheimes Deutschland* zielt Riedel auf den lyrischen Ausdruck als dichteste Form humaner Stellungnahme und Daseinserfassung. Dabei thematisiert er auch Unterschiede zwischen »Goethes Geselligkeit und Nietzsches Einsamkeit«[21] und sieht Nietzsches scheues Bemühen, durch Lyrik hindurch »Freundschaft« – etwa mit Lou Salomé und Heinrich von Stein – zu stiften. Diese intime Kommunikation war

---

[19] Manfred Riedel, Freilichtgedanken. Nietzsches dichterische Welterfahrung, Stuttgart 1998
[20] Riedel, Freilichtgedanken, 319
[21] Riedel, Freilichtgedanken, 317

integrer als die massiven Werbungs- und Vergemeinschaftsbemü-
hungen der Gestalt des Zarathustra, denen Heidegger bei seiner Konstruktion seines »Dichterstaates« und seiner Kreise folgte. Max Weber bemerkte 1919 schon in *Wissenschaft als Beruf:*

>»Es ist weder zufällig, dass unsere höchste Kunst eine intime und keine
>monumentale ist, noch dass heute nur innerhalb der kleinsten Gemein-
>schaftskreise, von Mensch zu Mensch, im pianissimo, jenes Etwas pulsiert,
>das dem entspricht, was früher als prophetisches Pneuma in stürmischem
>Feuer durch die Gemeinden ging und sie zusammenschweißte. Versuchen
>wir, monumentale Kunstgesinnung zu erzwingen und zu ›erfinden‹, dann
>entsteht ein so jämmerliches Missgebilde wie in den vielen Denkmälern der
>letzten 20 Jahre.«[22]

Max Weber dachte hier an Wilhelminische Kunst und nationalistischen Monumentalismus. Die Heidegger-Gesamtausgabe kannte er
noch nicht.

2. Heidegger-Tabus als Referenzautoren: Goethe, George, Stauffenberg

Riedel publizierte zuletzt zwei Bücher,[23] die für seine Revision von
Heideggers Kanon und Politik beachtlich sind und hier thematisch
besonders interessieren: ein Buch über das »geheime Deutschland«
und eines über das Verhältnis der »klassischen Moderne« zur Weimarer Klassik: War Riedel von Anfang an mit seinen Hegel-Interpre-
tationen Heideggers Distanz zur Weimarer »Klassik« und zum deutschen Idealismus nicht gefolgt, so richtete sich seine Linie von Goethe
und Hölderlin zu Nietzsche, George und Stauffenberg nicht zuletzt
gegen Heideggers starke Betonung eines »revolutionären Bruchs«
(Karl Löwith) von Hegel zu Nietzsche und zwischen der bürgerlichen
und liberalen Goethe-Rezeption und der »tragischen« und genialistischen Hölderlin-Revokation seit v. Hellingrath. Diese letzten Schriften und Letztaussagen werden deshalb hier näher betrachtet.
    Riedels letzte – teils erst posthum erschienene – Bücher ziehen

---

[22] Max Weber, Wissenschaft als Beruf, in: ders., Gesammelte Aufsätze zur Wissenschaftslehre, Tübingen 1922, 524–555, hier: 554
[23] Manfred Riedel, Geheimes Deutschland. Stefan George und die Brüder Stauffenberg, Köln 2006; Im Zwiegespräch mit Nietzsche und Goethe. Weimarische Klassik
und klassische Moderne, Tübingen 2009

eine Linie von Goethe und Hölderlin über Nietzsche und George zu Hofmannsthal und Stauffenberg. Ausdrücklich rekonstruieren sie die Konservative Revolution des »geheimen Deutschland«. Heidegger hatte das »geheime Deutschland« von Hellingrath her aufgefasst; Hellingrath hatte Hölderlin gegen Goethe ausgespielt und das »geheime Deutschland« als das »Volk Hölderlins« betrachtet. Hellingrath meinte 1915 in seiner Münchner Rede über *Hölderlin und die Deutschen*:

»Wir nennen uns ›Volk Goethes‹, weil wir ihn als ein Höchsterreichbares unseres Stammes, als höchstes auf unserm Stamme Gewachsenes sehen in seiner reichen, runden Menschlichkeit, welche selbst Fernere, die sein Tiefstes nicht verstehen mögen, zur Achtung zwingt. Ich nenne uns ›Volk Hölderlins‹, weil es zutiefst im deutschen Wesen liegt, dass sein innerster Glutkern unendlich weit unter der Schlackenkruste, die seine Oberfläche ist, nur in einem geheimen Deutschland zutage tritt«.[24]

Heidegger mied die öffentliche Rede vom »geheimen Deutschland«. In seinen bei Lebzeiten publizierten Schriften kommt sie, soweit ich sehe, vielleicht niemals vor. Riedel deutete dies als politische Vorsicht, »weil im totalitären Staat alles darauf ankommt, verwechselt zu werden«.[25] Nach Georges Tod erwähnte Heidegger die Formel aber immerhin beiläufig signifikant im August 1934 in seinen Freiburger Vorträgen über *Die deutsche Universität*. Dort meinte er:

»Preußen wurde 1806/7 durch Napoleon und seine Verbündeten niedergeworfen. Aber – in all dieser politischen Ohnmacht, in all dieser staatlichen Zerrissenheit, in all diesem Elend des Volkes lebte noch und lebte schon ein geheimes Deutschland. Aus der innersten Not und unter dem Druck der äußeren Knechtschaft erwachte eine neue Freiheit. Das will sagen: Das Wesen der Freiheit wurde neu begriffen, in das Wissen und den Willen der Deutschen eingepflanzt.« (GA 16, 290)

Heidegger bezieht sich für die Formel hier also pauschal auf die preußischen Reformen und den späteren nationalistischen Widerstand. In seine *Schwarzen Hefte* notiert er damals zum Scheitern des Rektorats: »Der Zeitpunkt meines Einsatzes war zu früh oder schlechterdings überflüssig. […] Wir werden in der unsichtbaren Front des geheimen geistigen Deutschland bleiben.« (GA 94, 155) Heidegger begriff die

---

[24] Norbert v. Hellingrath, Hölderlin und die Deutschen, in: ders., Hölderlin-Vermächtnis, hrsg. Ludwig von Pigenot, 2. Aufl. München 1944, 119–150, hier: 120; vgl. Verf., Heideggers ›große Politik‹, 2016, 13 ff.
[25] Riedel, Heideggers europäische Wendung, 65

»neue Freiheit« des »geheimen Deutschland« allerdings weniger mit Goethe und Humboldt als mit Hölderlin, dessen persönliche Tragödie er als Auftakt zur politischen Erneuerung auffasste. In den *Schwarzen Heften* heißt es dazu an exponierter Stelle: »1806 Hölderlin geht weg und eine deutsche Sammlung hebt an.« (GA 94, 523) Goethe lehnte den nationalistischen Widerstand gegen Napoleon ab. Er war ein grundsätzlicher Revolutionsgegner und gehörte wie Hegel zu den lebenslangen Bewunderern Napoleons.[26] Wenn Riedel die Linie des »geheimen Deutschland« von Goethe her schreibt, unterscheidet sich das tiefgreifend von v. Hellingrath und Heidegger. Es ließe sich hier von einer neuhumanistischen Revision und Umschrift sprechen.

Heidegger distanzierte sich im Nationalsozialismus nach dem Scheitern seiner großen Ambitionen vielfach vom Personal des Nationalsozialismus – mehr von den Paladinen als von Hitler selbst – und sah sich in einer ideologischen Opposition und Dissidenz, die er eher in die Linie eines »geheimen Deutschland« als einer »inneren Emigration« gestellt hätte. Schon aus seinen *Schwarzen Heften* ließe sich seine Sicht rekonstruieren. Riedel konstruiert eine andere Linie: Er knüpft dabei nicht an die Apologie der »autoritären« Kollaboration – etwa der Schleicher- oder Papen-Kreise – von 1933/34 an, wie sie Rauschning und Mohler rückblickend formulierten, sondern stellt Stefan George ins Zentrum und arbeitet eine weitere Linie von der »Weimarer Klassik« über Nietzsche und George zu Stauffenberg minutiös heraus. Schon Mohler hatte allerdings die nationalsozialistischen »Ketzerverfolgungen« gegen die »Trotzkisten« der Bewegung betont und beiläufig bemerkt, dass die Konservative Revolution am »Putschversuch vom 20. Juli 1944 […] in weit größerem Umfange beteiligt«[27] war, als gemeinhin angenommen.

Riedel hat seine große Gesamtrevision wahrscheinlich nicht von Anfang an beabsichtigt. Er gelangte zu diesem Projekt erst im Zusammenhang mit seinen Nietzsche-Auslegungen. Riedels Wendung zu Nietzsche erfolgte dabei nicht zuletzt unter dem Eindruck der Wiedervereinigung: *Zeitkehre in Deutschland* ist seine sehr persönliche Wiederentdeckung der autobiographischen Landschaft und tra-

---

[26] Gustav Seibt, Mit einer Art von Wut. Goethe in der Revolution, München 2014; Goethe und Napoleon. Eine historische Begegnung, München 2008; vgl. Carl Schmitt, Clausewitz als politischer Denker (1967), in: ders., Frieden oder Pazifismus? Arbeiten zum Völkerrecht und zur internationalen Politik, Berlin 2005, 887–910
[27] Armin Mohler, Die konservative Revolution in Deutschland 1918–1932. Grundriß ihrer Weltanschauungen, Stuttgart 1950, 13

gisch-transitorischen Geschichtsauffassung. Riedel setzte seinen philosophischen Zugriff dann bei der Auslegung des *Zarathustra* und der »Grundlehre« von der ewigen Wiedergeburt an, die schon Löwith 1935 ins Zentrum gestellt hatte. Nietzsches Wendung zur Dichtung betrachtete er dabei als eine »Selbstkorrektur«. Er spricht von einer »Intuition, wonach das ›absolute Werden‹ als Geschehen am Grunde der Welt verstanden werden muss«,[28] und bedauert, dass Nietzsche diese »tragische Weisheit« nicht zu einer »Bestimmung des Ursprungs der griechischen Denkerfahrung« führte. Nietzsche scheiterte also am Schritt zurück. Riedel meint dazu:

»In diesem Punkt ist Heideggers Nietzsche-Kritik im Recht. Es gilt aber zugleich Nietzsches Ansatz im Licht seiner Selbstkorrektur gerecht zu werden, um das Gespräch mit Heidegger von Hegel und Nietzsche aus noch einmal neu zu beginnen.«[29]

Riedel formuliert hier die Aufgabe einer Revision des »Schritts zurück« als »Gespräch mit Heidegger«. Dieses Gespräch nimmt in den folgenden Jahren eine neue Wendung: Riedel geht nicht auf die Vorsokratik zurück, sondern auf die Wirkungsgeschichte der Weimarer Klassik. Das 2006 publizierte Buch *Geheimes Deutschland. Stefan George und die Brüder Stauffenberg*[30] thematisiert nicht die Tat in der Wolfsschanze und »Operation Walküre«, sondern setzt deren Kenntnis voraus und erörtert vielmehr die volle Zugehörigkeit der Brüder Stauffenberg zur Gedankenwelt Georges und zum »Kreis«. Riedel setzt dafür mit einer breiten Rekonstruktion von Georges Hölderlin-Auffassung ein und erörtert auch die Rolle älterer George-Schüler, von Kantorowicz und Kommerell, bei der Initiation der Brüder. Er thematisiert Georges Auseinandersetzung mit Max Weber für die Revokation der Entzauberungsdiagnose[31] und die Entscheidung

---

[28] Manfred Riedel, Vorspiele zur ewigen Wiederkunft. Nietzsches Grundlehre (1995), hrsg. Harald Seubert, Wien 2012, 171

[29] Riedel, Vorspiele zur ewigen Wiederkunft, 172

[30] Manfred Riedel, Geheimes Deutschland. Stefan George und die Brüder Stauffenberg, 2006, Berlin 2014; zur Wirkungsgeschichte Georges auch: Ulrich Raulff, Kreis ohne Meister. Stefan Georges Nachleben, München 2009; vgl. Hans-Christof Kraus, Das geheime Deutschland. Zur Geschichte und Bedeutung einer Idee, in: Historische Zeitschrift 291 (2010), 385–417

[31] Zum »Exodus-Impuls« nach Weber vgl. Norbert Bolz, Auszug aus der entzauberten Welt. Philosophischer Extremismus zwischen den Weltkriegen, München 1989; Helmuth Kiesel, Wissenschaftliche Diagnose und dichterische Vision der Moderne: Max Weber und Ernst Jünger, Heidelberg 1995; vgl. auch Verf., Max Weber und die

zum »schönen Leben« und weist auf den engen Umgang Stauffenbergs mit dem Historiker Rudolf Fahrner hin, dessen *Gneisenau*-Buch von 1942 eine der wichtigsten Antworten des Kreises auf Hitler gewesen sei; als letztes und wichtigstes Zeugnis der »Treue zu George« betrachtet er aber Alexander v. Stauffenbergs Poem *Der Tod des Meisters*, das Claus v. Stauffenberg noch wenige Tage vor dem Attentat las. Laut Riedel wollte Stauffenberg durch seine Tat eine »Blutschuld« sühnen und die soldatische »Ehre« des Offizierskorps retten;[32] die Treue zu George zeigt sich aber nicht zuletzt im Anspruch auf dichterische Aussprache.[33] Riedel distanziert diese Selbstauffassung der Brüder zuletzt durch die Antworten von Kantorowicz und Wolfskehl. Auch diese älteren Jünger und Opfer nationalsozialistischer Vertreibung akzeptierten die dichterische Auffassung Stauffenbergs aber letztlich und anerkannten damit die fortdauernde Zugehörigkeit der Brüder zum »Kreis« des »geheimen Deutschland«.

Riedel ließ dieser Sicht noch ein zweites George-Buch folgen, das für die Heidegger-Revision nicht weniger interessant ist. Er schrieb noch ein George-Buch, das den Autor des »geheimen Deutschland« in einer Diskretionsgeste im Titel verschweigt. Das Buch *Im Zwiegespräch mit Nietzsche und Goethe*, in Riedels Todesjahr 2009 erschienen, zieht eine Linie von Goethe über Nietzsche und George zu Hofmannsthal. Riedel rekonstruiert dafür zunächst Nietzsches Goethe-Rekurs und dann Georges Goethe- und Nietzsche-Rekurs. Riedel fasst Georges Gründungstat also nicht von der französischen »Revolution der modernen Dichtung« (Hugo Friedrich) her auf, mit Baudelaire und Mallarmé, sondern betrachtet die Goethe- und Nietzsche-Rezeption oder Aneignung als wichtigste Voraussetzung für die »Tektonik des ›Dichterstaates‹«[34] und Georges Konstruktion eines elitären »Bundes«, dem Hofmannsthal sich trotz Georges früher und intensiver Werbung verweigerte.

Riedels zweites George-Buch schließt mit einem Kapitel zu »Hofmannsthals Zwiesprache mit Goethe und Nietzsche und [...] Idee einer ›konservativen Revolution‹«.[35] In forcierter Lesart scheint

---

deutsche politische Philosophie, in: Archiv für Rechts- und Sozialphilosophie 87 (2001), 31–43

[32] Riedel, Geheimes Deutschland, 231

[33] Riedel, Geheimes Deutschland, 232 f.

[34] Manfred Riedel, Im Zwiegespräch mit Nietzsche und Goethe. Weimarer Klassik und klassische Moderne, Tübingen 2009, 129 ff.

[35] Riedel, Im Zwiegespräch mit Nietzsche und Goethe, 185 ff.

es anzudeuten, dass Hofmannsthals eigene Fassung der »konservativen Revolution« nicht zuletzt dem ambivalenten Verhältnis zu George entsprang: Weil Hofmannsthal sich George verweigerte, gelangte er zur literaturpolitischen Forderung des »guten Europäers«; der wahre Jünger Georges und authentische Vertreter der »konservativen Revolution« sei aber vielmehr Graf Stauffenberg gewesen. Georges »Dichterstaat« zielte demnach nicht zuletzt auf die Tat: auf das heroische Märtyrertum des Tyrannenmords. Im George-Buch spielt Riedel Stauffenberg aber nicht offensiv gegen Hofmannsthal aus, sondern er stellt sich hinter dessen übernationalistische und großdeutsche Vision vom »guten Europäer«, die er gegen Thomas Mann profiliert.

Riedels starke und im Detail sehr gelehrte und originelle Linienführung ließe sich nun kleinteilig diskutieren. Die Anknüpfungspunkte wären vielfältig. So wäre etwa über Hofmannsthals Verhältnis zu George oder Thomas Mann zu schreiben. Eingehend wäre auch zu diskutieren, welche Version der »konservativen Revolution« substantiell interessant ist. Riedel formuliert hier eine Alternative zwischen Hofmannsthal und Mann. Er entwickelt in seinem Spätwerk zweifellos eine ingeniöse Sicht von der »konservativen Revolution« des »geheimen Deutschland«. Viele Leser werden die Form der geistesgeschichtlichen Revokation aber insgesamt für irrig halten. Was hier am Ende über den »guten Europäer« steht, bleibt politisch vage und offen. Das geistesgeschichtliche Konzept von den Stufen der Auseinandersetzung und Formierung des »geheimen Deutschland« ist auch fraglich.

Riedel sprach von einem »Gespräch mit Heidegger von Hegel und Nietzsche aus« und scheint Heideggers »Schritt zurück« mit Hegels Dialektik der »Aufhebung« zu verbinden: Demnach war der Goethe-Rekurs von Nietzsche und George eine notwendige Bedingung der Formierung der »konservativen Revolution«: ohne Goethe kein Nietzsche, ohne Georges Revokation des Goethe-Erbes in Nietzsche kein »Dichterstaat« und keine breite Wirkung Georges, ohne George schließlich kein Hofmannsthal und kein Attentat in der Wolfsschanze! Man wird nicht bestreiten können: Stauffenbergs Selbstverständnis war von George nachhaltig geprägt. Keine Stauffenberg-Biographie kommt deshalb ohne ein George-Kapitel aus; Historiker zielen mit ihren Historisierungen aber über das Selbstverständnis als notwendige Bedingung der Tat hinaus und rekonstruieren die Gelingensbedingungen historischer Ereignisse komplexer.

Für Riedels Linienführung ist jenseits der Detailfragen die Transformation von Heideggers Sicht interessant: Wo Heidegger an v. Hellingrath anknüpfte, zieht Riedel eine Linien von Goethe zu George. Wo er seine philosophische Rekonstruktion von Nietzsches »Grundlehre« gegen Heidegger profilierte, geht er mit Gadamer auf George zu und grenzt sich im akademischen Innovationsgestus der Minimaldistinktion dabei auch von Gadamer ab:[36] Er stellt sich auf die Schultern oder in die Nachfolge Heideggers und Gadamers und betreibt Auseinandersetzung – mit Heidegger zu sprechen – als »Verwindung«, um zu einem anderen Finale und Ausgang zu gelangen: Riedels »konservative Revolution« des »geheimen Deutschland« führt zu Stauffenberg.

Es wurde bereits angedeutet, dass sich diese Linienführung mit Heideggers Sicht des »geheimen Deutschland« und insbesondere dessen Revision des Nationalsozialismus nach dem Rektorat vergleichen ließe. Anders als Riedel hat Heidegger Stauffenbergs Tat wohl niemals bejaht. Seine späten Bedenken gegen Hitler führten nicht zur Option für den Tyrannenmord. Stattdessen verteidigte Heidegger den Nationalsozialismus noch im Spiegel-Gespräch von 1966 (GA 16, 677). Nicht Stauffenbergs Attentat, sondern die nationalsozialistische Revolution betrachtete er als legitime Widerstandtat. Nicht der Nationalsozialismus, sondern Monotheismus und Metaphysik sowie das resultierende neuzeitliche »Wesen« der Technik erschienen ihm ursächlich als inhuman.

Obgleich Riedel lange Jahre Präsident der Heidegger-Gesellschaft war, hat er detaillierte Äußerungen zur politischen Heidegger-Kontroverse gemieden. Dabei leiteten ihn auch grundsätzliche Bedenken gegen eine politische Auffassung und Politisierung des philosophischen Diskurses. Gelegentlich relativierte er Heideggers Engagement durch die politischen Verfehlungen und Irrtümer von Bloch und Lukács. Nach seinen frühen Stalinismus- und DDR-Erfahrungen wusste er, wie schwer es ist, in einer Diktatur auch nur einigermaßen redlich zu bestehen. Weil eine detaillierte Stellungnahme zu Heideggers Nationalsozialismus fehlt, wird man Riedels Sicht der »konservativen Revolution« auch als Stellungnahme zur Kontroverse und distanzierende Antwort verstehen dürfen. Riedels Heidegger-Revision scheitert allerdings am blinden Fleck des Heideggerianis-

---

[36] Riedel, Im Zwiegespräch mit Nietzsche und Goethe, 2 ff.

mus: bei der Auffassung von Heideggers Verhältnis zu George.[37] Riedel sieht zwar, dass George auf eine charismatische Gemeinschaftsstiftung zielte: auf einen »Dichterstaat« und »Bund«. Selbst er sieht aber nicht, wie sehr Heidegger bis in die Inszenierungstechnik hinein der politischen Pädagogik Georges folgte. Riedel betrachtete seine Auffassung als wichtigen Schritt über Gadamer hinaus. Vielleicht unterschätzte er aber Gadamers Loyalität und Diskretion gegenüber Heidegger: Wahrscheinlich sah Gadamer das Erbe Georges in Heidegger deutlicher als Riedel: die pädagogische Erotik des akademischen Verführers. Löwith[38] hat sie polemisch gesehen und benannt, ohne ihre eigentümliche Größe anzuerkennen. Wenn Riedel Stauffenberg gegen Hofmannsthal auszeichnet: die Tat als Erbe Georges vor dem Wort, so kommt er diesem offenbaren Geheimnis nahe: dem Primat der Praxis, der »Stimmung« und charismatischen Erweckung, der akademischen Ereignisstiftung als Antwort auf den »europäischen Nihilismus« und die Gottverlassenheit des nackten »Daseins«.

---

[37] Dazu vgl. Friedrich Wilhelm v. Herrmann, Die zarte, aber helle Differenz. Heidegger und Stefan George, Frankfurt 1999
[38] Karl Löwith, Mein Leben in Deutschland vor und nach 1933. Ein Bericht, Stuttgart 1986

X. Mathematikvergessenheit. Friedrich Kittlers Revision von Heideggers Seinsgeschichte

1. Späte Bekehrung?

Friedrich Kittler (1943–2011) war ein international bekannter Pionier der neueren Kulturwissenschaften und Medientheorie. Ein Heideggerianer war er nicht. In einer Wirkungsgeschichte Heideggers erwartet man eine Berücksichtigung seines Werkes nicht zwingend. Buchstäblich hat Kittler sich auch nur selten auf Heidegger bezogen. Näher betrachtet war er von Heideggers Werk sowie der breiten Rezeption und Wirkung Heideggers an der Freiburger Universität aber zweifellos stark beeindruckt und geprägt. Es interessieren hier, in dieser Sammlung, auch nicht epigonale Anknüpfungen und buchstäbliche Gefolgschaften, sondern nur produktive Aneignungen, wie sie Kittler zweifellos unternahm.

Mit einem Blick auf das Werk[1] lässt sich zwischen einem Autor Kittler I und II unterscheiden: dem FAK der Aufschreibesysteme 1800/1900/2000 und dem FK der wahren Liebe, Mathematik und Musik. Zwischen diesen Projekten gibt es eine Inkubationspause, der Übergang markiert einen Schritt zurück: Was I in Freiburg entwickelte, begriff II in Berlin in seinen Anfängen und Gründen. In Berlin fand er zur konservativen Revolution des Freiburger Schritts zurück. Erst Kittler II äußerte sich deshalb auch ausführlicher über den Freiburger Meisterdenker. Zuvor sprach er eingehender nur von Heideggers illegitimen Kindern: von Lacan, Foucault und auch Derrida. In Berlin besann er sich dann auf Freiburg zurück.

---

[1] Hier vor allem: Aufschreibesysteme 1800/1900, München 1987; Draculas Vermächtnis. Technische Schriften, Leipzig 1993; Musik und Mathematik Bd. I. Hellas I: Aphrodite, München 2006; Musik und Mathematik II. Hellas II: Eros, München 2009 (Kürzel: MM); Isolde als Sirene, München 2012; Das Nahen der Götter vorbereiten, München 2012; Die Wahrheit der technischen Welt. Essays zur Genealogie der Gegenwart, hrsg. Hans Ulrich Gumbrecht, Berlin 2013 (Kürzel: WTW)

Mit Heidegger könnte man eine Ironie des Seinsgeschicks vermuten: Erst am Ende wird die lange Absenz als Anwesen sichtbar; vom Spätwerk her scheint die Schlüsselbedeutung Heideggers offenbar. In *Musik und Mathematik* (Kürzel: MM) wird er ständig zitiert und auch für die eigene Botschaft von der Liebe und dem »Wesen der Sinnlichkeit« (MM I/2, 185; vgl. MM I/1, 64 f., 184) emphatisch in Anspruch genommen: »Wer räumt uns wieder Freiheit ein und Liebe – wenn nicht [...] Heidegger und dank ihm wir selbst?« (MM I/2, 126) Aus einigem Abstand wird man Kittler wohl als Freiburger Innovator und Erben historisieren, Hans Ulrich Gumbrecht hat das editorisch eingeleitet. Seine autobiographischen Stilisierungen und sein Personalstil sind zwar bis in die Intonation der Stimme hinein vertraut, harte Daten zur akademischen Sozialisation und zum Privatleben offenbart das Werk aber nur sparsam, und auch die einsetzende Forschung[2] hat die Biographie noch kaum erschlossen. Obgleich Kittler Heideggers Disjunktion von Historie und Seinsgeschichte zurückwies, setzte er den antihistoristischen Gestus autobiographisch fort und versteckte sein Leben hinter Selbstmystifikationen. Heidegger-Lektüren sind im Werk buchstäblich erst überraschend spät nachweisbar. Das Personenregister von *Baggersee*[3] vermeldet noch Fehlanzeige, die *Aufschreibesysteme* rühmen Heideggers »unvergleichliche Lesekunst«[4] nur beiläufig. Ausführlich spricht Kittler über Heidegger erst ab 2000.

2. Freiburger Prägung

Kittler hat einen mythischen Schleier über seine fachphilosophischen Anfänge geworfen. Seine akademische Sozialisation erfolgte zwar, von Ausflügen nach Frankreich (Straßburg) abgesehen, durchgängig in Freiburg. Seine akademischen Lehrer nannte er in seinen Publikationen aber fast nie, die üblichen Referenzen fehlen. Erst in letzten Interviews[5] äußerte er sich ausführlicher. Kittler wies nicht nur den Titel des Philosophen für sich zurück, sondern polemisierte und spot-

---

[2] Dazu vgl. Geoffrey Winthrop-Young, Friedrich Kittler zur Einführung, Hamburg 2005

[3] Friedrich Kittler, Baggersee. Frühe Schriften aus dem Nachlass, Paderborn 2015

[4] Friedrich Kittler, Aufschreibesysteme 1800/1900, München 1987, 272

[5] Hier vor allem: Till Nikolaus von Heiseler, Friedrich Kittlers Flaschenpost an die Zukunft. Eine Sendung, Berlin 2013 (Kürzel: FZ)

tete auch immer wieder über den Fachbetrieb. Auch im Seminar bekannte er sich nicht emphatisch zu einem bestimmten philosophischen Lehrer. Relativ ortstreu blieb er aber über 20 Jahre fast ohne Unterbrechungen an der Freiburger Universität. Dabei riskierte er gleich zweimal den Bruch mit seinen akademischen Lehrern: beim Wechsel aus der Philosophie in die Germanistik und dann im Habilitationsverfahren.

Die dortige Philosophie wurde noch von Heidegger-Schülern und -Kritikern dominiert. Neben Eugen Fink (1905–1975) lehrte ab 1964 der remigrierte Löwith-Schüler Werner Marx (1910–1994). Mehrere direkte Heidegger-Schüler waren durchgängig präsent: so Wolfgang Struve (1917–2011), Rainer Marten (* 1928) und Ute Guzzoni (* 1934). Erik Wolf (1902–1977) bot in den 60er Jahren noch Veranstaltungen an, und so lernte Kittler »bei einem Freund Heideggers, dem großen Rechtshistoriker Erik Wolf, griechische Buchstaben von der Tafel abzuschreiben«.[6] Auch Heidegger hielt im Wintersemester 1967/68 noch ein Seminar zusammen mit Eugen Fink ab, an dem Kittler aber nicht teilnahm.

Heidegger-Veranstaltungen waren in den 60er Jahren mehr ein Vorrecht des Nachfolgers Werner Marx. Nur wenige wurden angeboten. Erst ab etwa 1970 hielt Friedrich-Wilhelm von Herrmann (* 1934) dann ständig Heidegger-Veranstaltungen ab. In einem späten autobiographischen Interview berichtet Kittler, dass er schon als Schüler Heidegger-Texte las, *Sein und Zeit* im Bücherschrank des Vaters vorfand (FZ 17) und dann von Werner Marx als Hilfskraft und quasi als »Bibliothekar« beschäftigt wurde, wodurch er »hinter dem Rücken« seiner eigenen Planung zum Philosophen wurde. Kittler besuchte zwar auch Veranstaltungen bei Eugen Fink, orientierte sich aber in den 60er Jahren eindeutig, nach der Erinnerung von Erika Kittler,[7] am Lehrstuhl von Werner Marx und in Richtung auf eine akademische Karriere in der Philosophie. Mit Ludwig Siep (* 1942) zusammen war er mehrere Semester lang bei Werner Marx Hilfskraft. Gelegentlich datierte er intensive Heidegger-Lektüren auf das Jahr 1965.[8] In einem Marx-Seminar über Gadamers *Wahrheit und*

---

[6] Friedrich Kittler, »And the Gods Made Love«. Zum Tode von Cornelia Vismann, in: Idee. Zeitschrift für Ideengeschichte 4 (2010), Heft 4, 127–128, hier: 127
[7] Telefonische Mitteilung von Erika Kittler am 1. März 2016 an den Verf.
[8] Friedrich Kittler, Das Ganze steuert der Blitz. Gespräch mit Alexander Kluge, in: Short Cuts, Frankfurt 2002, 269–282, hier: 269

Methode hielt er ein Referat.[9] Die Verwerfungen des Nationalsozialismus klangen damals in den 60er Jahren noch nach. Auch als Remigrant hatte Marx ein gespanntes Verhältnis zum Heidegger-Schüler Eugen Fink und auch anderen Fakultätskollegen. Mit einem der Marx-Assistenten, Klaus Harlander (1939–2012),[10] stand Kittler, nach der Erinnerung Sieps, einige Zeit im engeren Kontakt. Siep wurde Harlanders Nachfolger. Befreundet war Kittler auch mit Walter Brüstle (*1943),[11] einem Altphilologen, der später bei Marx promovierte und dann mit Siep nach Duisburg wechselte. Und auch mit Bernhard Rang (1935–1999) pflegte er Umgang.

Ute Guzzoni hatte neben Harlander lange die zweite Assistentenstelle inne und Kittler besuchte nicht nur mehrere ihrer Seminare, sondern gehörte auch zu einem Literaturkreis, an dem neben Guzzoni u. a. Siep und der Biologe Rainer Hertel (*1937) teilnahmen. Gelesen wurden nicht nur philosophische Texte, sondern etwa auch Richard Wagner. Am Rande eines Vortrags sagte Kittler (im Dezember 2007) einmal, er schreibe gerade ein schönes Aristoteles-Kapitel (MM I/2, 149 ff.), das Aristoteles-Veranstaltungen Guzzonis einiges zu verdanken habe. Mit der Veröffentlichung des Bandes dankte er Guzzoni auch ausdrücklich per Mail vom November 2009.[12] Nur 1966/67 bot Guzzoni Aristoteles-Veranstaltungen an, die gemeint sein werden. 1969 habilitierte sie sich über *Aristoteles' Ontologie*. Die Durchsicht des Vorlesungsverzeichnisses zeigt überraschend, dass sie im Wintersemester 1972/73 mit Kittler und Horst Turk (1935–2008) zusammen ein Seminar über Ding, Zeichen, Symbol ankündigte. Kittler war damals noch nicht promoviert. Heideggers Ding-Begriff blieb für Kittler wichtig. Im autobiographischen Interview berichtete er jedoch, ohne Namensnennung, dass eine Assistentin ihn aus der Philosophie vertrieb, weil sie ihm »eine Dissertation über Hegels *Ästhetik*« oktroyieren wollte; er habe damals sogleich gekündigt und sei »zu den Germanisten zurückgelaufen« (FZ 19). Kittler datiert den Wechsel auf das neunte Semester; er wird aber deutlich später erfolgt sein,

---

[9] Erinnerung von Walter Brüstle im Telefonat vom 3. März 2016
[10] Klaus Harlander, Absolute Subjektivität und kategoriale Anschauung. Eine Untersuchung der Systemstruktur bei Hegel, Meisenheim 1969
[11] Dazu vgl. Walter Brüstle, Erfahrungsbezug und Bedeutung. Untersuchungen zur empirischen Sprachphilosophie bei Carnap und Quine, Freiburg 1979; ders. (Hg.), Sterblichkeitserfahrung und Ethikbegründung. Ein Kolloquium für Werner Marx, Essen 1988
[12] Abdruck in: Neue Rundschau 127 (2016), 117

wenn Kittler 1972/73 noch ein Seminar mit Guzzoni zusammen plante. Marx und Guzzoni waren jedenfalls seine engsten philosophischen Lehrer in Freiburg.

In Hochzeiten der Studentenbewegung nahm Kittler an einer Demonstration für *Sein und Zeit* teil.[13] Um 1970 herum war sein Bruch mit der Philosophie noch kaum absehbar. Manches deutete mehr auf eine fachphilosophische Karriere hin. Die Romanistik spielte damals auch keine geringere Rolle als die Germanistik und Kittler betrachtete neben Hugo Friedrich (1904–1978) auch dessen Assistenten Horst Ochse (1927–2014)[14] als engen akademischen Lehrer und Freund. Voller Bewunderung besuchte er Veranstaltungen des Sprachwissenschaftlers Johannes Lohmann (1895–1983), wie sie sich boten. *Philosophie und Sprachwissenschaft*[15] war gerade erschienen und Walter Brüstle referierte darüber im Marx-Seminar. So kam das Interesse zustande, und schon damals diskutierte Kittler mit Brüstle über die »ontologische Differenz« und Lohmanns sprachwissenschaftlichen Ansatz zur Transformation von Heideggers Denken. Zu Hegels *Wissenschaft der Logik* fand er dagegen, nach der Erinnerung des Studienfreundes,[16] nicht den originären Zugang, und er wollte nicht ganz den am Marx-Lehrstuhl gängigen Verknüpfungen von Heidegger und Hegel folgen. Rekonstruiert man derart auch nur in Ansätzen das Freiburger Studium, lässt sich geradezu von einem unbekannten oder anderen Kittler vor dem Autor I und II sprechen, der – mit einer DDR-Jugend im Rücken oder Nacken – ab 1963 ortstreu und fleißig, zielbewusst und strategisch, leidenschaftlich und beharr-

---

[13] Persönliche Erinnerung und Mitteilung von Jochen Hörisch
[14] Dazu vgl. Horst Ochse, Studien zur Metaphorik Calteróns, München 1967
[15] Johannes Lohmann, Philosophie und Sprachwissenschaft, Berlin 1965; vgl. ders., Musiké und logos. Aufsätze zur griechischen Philosophie und Musiktheorie, Stuttgart 1970; mit dem Heidegger-Schüler Walter Bröcker (1902–1992) gab Lohmann zusammen heraus: Lexis. Studien zur Sprachphilosophie, Sprachgeschichte und Begriffsforschung, 4 Bde., 1948–1954; diese Zeitschrift schätzte Kittler als ersten Schritt über Heidegger hinaus.
[16] Persönliche Erinnerung von Walter Brüstle im Telefonat vom 3. März 2016; bis Anfang der 80er stand Brüstle mit Kittler im engeren freundschaftlichen Kontakt und dann im letzten Lebensjahrzehnt wieder. Brüstle bezeugt den gemeinsamen Besuch von Veranstaltungen bei Lohmann schon in den 60er Jahren sowie damalige Gespräche über die Rezeption Heideggers mit Lohmann. Als Altphilologe beriet er Kittler auch bei der Abfassung von *Musik und Mathematik* (dazu Kittlers Dank MM I/2, 344) und arbeitete längere Erstfassungen der ersten erschienenen Teilbände durch.

lich in Richtung auf eine akademische Karriere studierte und in der Fächerwahl noch nicht ganz festgelegt war. Am Lehrstuhl Werner Marx gab es allerdings mancherlei Querelen und Auseinandersetzungen um die knappen Ressourcen. Jenseits der sachlichen Gründe wechselte Kittler deshalb auch aus persönlichen Motiven und strategischen Überlegungen, nach einem offenen Gespräch mit Gerhard Kaiser (1927–2012),[17] etwa im Jahr 1973 relativ plötzlich mit einem harten Schnitt in die Germanistik über.

Ausführungen zu Heideggers Biographie kommentierte er später in der Vorlesung *Eine Kulturgeschichte der Kulturwissenschaft* zurückhaltend:

»Mein Gott, warum erzähle ich das alles? Weil ich dabei war, ohne dabei zu sein. Weil ich bei [dem Theologen und Heidegger-Schüler Bernhard] Welte gehört habe, ohne fromm zu werden. Weil der alte kleine Mann immer wieder über die Korridore des Philosophischen Seminars Freiburg schlurfte, aber – den Göttern sei Dank – nie ein Wort mit mir wechseln musste.« (KK 221)

Im Interview meinte er dazu:

»Ich kann nur den Göttern dankbar sein, dass ich nicht zu ihm hochgeschickt wurde in den Rötebuckweg 47, weil alle, die nach einer Stunde Heidegger-Spaziergang zurückkamen, meine älteren Freunde und Doktoranden, die waren alle gebrochen irgendwie. Wissen Sie, wenn man mit 28 oder 25 gerade das Exposé seiner Dissertation entwirft, das ist so hoch geschlossen, so abgehoben von allen wirklichen Dingen, das braucht dann nur noch Heidegger, der mit einem einzigen kleinen Finger all diese Luftschlösser zerschlägt. So viele Schreibblockaden habe ich nie wieder erlebt wie bei Heidegger.« (FZ 138f.)

Kittler meinte später, dass Nietzsche und Heidegger »ihre klügsten Leser und Verbreiter« in Paris fanden: »Lacan hat Heidegger zwar bloß übersetzt, bewundert und mit extrem überhöhter Geschwindigkeit über Frankreichs Dorfstraßen gefahren; Foucault und Derrida dagegen wären ohne Heidegger nicht zu denken.« (WTW 220) Ernst Behler[18] zeigte vor Jahren knapp und prägnant, wie die wirkungsgeschichtlichen Wege und Konversionen zwischen Nietzsche und Derrida von Heidegger abzweigten. Kittlers persönlicher Gedächtniston signalisiert schon, dass seine Lektüren jenseits des Freiburger Seminars mit Frankreichexpeditionen verbunden waren. Diese Bil-

---

[17] So die Erinnerung von Erika Kittler im Telefonat vom 1. März 2016
[18] Ernst Behler, Derrida-Nietzsche, Nietzsche-Derrida, München 1988

dungsreisen sollte man als munteres und freakiges Unternehmen vorstellen, dem Grenzkontrollen nicht zu wünschen waren.

Institutionell betrachtet wurde der Germanist Gerhard Kaiser dann besonders prägend; er wurde der Doktorvater und gab eine Assistenzstelle. Ab dem Sommersemester 1974 kündigte Kittler Veranstaltungen in der Germanistik an: zunächst »Einführung ins Studium der Literaturgeschichte« und ab 1975 dann selbständige Proseminare über »Das bürgerliche Drama« (SS 1975), »Die Lyrik und ihre Adressaten« (WS 1976/77 und SS 1977), »Romantische Erzählungen« (WS 1977/78) und Wilhelm Meisters Lehrjahre (SS 1978). Im Wintersemester 1978/79 folgte mit Norbert Bolz (* 1953) zusammen ein Seminar über Wagners *Tristan und Isolde.* Auch später verknüpfte Kittler seine Seminarthemen eng mit seinen jeweiligen Publikationen. Anfang der 80er Jahre wurden die Teilnehmer – ab SS 1981 auch ich – Zeugen der allmählichen Verfertigung und Verlesung der *Aufschreibesysteme.* Kittler sprach »Über technische Voraussetzungen der Literatur um 1900« oder auch »Phantastische Literatur«. Das Seminar WS 1983/84 über »Literatur und Krieg« eröffnete er im Zenit des »Doppelbeschlusses« und der »Friedensbewegung« mit den Worten: »Dieses Seminar hat keinen aktuellen Anlass!« Seine ganze akademische Exzentrik wurde damals im Habilitationsverfahren thematisch. Nicht weniger als 11 lange und eingehende Gutachten wurden geschrieben. Kaisers Habilitationsgutachten[19] lehnte die umstrittenen *Aufschreibesysteme* in der Sache vehement ab, plädierte aber dennoch, mehr aus Furcht vor der Courage, für die Annahme der gezielten »Provokation«. Nachträglich meinte Kittler, dass es das »Ringen um den christlichen Gott« (FZ 67) war, das ihn fast seinen »Hauptgutachter« gekostet hätte.

Romanistik studierte er noch bei Hugo Friedrich (1904–1978). Nur ihn erinnerte er später anerkennend. Im Interview meinte er: »Ich habe schon gern studiert, aber ich würde schon sagen: fast alle meine Lehrer waren Deppen. Ich hatte einen guten Lehrer in Französisch. Das war's.« (FZ 139) Nur Werner Marx ist aber von den akademischen Lehrern im Dank »aus alter Märchenzeit« in *Musik und Mathematik* (MM I/1, 339) erwähnt. Einer der Nachfolger von Friedrich, der Romanist Hans-Martin Gauger (* 1935), wurde dann zum

---

[19] Dazu die eindrucksvolle Dokumentation von Claus Pias / Ute Holl, Aufschreibesysteme 1980/2010. In Memoriam Friedrich Kittler (1943–2011), in: Zeitschrift für Medienwissenschaft 6 (2012), 114–192, hier: 127–133

erbittersten Gegner von Kittlers Habilitation. Kaiser konnte sich nur mühsam zur Annahme durchringen. Während Gerhard Neumann (1934–2017), Ordinarius in der neueren Germanistik, uneingeschränkt positiv urteilte, lehnten Gauger, der Historiker Gottfried Schramm (1929–2017) und der Germanist Wolfram Mauser (* 1928) mit methodischen Bedenken ab. Rainer Marten schrieb ein generös bejahendes Gutachten;[20] Peter Pütz (1935–2003) stimmte als externer Germanist emphatisch zu, die Kittler befreundeten externen Gutachter Manfred Schneider (* 1944) und Manfred Frank (* 1945) verglichen mit Benjamin und sprachen von einem »Geniestreich«.[21] Ein anonymer Freiburger Gutachter, von Kittler als gute »dreizehnte Fee« (FZ 65) erinnert, sprach von einer »Grundsatzentscheidung über ein außergewöhnliches Werk«.[22] Im Seminar sagte Kittler damals energisch: »Ich bin kein Klaus Theweleit!«[23] Er wollte damit wohl sagen, dass er es nicht auf ein akademisches Scheitern angelegt hatte. Seine Begabung blieb unbestritten und die Auseinandersetzungen um die Habilitationsschrift wurden im Verfahren mit großem Ernst bereits als Paradigmenstreit um das »Wissenschaftsverständnis«[24] aufgefasst.

Der junge Kittler war sicher kein Heideggerianer. Eine nähere Berührung und Prägung durch das Gesamtmilieu von Heideggers Schatten war aber unvermeidlich. Gewiss hat er Heidegger in seiner Studienzeit intensiv gelesen. Schon die posthum publizierten *Baggersee*-Aphorismen deuten aber nicht darauf hin, dass ihm Heidegger damals schon wegweisend war. Sarkastisch rechnete er später mit einem Philosophiebetrieb ab, der »Heideggers schlichte Fragen nie zu stellen« vermochte und sich stattdessen an Adorno hielt: »Die Folgen sitzen in Seminaren, bis ein einziges Heideggerwort sie streift. […] Warum war damals keine Seinskurzgeschichte für Erstsemester greifbar?«[25] Als Schlüssellektüren seiner Heidegger-Kehre nennt Kittler später die Abhandlung *Die Metaphysik als Geschichte des*

---

[20] Ebd., 159–162
[21] So Manfred Frank in seinem Gutachten ebd. 163–168, hier: 168
[22] N.N. 180–184, hier: 184
[23] Persönliche Erinnerung von mir, RM.
[24] So Kaiser im Gutachten, 130
[25] Friedrich Kittler, Medien- und Technikgeschichte. Oder: Heidegger vor uns, in: Dieter Thomä (Hg.), Heidegger-Handbuch. Leben – Werk – Wirkung, 2003, 2. Aufl. Stuttgart 2013, 520–523, hier: 522 f.

Seins aus der *Nietzsche*-Sammlung von 1961[26] sowie eine Parmenides-Vorlesung: »Das lag vor meinen Schreibmaschinen all die Jahre (nämlich: Heideggers Parmenides-Vorlesung von 1942/43), als unsereins der Philosophie entlief, um Mediengeschichte (unter anderem der Schreibmaschine) zu erschreiben.«[27] Diese Vorlesung wurde innerhalb der Gesamtausgabe schon früh publiziert: 1982.

3. Akademische Referenzen

Mit Kittlers Schritt zurück in die Antike war eine Wendung oder Rückkehr zu Heidegger verbunden. Es ließe sich auch von einer Kehre sprechen, tritt die Referenz auf die französischen Meisterdenker doch nun zurück und das Bekenntnis zu Heidegger vor. *Musik und Mathematik* distanziert sich von Foucault (MM I/2, 78 f.) und auch Derrida (MM I/2, 90, 101) und beruft sich auf Heidegger. In Kittlers Weltenchronik zum Abschluss von *Musik und Mathematik I*, seinem Kurzschluss von »Lebenszeit und Weltzeit« (Blumenberg), ist Heidegger ganz präsent. Erst ab der Millenniumswende wird diese Kehre zu Heidegger aber explizit. Erste längere Ausführungen sind 1996 noch eindeutig historisch: Der Aufsatz »Il fiore delle truppe scelte« erörtert die »Umstellung vom Eisenbahnkrieg auf den motorisierten Krieg« (WTW 310) und betrachtet die Generalisierung des »Sturmtrupps« als Vorläufer von Heideggers »Vorlaufen« in den Tod. Das Sturmbataillon ist dem »Philosophen zur Lehre geworden« (WTW 326), schreibt Kittler zum Schluss des Aufsatzes. Diese Historisierung von Heideggers »Dasein«, der Heidegger-Forschung vage geläufig, hält Kittler systematisch fest; er akzeptiert Heideggers Anthropologiekritik und terminologische Wendung vom »Menschen« zum »Dasein«. Nicht das »Dasein« erscheint ihm abstrakt, sondern die unhistorische Universalisierung des neuhumanistischen »Menschen«. Das Aufschreibesystem 1800 generierte »den Menschen«, das Aufschreibesystem 2000 aber das Stoßtruppdasein oder technisch versierte Sonderkommando im Antiterror-Einsatz. Eine systemati-

---

[26] Kittler, Medien- und Technikgeschichte. Oder: Heidegger vor uns, 521; Kittler (Grammophon, Film, Typewriter, Berlin 1986, 290–293) druckte drei Seiten aus der Parmenides-Vorlesung ab, in denen Heidegger sich über die Schreibmaschine äußerte.

[27] Kittler, Medien- und Technikgeschichte. Oder: Heidegger vor uns, 522

sche Orientierung an Heidegger zeichnet sich im Aufsatz von 1996 noch nicht ab und tritt erst 2000 deutlich hervor.

In Kittlers Œuvre finden sich dann mehrere längere Darstellungen Heideggers, die eng aufeinander bezogen sind und eine Grundauffassung explizieren. Grundlegend ist die Vorlesung vom Sommersemester 1998, die Kittler unter dem Titel *Eine Kulturgeschichte der Kulturwissenschaft* (Kürzel: KK) im Jahr 2000 publizierte. Die posthum erschienene Vorlesung *Philosophien der Literatur* variiert sie; ein Beitrag zum *Heidegger-Handbuch* skizziert die Wirkungsgeschichte von Heideggers »Seinsgeschichte« als Schritte von Johannes Lohmann über Foucault hin zu Kittler; ein späterer Aufsatz von 2008 verdeutlicht die eigenen Konsequenzen über Heidegger hinaus;[28] ein späteres autobiographisches Interview bekennt sich dann emphatisch zu Heidegger und zum eigenen Konzept einer »Seinsgeschichte« (so MM I/1, 68, 262, 329; MM I/2, 238, 244 u. ö.). Heidegger ist in *Musik und Mathematik* auch oft zustimmend zitiert.

Kittler hat sich also erst spät über Heidegger ausgesprochen und dabei dessen allgemeine Bedeutung für die neue Kulturwissenschaft von den spezifischen Konsequenzen getrennt, die er aus der »Seinsgeschichte« zog. *Eine Kulturgeschichte der Kulturwissenschaft* schreibt die Vorgeschichte des neuen Faches. In diesem Rahmen erfolgte die grundlegende Heidegger-Darstellung. Deshalb war der Sammlung *Unsterbliche* von 2004[29] ein Beitrag zu Heidegger auch entbehrlich; sie liefert die Kette der Vorgänger nach, denen Kittler sich über Heidegger hinaus verpflichtet wusste. In dieser Vorgeschichte fehlen allerdings Beiträge zu Lohmann und auch Derrida, wogegen den Pionieren des Computers (Wiener, Turing, Shannon) sowie Luhmann, Lacan und Foucault Referenz erwiesen ist. Die Referenz an Lohmann spielt in Kittlers Stilisierung seiner intellektuellen Autobiographie funktional eine ähnliche Rolle wie Luhmanns ständiger Verweis auf George Spencer Brown: Er ist der große Unbekannte und stumme Gast am leeren Tischende, ohne den das ganze Symposion ausfiele.

---

[28] Friedrich Kittler, Eine Kulturgeschichte der Kulturwissenschaft, München 2000, 216–247; Philosophie der Literatur. Berliner Vorlesung 2002, Berlin 2013, 245–262; Medien- und Technikgeschichte. Oder: Heidegger vor uns, 520–523; Martin Heidegger, Medien und die Götter Griechenlands. Ent-fernen heißt die Götter nähern (WTW 377–390)

[29] Friedrich Kittler, Unsterbliche. Nachrufe, Erinnerungen, Geistergespräche, München 2004

Im ersten Teilband von *Musik und Mathematik* schreibt Kittler
seinen Dank »an Freiburgs einzigen Professor, der es im Angesicht
Heideggers gewagt hat, Seinsgeschichte weltweit, faktisch, mathema-
tisch zu betreiben. […] Von Lohmanns *Musiké und Logos* zu *Musik
und Mathematik* ist nur ein Schritt.« (MM I/1, 339) Im Haupttext
steht: »Wie daher Heidegger, obwohl von Lohmann oft und sanft ver-
warnt, Pythagoras sein[en] Lebtag lang umgehen konnte, steht in den
Sternen.« (MM I/1, 214) Im späteren Aufsatz von 2008 heißt es:
»Und nur weil Heidegger die Pythagoreer – anders als sein Freiburger
Mitstreiter Johannes Lohmann – offenbar nie gelesen[30] hat, konnte er
zwar die Schaltungstechnik von Hochspannungsnetzen als Weisen
des ›herausfordernden Entbergens‹ denken, nicht aber die von digita-
len Mikrochips.« (WTW 388) Der Sprachwissenschaftler Johannes
Lohmann (1895–1983) habilitierte sich 1930 in Berlin und ging 1938
nach Freiburg, kündigte mit Heidegger auch gemeinsame Seminare
an, wechselte 1940 aber nach Rostock und wurde 1949 in Freiburg
dann Ordinarius für allgemeine und vergleichende Sprachwissenschaft. 1963 emeritiert, verstarb er erst 1983 in Freiburg. Der Hinweis
auf Lohmanns sanfte Verwarnungen dürfte auf mündliche Äußerungen zurückgehen. Sicher hat Kittler noch bei ihm im Seminar
gesessen.

4. Kittlers Heidegger

Kittler trennte also zwischen der Vorgeschichte des Faches und den
jüngsten Vorgängern seines Werkes und verwies auf Lohmann nur
esoterisch. Heidegger gehört zum allgemeinen Kanon. *Eine Kulturgeschichte der Kulturwissenschaft* hebt ihn mit einer »bedingungs-
losen Liebeserklärung« (KK 221) als letzten Vollender radikaler
Historisierung hervor. Der agonale Anspruch ist vergleichbar: Ent-
zündete Heidegger in der Nachfolge Nietzsches eine »Giganto-
machie« gegen die überlieferte Ontologie und Metaphysik, die den
»Sinn von Sein als Gegenwart« (KK 224) bestimmte, so vollendet

---

[30] Ein Handexemplar Heideggers der Vorsokratiker-Ausgabe befindet sich heute im
Privatbesitz von Silvio Vietta: Die Fragmente der Vorsokratik. Griechisch und
Deutsch von Hermann Diels, Bd. I, 3. Aufl. Berlin 1912. Es zeigt – mit Besitzvermerk
Heidegger – eine Fülle von Annotationen insbesondere bei Parmenides und Heraklit,
aber nicht bei den Pythagoreern (freundl. Mitteilung von S. V.).

Kittler den Paradigmenstreit zwischen Vico und Descartes und die Transformation von »Kulturphilosophie« in »empirische Kulturwissenschaft« mit Heidegger als mathematisierte Seinsgeschichte und »Musikmathematik«. Er bekämpft die Auslegung des neuen Faches als »empirische Kulturwissenschaft«, die sich im Alltäglichen verliert und als Cultural Studies »Kultur durch Alltäglichkeit« ersetzt, und bietet dagegen Hegel, Nietzsche und Heidegger auf; aber er spricht nicht als Philosoph und erzählt »keine Philosophiegeschichte«, weil er dem kulturrelativistischen Zug zur radikalen Historisierung und Empirisierung folgt. Er entkoppelt die empirische Wissenschaft nicht von starken Wahrheitsansprüchen, begreift philosophische Wahrheiten aber mit Nietzsche als Interpretationen und Setzungen. Nietzsches »große Politik« bestand im »kulturpolitischen« Versuch, die Vielfalt der Interpretationen in bestimmten Überzeugungen stillzustellen und Kulturwissenschaft als eine »Kulturpolitik« zu propagieren, die »auf die Stiftung einer großen Kultur hinauslief« (KK 168). Kittler seziert »Freuds spekulative Kulturgeschichte« (KK 189) als eine solche erfolgreiche »Kulturpolitik«, deren »Mythenkontamination« (KK 202) aber gänzlich fiktiv und unhistorisch gewesen sei. Heidegger markiert dagegen das Ende der philosophischen Vorgeschichte und den Anfang einer neuen Kulturwissenschaft, die »die kulturpolitische Herausforderung namens Nietzsche nicht systematisch ignoriert« (KK 216).

Kittler sieht Heidegger also als Erben von Nietzsches Kulturpolitik und »Willen zur Macht«. Er schreibt: »Während Nietzsche als Vollender der historisch-relativistischen Kulturwissenschaft nur die höchsten Werte, also Gut und Böse, Wahr und Verlogen, zum Geisterkrieg aufstachelte, tut Heidegger als Vollender von Nietzsches Kulturpolitik den unüberbietbaren Schritt, das Sein als jene letzte Bestimmung, die auch noch über Wahrsein und Falschsein, Dassein und Wassein bestimmt, zu historisieren.« (KK 222 f.) Kittler zeigt das von *Sein und Zeit* ausgehend: Heideggers Betonung der Zeitlichkeit, Endlichkeit und Geschichtlichkeit des »Daseins« bestreitet den metaphysischen »Sinn von Sein als Gegenwart«. Als »große These« und Einsicht erfasst Kittler, »dass der Sinn von Sein weder Anwesenheit noch Ewigkeit besagt, sondern Abwesenheit im Gewesenen und Künftigen« (KK 227). In seinen Heidegger-Texten argumentiert er stets ähnlich: Er geht vom Daseinsbegriff von *Sein und Zeit* aus, demonstriert Heideggers phänomenologische Destruktion der Präsenz an der Analyse der Dinge als »Zeug«, greift Einzelaussagen zu mo-

dernen Techniken wie Brille und Radio heraus, betrachtet Heideggers
»Kehre« zur »Seinsgeschichte« als zwingende Konsequenz und berücksichtigt dann späte Texte wie den Vortrag über *Das Ding* und
Die Frage nach der Technik. Kittler bezieht sich nur auf wenige einschlägige Texte und beschränkt sich auf die Explikation des Konnexes
zwischen der Destruktion der überlieferten Präsenzontologie und
dem Konzept einer vorgängigen »Seinsgeschichte«: »Anstelle seiner
zeitlosen Methode tritt der kulturgeschichtliche Relativismus, jeder
historischen Formation Europas im nachhinein einen radikal anderen
Sinn von Sein zu unterstellen.« (KK 237) Kittler liest Heideggers
Seinsgeschichte als Analyse des historischen Apriori der »Möglichkeitsbedingungen« des Daseins und »Geschichte vor jeder Einzel-
geschichte« (KK 236).

Diese pointierte Rezeption und Aneignung von Heideggers
»Seinsgeschichte« ist schon deshalb beachtlich, weil weite Teile der
Heidegger-Forschung damit ihre Schwierigkeiten haben. Kittler rezi-
piert gerade die zentralen Lehrstücke positiv, die heute von der For-
schung zumeist abgelehnt werden: die Metaphysik-, Ontologie- und
Anthropologiekritik, den Ansatz beim »Dasein« und das Konzept der
»Seinsgeschichte«. Um die »Kehre« zur »Seinsgeschichte« als wahre
Konsequenz zu begreifen, schiebt er in die Darstellung auch einen
Exkurs zu Ernst Kapp und Sigmund Freud ein, der das Scheitern an-
thropologischer Technikphilosophien am Vorrang der Technik erörtert. Spätestens seitdem Computer »von anderen Computern ge-
baut« (KK 208) werden, funktioniere die Technikgeschichte vom
Menschen entkoppelt.

Kittler radikalisiert die Subjektkritik von Heideggers Daseinsbegriff; er betont im ersten Schritt zwar dessen Auffassung der Dinge
als »Zeug«, wehrt aber im zweiten Schritt dann eine pragmatistische
Lesart des »Zeugs« nach dem Paradigma des Handwerkers oder Tech-
nikers ab, indem er dem Menschen die souveräne Herrschaft über die
Dinge als Zeug entzieht. Bei aller Nähe zur Hand sei das Zeug »doch
nicht der Hand entsprungen oder verdankt«. Kittler schreibt: »Die
hergestellten Dinge haben im ›Tragen‹ ein Wozu, in der Tierhaut ein
›Woraus‹ und im ›Benutzen‹ ein Wofür. Nur das *tool making animal*
als *causa efficiens*, die Aristoteles auch gar nicht so nannte, hat sich
unwiderruflich verabschiedet.« (KK 231) Kittler liest Heidegger also
von Aristoteles her und findet in der frühen Wendung vom »Menschen« zum »Dasein«, in Übereinstimmung mit Heideggers später
Selbstinterpretation, systematisch schon die Kehre zur Dezentrie-

rung und Entsubjektivierung des Daseins vorgedacht. Er führt das an weiteren Beispielen aus und meint grundsätzlich: »Nach Eliminierung aller Handwerker, Techniker und Ingenieure aus der Seinsgeschichte hat das Dasein ziemliche Schwierigkeiten, seine eigenen Erfindungen überhaupt noch zu machen.« (KK 235) Heidegger radikalisierte das im Konzept der »Seinsgeschichte« und formulierte es, so Kittlers Auffassung, prägnant in seiner Frage nach der Technik und Rede vom vorgängigen technischen »Gestell«. Kittler stimmt ganz zu, dass die neuzeitliche Technik eine »Weise des Entbergens« sei, die, in der Sprache Heideggers, den »menschlichen Machenschaften« (KK 239) entzogen ist. Zu dieser Einsicht sei auch Husserls Spätphilosophie nicht gelangt. Kittlers Darstellung kreditiert die Seinsgeschichte im großen Finale von *Eine Kulturgeschichte der Kulturwissenschaft* mit Rekurs auf den *Ursprung des Kunstwerks* und den berüchtigten *Ding*-Vortrag von 1950. Kittler folgt Heidegger hier bis in die letzte Konsequenz der »Seinsgeschichte«: das vorgängige »Geschick« nämlich religiös als Gabe von Göttern zu interpretieren.

5. Kittlers Götter

Man könnte sich nun darüber verwundern, dass Kittlers radikales Konzept der Historisierung sich positiv auf Heideggers »Geschichtlichkeit« bezieht, obgleich Kittler selbst deutlich sieht, dass dessen »Seinsgeschichte« sich gegen jede Empirisierung sperrt. Heideggers »Seinsgeschichte« ist antihistoristisch. Kittler betrachtet sie nur deshalb nicht als bloße Prätention und Esoterik, als Träume eines Geistersehers, weil er das »Gestell« in der modernen Computertechnik verwirklicht findet. Kittler meint einen strikten Begriff vom »Schicksal« zu haben und kann Heideggers religiöser Auffassung deshalb auch folgen. Weil er das Schicksal als Selbstlauf der Maschinen begreift, postuliert er erneut »Götter«. Dabei bleibt etwas zweideutig, ob die Maschinen die Götter selbst sind oder ob sie als solche von den Unterworfenen angesprochen, personifiziert und vermenschlicht werden. Schon die klassische Tragödie kannte den Deus ex machina. Aphrodite hätte Kittler aber wohl nicht als Maschinengott angesprochen. Leicht sarkastisch meinte er im Vorlesungston: »Nichts verwehrt es Ihnen, solche Sätze als schlechte Poesie zu hören. Aber Kulturwissenschaftlern wird womöglich doch die Gunst zuteil, etwas anderes zu hören.« (KK 244) Religiöse Semantiken sind als Glaubensfragen individuell, für einen protestantisch säkularisierten Sachsen zumal, der in der DDR aufwuchs. Seine religiöse Konklusion belässt er in der Vorlesung deshalb auch in sokratischer Ironie. Kittler war aber der Überzeugung, dass der Transhumanismus von Heideggers »Gestell« zwingend aus der Entwicklung der Computertechnik folgte. Computer sind »vom Gestell bestellte Maschinen«.[31] Das meinten schon Kittlers Aufsätze über *Die Künstliche Intelligenz des Weltkriegs* und *Unconditional Surrender*. Während Heidegger seine Seinsgeschichte entwickelte, übernahmen die Maschinen das Programm der Selbstoptimierung. »Turings Göttin aber fand im Buchstabensalat Regularitäten.« (WTW 246)

Es wurde bereits erwähnt, dass Kittler im einschlägigen *Heidegger-Handbuch* die Wirkungsgeschichte der »Seinsgeschichte« als Vorgeschichte des eigenen Werkes skizzierte. Dabei spielte er Heidegger gegen die gängige Adorno-Rezeption und Lohmann gegen Foucault aus. Lohmann habe die Seinsgeschichte als Sprachgeschichte erfasst: »Mein Freund Heidegger, murmelte Lohmann bisweilen, spricht zu wenig Sprachen.«[32] Foucault habe Heideggers Frage nach der Technik, wie dann Kittler, positivieren wollen; auch dessen Spätwerk *Sexualität und Wahrheit* sei im Schritt zurück zu den Griechen zwar Heidegger verpflichtet, habe als Apologie der Homosexualität aber, so meint Kittler in *Musik und Mathematik* (MM I/2, 78 f.) später ausdrücklich, eine angemessene Rekonstruktion der Liebe versperrt: »Was Homer, Lykurg und andere einst zwei Geschlechtern rieten, verschließt dasselbe Kloster, das Foucault die letzten Wege wies.«[33] Kittlers romantische Revokation unbefangener Heterosexualität ist ihrerseits nicht frei von polemischen Tönen und diskriminierenden Konsequenzen. Naturrechtliche Begründungen der Heterosexualität etwa auf die Gattungsreproduktion aber fehlen. Kittlers Liebe bleibt folgenlos ohne Kinder.

Den Schritt zur kulturwissenschaftlichen Empirisierung des modernen »Gestells« der Technik betont noch der späte Aufsatz *Martin Heidegger, Medien und die Götter Griechenlands*; er bestätigt Heideggers »Ontologie der Ferne« (WTW 377), lehnt aber dessen Dis-

---

[31] Friedrich Kittler, Medien- und Technikgeschichte. Oder: Heidegger vor uns, in: Dieter Thomä (Hg.), Heidegger-Handbuch. Leben – Werk – Wirkung, 2003, 2. Aufl. Stuttgart 2013, 520–523, hier: 520
[32] Kittler, Medien- und Technikgeschichte. Oder: Heidegger vor uns, 520
[33] Kittler, Medien- und Technikgeschichte. Oder: Heidegger vor uns, 522

junktion von »Denken und Rechnen« (WTW 387) unter Verweis auf die pythagoreische Mathematik ab, auf der die moderne Computertechnik basiert. Kittler wirft dem einstigen Mathematikstudenten also eigentlich nur einen Fehler vor: die Mathematikvergessenheit einer Seinsgeschichte, die sich an Aristoteles statt an den Pythagoreern orientiert. Dieser Grundfehler sei mit Turing korrigiert. Und nicht nur der späte Vortrag über *Das Ende der Philosophie und die Aufgabe des Denkens* zeuge davon, dass Heidegger die Bedeutung der »Kybernetik« wenigstens erahnt habe. Während Kittler die dogmatische Linke geradezu traumatisch erinnert, fand er bei den alten Ordinarien Heidegger, Hugo Friedrich und Johannes Lohmann noch eine intellektuelle Neugier und Aufgeschlossenheit für den revolutionären Wandel, den er mit der Computertechnik und Liebe zur Mathematik begreifen wollte. »Und so waren diese angeblich reaktionärsten Freiburg-Professoren den angeblich so fortschrittlichen, gesellschaftlich und sozial bewussten Frankfurtern um Meilen voraus, weil die Revolutionen eben auf Taubenfüßen kommen, wie Nietzsche gesagt hat.« (FZ 116) Kittler folgte Heidegger im »Dasein«, »Gestell« und »Geviert«. Es dürfte nur wenige Autoren geben, die so strikt folgen wollten und sich eine Empirisierung der »Seinsgeschichte« zutrauten. Kittler war ein bedeutender Heidegger-Forscher und echter Erbe. Seine Rezeption trennte allerdings nicht disjunktiv zwischen Seinsgeschichte und Metaphysikkritik, sondern rehabilitierte, in anderer Weise als der Lehrstuhl-Nachfolger Marx oder – im Phil. Seminar II – Werner Beierwaltes, die Tradition des Platonismus als Pythagoreismus und »Musikmathematik«.

Er empirisierte nicht nur das »Gestell«, sondern, wie angedeutet, auch dessen religiöse Auslegung als »Geviert«. Die religiöse Deutung personifiziert die Schicksalsmächte als Götter. Kittlers Götter sind zwar buchstäblich, soweit *Musik und Mathematik* vorliegt, Götter Griechenlands; der Kritiker des »Eingottwahns« (WTW 337) und dionysische Fürsprecher der Liebe rekonstruiert sie aber auf der Höhe des Aufschreibesystems 2000. Vom Monotheismus wollte er, wie Heidegger, »im Leben nichts mehr hören« (WTW 337) und verschrieb sich anderen Göttern: Eros und Aphrodite. Der sokratische Eros erschien ihm dabei schon als Verrat an Aphrodite. Kittlers Liebe ist dezidiert heterosexuell und sinnlich. Heidegger hatte mit der Mathematik auch die Liebe als wahre Harmonie und Musik des Lebens nicht angemessen formuliert. Kittlers großartiges monumentales und fragmentarisches Spätwerk schreibt eine Geschichte von der Geburt der Wissenschaft aus der Liebe und Musik und eine Verfallsgeschichte der erotischen Kultur, die doch die anfängliche »Liebessage« (MM I/2, 285) und Utopie dionysischen Lebens als stete Möglichkeit erneuert. Auch wenn die ursprüngliche »Mimesis der Götter« in Rom zur »Mimesis der Tiere« pornographisch erniedrigt wurde, ist der »große Pan« nicht definitiv gestorben: »Odysseus und Penelopeia, Pyramos und Thisbe, Daphnis und Chloe, Tristan und Isolde, Romeo und Julia, Humbert Humbert und Lolita … Und wenn sie nicht gestorben sind, so leben sie noch heute. Grad wie du und ich.« (MM I/2, 285)

Die Frage nach dem Glück beantwortete Kittler im Interview ganz ungeschminkt mit dem Hinweis auf den Orgasmus als »Sinn des Lebens« (FZ 49; MM I/2, 231): »Die glücklichsten Momente unseres Lebens sind alle Orgasmen« (FZ 165). Wie Heidegger rekonstruiert er als konservativer Revolutionär mythische Anfänge, um stete Möglichkeiten zu evozieren. Die Destruktion des überlieferten Antikebildes erinnert dabei – schon mit dem wunderbaren Hölderlin-Motto von *Musik und Mathematik:* »Die Liebenden aber / Sind, was sie waren« – die Möglichkeit der Liebe auch gegen deren prosaische Reduktion auf Sex. Kittler schrieb deshalb auch die Idole seiner 68er-Jugend[34] und Freiburger (Niederrimsinger) Baggersee-Idyllen in sein Liebesepos hinein. Seine Auslegung der Götter Griechenlands begreift mit der Mathematik, Liebe und Musik zwar ein Mitsein, das Heidegger in Zarathustra-Identifikationen erstickte; sie folgt dem »kleinen alten Mann aus Meßkirch« (KK 221) dabei aber noch in der starken autobiographischen Stilisierung und dem performativen Gestus, Stimmungen zu stiften, akademische Ereignisse zu erzeugen und den Funken des Eros im Betrieb zu erwecken. Kittler wollte seine »Faszinationen so weitergeben, wie andere Leute ihre Drogenerfahrungen weitergeben« (FZ 107): »Ohne Rückkopplung, Ansteckung, Epidemie keine Vorlesung.« (KK 249) Kittler sah den Erotiker in Heidegger und betonte auch biographisch, dass »er die Liebe dachte und auch lebte« (MM I/2, 184); er führt aus, dass Heidegger »im strahlend

---

[34] Schon durch seine DDR-Sozialisation stand Kittler allerdings im klaren Widerspruch zum linken Mainstream der Studentenbewegung, später auch in strikter Opposition gegen den freudomarxistischen Flügel der Freiburger Germanistik. Unterscheidet man allerdings zwischen den politischen (APO, »Systemopposition«) und den kulturrevolutionären Zielen (»Sexpol«), so war Kittler ein Theoretiker der »Kulturrevolution«. Dem freudomarxistischen Mainstream in Freiburg gehörte er aber nie an.

schönen Frühling des Kriegsendes 1945« (MM I/2, 185) mit seiner Geliebten im »Stromgeist« schwamm und das »Wesen der Sinnlichkeit« elementar erfuhr. Kittler schließt im letzten Teilband von *Musik und Mathematik* selbst seinen Sirenengesang noch mit Heidegger zusammen; Gefühle werden immer erwidert, meinte er im Seminar; Liebe sucht das Begehren des Anderen. Kittler ritualisierte keine erhabenen Posen, sondern zielte auf heitere Anregungen und gelöstes Lachen. Er traf umwerfend anregend und witzig ins Herz der Hörer und wurde verehrt, bewundert und geliebt.

Auch in den frühen Freiburger Jahren sprach er schon über romantische Liebe und Sexualität. Erst das Spätwerk thematisiert Liebe aber als die stete Möglichkeit, die das menschliche Schicksal, die Kontingenz des Daseins, erträglich und lebenswert macht. Kittler nannte einen starken Grund, weshalb er den Titel des Philosophen ablegte: die strikte Mathematisierung und Empirisierung der Seinsgeschichte. Aber auch im Selbstlauf der Maschinen hat das menschliche Dasein noch nicht gänzlich abgedankt. Es gibt etwas und nicht nichts, dem zu danken ist; Kittler nennt es Gaben der Götter. Dem Menschen in seiner »Geworfenheit« bleibt nichts anderes übrig als das Schicksal zu verfluchen oder als religiöses Geschenk und Gabe zu bejahen. Als Metaphysiker spricht Kittler religiös. Mit seinen Göttern war es ihm nicht weniger ernst als Heidegger. Mit dem Vorrang der Technik kannte auch er ein vorgängiges Geschick, zu dem sich der Mensch verhalten muss. Seine Religion der Liebe trennte sich dionysisch vom Eingottwahn. Der Selbstlauf der Technik lässt sich jedoch nicht erbarmen, und auch als Rechenkunst kommt der Gotteszwang immer zu spät. Kittlers erste Heidegger-Lektüre war die Broschüre *Gelassenheit*. Diese Haltung soll er zuletzt noch bewiesen haben. Gauger, der negative Habilitationsgutachter, meinte nach einer letzten Begegnung reuig: »So wie er damals war, sehe ich ihn vor mir, während ich dies schreibe: wohlgelaunt, entspannt, freundlich, souverän über seiner Krankheit stehend.«[35] Als letzte Worte vom 18. November 2011 sind überliefert: »Alle Apparate aus.« Mit Kittler ist das nicht als souveräner Befehl, sondern als »Ergebung« (Goethe) ins Schicksal zu lesen. Hat eine Maschine die Intonation aufgezeichnet und das Satzzeichen bestimmt?

---

[35] Hans-Martin Gauger, Nachwort Februar 2002, in: Zeitschrift für Medienwissenschaft 6 (2012), 188–190, hier: 189

XI. Übermensch Andromache. Zu einer Zarathustra-Adaption im Circus-Kapitel von Thomas Manns *Felix Krull*

Im postnietzscheanischen Diskurs der Zwischenkriegszeit war Thomas Mann zweifellos einer der wichtigsten und wirkmächtigsten Autoren. Das »Dreigestirn« (XII, 79) Schopenhauer, Wagner und Nietzsche bildete, neben Schiller und Goethe, den »Fixsternhimmel« seiner Jugend. In den *Betrachtungen eines Unpolitischen* hebt Mann die Bedeutung Nietzsches für seinen Bildungsgang dabei besonders hervor. Im Kapitel »Einkehr«, das eine intellektuelle Autobiographie seines Frühwerks schreibt, meint Mann:

»Nietzsche hat seinen Künstler nicht, oder noch nicht, wie Schopenhauer [gemeint ist hier Wagner, RM] gefunden. Wenn aber ich auf eine Formel, ein Wort bringen sollte, was ich ihm geistig zu danken habe, – ich fände kein anderes als eben dies: die Idee des Lebens – welche man, wie gesagt, von Goethe empfangen mag, wenn man sie nicht von Nietzsche empfängt« (XII, 84, vgl. 586).

Mann präsentiert sich hier als Künstler Nietzsches und spricht von Nietzsches Verbindung von »Kunst und Kritik« (XII, 87) und einem »dithyrambisch-konservativen Lebensbegriff« (XII, 91) Nietzsches, wonach »auch das Leben nach dem Geist verlangt« (XII, 91). Dabei distanziert er sich vom »späten, grotesk und fanatisch gewordenen Nietzsche« (XII, 346) und fragt: »Ist nicht das Beste im ›Zarathustra‹ Satire?« (XII, 347) Mann bekannte sich zur Aufgabe einer Überwindung des Nihilismus und wollte »Menschen leben helfen« (XII, 220). In den *Betrachtungen eines Unpolitischen* schrieb er:

»Ich gehöre geistig jenem über ganz Europa verbreiteten Geschlecht von Schriftstellern an, die, aus der décadence kommend, zu Chronisten und Analytikern der décadence bestellt, gleichzeitig den emanzipatorischen Willen zur Absage an sie – sagen wir pessimistisch: die Velleität dieser Absage im Herzen tragen und mit der Überwindung von Dekadenz und Nihilismus wenigstens experimentieren.« (XII, 201)

Ein gläubiger Nietzscheaner war Thomas Mann nicht. Schon mit den *Betrachtungen eines Unpolitischen* formulierte er seine Ethisierung (vgl. XII, 146) und Rechristianisierung Nietzsches deutlich, damals im intensiven Gespräch mit Ernst Bertram. Einen vorläufigen Abschluss findet Manns humanistisches »Traumgedicht vom Menschen« (III, 685 f.),[1] seine dichterische Exploration möglicher Humanität, mit dem *Zauberberg* und dessen »Ergebnissatz« von der Absage an die »Sympathie mit dem Tode«. Spätestens mit diesem Roman zeigt sich auch eine starke Replatonisierung Nietzsches, die eigentlich aber schon früher mit Renaissance- und Platonismusstudien zum *Fiorenza*-Drama (1906) einsetzt. Platonisch ist im *Zauberberg* vor allem der leitende Gedanke von der Bildungsmacht der Liebe, der im Roman allerdings der »großen Konfusion« (III, 646 f.) der Gewalt und des Krieges unterliegt. Mann verfasste philosophische Romane, er löste die romantische Forderung des »absoluten Romans« ein und schrieb, mit Worten Friedrich Schlegels, den »sokratischen Dialog unserer Zeit«.[2]

Das Romanwerk zielte, nach Platon, auf die Konvergenz des Guten und des Gerechten. Mann wollte wissen, ob ein Leben – sein eigenes Leben – auch im konfusen, chaotischen und gewalttätigen 20. Jahrhundert noch subjektiv beglückend und sozial verantwortlich gelingen kann. Schon Aristoteles hat diese Frage und Aufgabe als Platons Frage verstanden. In einem elegischen Distichon auf dessen Tod schrieb er: »Der hat als erster, wenn nicht als einziger Sterblicher deutlich gezeigt, / durch sein eigenes Leben und in den Wegen seines Denkens, / dass ein Mensch gut und glücklich zugleich werden kann.«[3] Die interne und konsequente sokratische Logik von Manns Werk ist hier nicht aufzuzeigen. In der doppelten Optik und Adressierung des Werkes an alle und keinen wurde sein humanistischer Appell und philosophischer Sinn jedenfalls auch von bedeutenden Philosophen verstanden. Im humanistischen Diskurs nach 1933 war Mann – selbstverständlich auch durch seinen Einfluss und seine Be-

[1] Dazu knapp Verf., Thomas Manns »Traumgedicht vom Menschen«, in: Verf., Das »Problem der Humanität«. Thomas Manns politische Philosophie, Paderborn 2003, 31–40

[2] Dazu Verf., »Sokratischer Dialog unserer Zeit«. Philosophengestalten im Werk Thomas Manns, in: Verf. / Francesco Rossi (Hg.): Thomas Mann e le arti / Thomas Mann und die Künste, Rom 2014, 109–148

[3] Zitiert nach Hellmut Flashar, Aristoteles. Lehrer des Abendlandes, München 2013, 35

reitschaft zu tätiger Hilfe – eine zentrale Autorität. Siegfried Marck schrieb ihm damals in einem bemerkenswerten Buch sogar eine »politisch-philosophische Sendung« zu.[4] Hier soll nur ein spätes Kapitel vom Frühjahr 1951 aus *Felix Krull* in Manns »Traumgedicht vom Menschen« als Literarisierung Nietzsches erläutert werden. Es ist eine letzte Variation auf Übermensch-Adaptionen und Zarathustra-Gestalten, die sich nach dem *Zauberberg* häufiger im Werk finden.

1. Manns Transposition philosophischer Anthropologie

Die erste und wichtigste Fortsetzung des »Traumgedichts vom Menschen« nach dem *Zauberberg* ist die Josephsgestalt mit deren doppeltem Segen »oben vom Himmel herab und mit Segen von der Tiefe« (IV, 48 f.). Das Vorspiel zum ersten Band übersetzt diesen Segen und diese »stille Hoffnung Gottes« in einen Engeldiskurs. Oft sprach Mann über seine Humanisierung des religiösen Mythos und betrachtete sie auch als Dekonstruktion der nationalsozialistischen Mythenpolitik. Seine Humanisierung des Mythos literarisiert sich als ironische Remythisierung des Humanismus. Mann formulierte seinen neuen Humanismus religiös.[5] Dabei nahm er Tendenzen der zeitgenössischen Anthropologie auf. Auch den philosophischen Diskurs seiner Zeit kannte er aus ersten Quellen, besser als gemeinhin bekannt. Als eine Quelle zum Josephroman nennt Mann beispielsweise Max Scheler und dessen Programmschrift über *Die Stellung des Menschen im Kosmos*. Er »glaube mit Scheler, dass Geist und Leben ›aufeinander hingeordnet‹ sind und dass es ein Grundirrtum ist, sie in ursprünglicher Feindschaft oder in einem Kampfzustande zu denken.« (XII, 659) Bei Scheler findet sich schon eine religionsphilosophische Transformation der Frage nach dem Menschen. Später stand Mann im Kontakt mit Paul Ludwig Landsberg, dessen *Einführung in die philosophische Anthropologie* von 1934[6] wohl am deutlichsten die Perspektive der Humanisierung und Individualisierung des Mythos erläutert, die auch Manns Josephsroman trägt. Landsberg emigrierte

---

[4] Siegfried Marck, Der Neuhumanismus als politische Philosophie, Zürich 1938
[5] Zur religiösen Praxis Manns vgl. Heinrich Detering, Thomas Manns amerikanische Religion, Fischer 2012; Niklaus Peter (Hg.), Der ungläubige Thomas. Zur Religion in Thomas Manns Romanen, Frankfurt 2012
[6] Paul Ludwig Landsberg, Einführung in die philosophische Anthropologie, Frankfurt 1934

1933 nach Frankreich, wurde Professor für Philosophie in Spanien und später an der Pariser Sorbonne. Mann kannte ihn persönlich, begegnete ihm (laut Tagebuch) etwa am 4. Mai 1937 in Zürich. Später wurde Landsberg in Frankreich interniert und verstarb unter dramatischen Umständen 1944 im KZ-Theresienstadt. Auch mit Ernst Cassirer stand Mann im Kontakt. Die Korrespondenzen des Josephromans mit Scheler, Landsberg oder Cassirer sollen hier aber nicht weiter ausbuchstabiert werden.

Wichtig ist hier vor allem, dass Manns Remythisierung und Rechristianisierung des Humanismus in Übereinstimmung mit damaligen Tendenzen der philosophischen Anthropologie stand und schon im Josephroman zu einer ironischen Konfrontation von Mensch und Engel führte. Der klassische Darwinismus des 19. Jahrhundert hatte den Menschen, grob gesagt, als Tier betrachtet und eine Animalisierung des anthropologischen Diskurses initiiert, die teils in den Rassediskurs führte und politisch negativ als normativer Rassismus wirkte. Die philosophische Anthropologie der Zwischenkriegszeit hatte die Humanität und Menschlichkeit des Menschen, auf die einsetzende Ethologie und Anthropoidenforschung antwortend, in eine neue Mensch-Tier-Differenz gesetzt und die »exzentrische Positionalität« des Menschen in den *Stufen des Organischen*, mit Plessner zu formulieren, von der »geschlossenen Form« und Positionalität der Tiere abgesetzt. In der Konsequenz betonte sie die kulturelle »Offenheit« des Menschen; Plessner übersetzte die »exzentrische Positionalität« mit seinem anschließenden Werk *Macht und menschliche Natur*, 1931 bei Juncker & Dünnhaupt in einem exponiert nationalistischen Verlag erschienen, in eine politische Anthropologie, die heute gerne liberal ausdeutet wird, aber auch für eine nietzscheanische und herrschaftssoziologische Auslegung der historisch-politischen »Führungssysteme« anschlussfähig war. Carl Schmitt und Arnold Gehlen hatten wenig Mühe, auch an Plessner anzuschließen. Die Humanisierung der philosophischen Anthropologie findet sich besser bei Landsberg.

Manns Remythisierung und Rechristianisierung des Humanismus, an ältere Diskurse um Mythos und »Gestalt« anknüpfend, folgt also einer Tendenz der zeitgenössischen philosophischen Anthropologie, wenn sie den Menschen vom Tier distanziert und ironisch auf Engel bezieht. Das tut Mann schon im Josephroman. Im *Doktor Faustus* lässt er die Engelsgestalt des »Elfenprinzchen« (VI, 611), des »kleinen Gesandten aus Kinder- und Elfenland« (VI, 618), das

»Gotteskindlein« (VI, 615) Nepomuk (Echo), Leverkühns Hoffnung, dann furchtbar elend und satanisch sterben. »Nimm ihn, Auswurf!«, verflucht er das Teufelswerk. Auch der *Doktor Faustus* kennt also das »Traumgedicht vom Menschen« und eine humanistische Hoffnungsgestalt, gibt ihr aber im Kriegsgeschehen keine Zukunft mehr. Manns Doktor Faustus, der deutsche Tonsetzer, reagiert auf die teuflische Tat mit einer verzweifelten Entscheidung: »›Ich habe gefunden‹, sagte er, ›es soll nicht sein‹. ›Was, Adrian, soll nicht sein?‹ ›Das Gute und Edle‹, antwortete er mir [Zeitblom], ›was man das Menschliche nennt, obwohl es gut ist und edel. […] Ich will es zurücknehmen.‹« (VI, 634) Leverkühns Antwort war aber nicht Manns letztes Wort.

2. Übergang mit Cervantes

Es muss nicht ausgeführt werden, dass die philosophische Anthropologie der Zwischenkriegszeit nach Nietzsche dachte und auf Nietzsche antwortete. Mit der »exzentrischen Positionalität« des Menschen, der neuen Mensch-Tier-Differenz und geschichtlichen »Offenheit«, überwand sie den Naturalismus und übersetzte Nietzsches Frage nach dem »Übermenschen« in ein wissenschaftsfähiges Forschungsprogramm. Bei seiner Wendung zu Platon legte auch Thomas Mann Nietzsche nicht ad acta. Erst mit dem *Doktor Faustus* schrieb er seinen »Nietzsche-Roman« und seine längsten und wichtigsten essayistischen Ausführungen zu Nietzsche finden sich erst im Umkreis des *Doktor Faustus* Mitte der 40er Jahre. Dabei äußerte Mann sich gerade über den *Zarathustra* reserviert. Er war kein »Wiederkäuer« und Jünger des *Zarathustra*. Freilich versteckte er mit distanzierenden Äußerungen auch seine eigene Weiterführung von Nietzsches Lehre im »Traumgedicht vom Menschen«. Nietzsches Frage nach dem »Übermenschen« findet in Manns dichterischen Explorationen ihre zeitgenössische Gestalt. Die Hauptlinie der Übermenschen-Gestalten verläuft dabei von Joseph über Leverkühns Echo bis zu *Felix Krull* und dessen »Engel der Tollkühnheit«. Eine Nebengestalt sei aber zuvor erwähnt, um die Kontinuität anzudeuten, mit der Mann seine Zarathustra-Frage verfolgte:

Nach den ersten beiden Bänden des Joseph-Romans schrieb Mann im Herbst 1934 einen Essay *Meerfahrt mit ›Don Quijote‹*, der eine politische Verlegenheit zu lösen hatte: Mann brauchte ein Schlussstück für seine Essay-Sammlung *Leiden und Größe der Meis-*

ter, die er unbedingt noch in Deutschland veröffentlichen wollte und die 1935 tatsächlich als letzte größere Publikation mit Adresse Berlin erschien. »Der Gedanke ist mir jetzt angenehm, mir Bedenkzeit für das Politikum zu schaffen, indem ich erst das Feuilleton schreibe und dadurch den Novellenband komplettiere«, notierte Mann am 30. August 1934 dazu ins Tagebuch. Der dritte Band des Josephromans erschien 1936 dann mit Verlagsort Wien. Manns Publikationspolitik nach 1933 ist umstritten: Selbst seine Kinder forderten ein frühes und deutliches Bekenntnis zur Emigration.[7] Eine solche Erklärung, praktisch ohnehin gegeben, hätte aber einen weiteren Vertrieb des Werkes in Deutschland versperrt. Manns Argument, den Kontakt mit dem deutschen Publikum möglichst lange zu halten und so durch das literarische Werk weiter politisch zu wirken, war stark.

Eigentlich gehörte die politische Rede *Von deutscher Republik* mit in den Essayband. Ein Bekenntnis zur Weimarer Republik war aber nach 1933 nicht mehr möglich und Gerhart Hauptmann, dem die Rede gewidmet war, hatte sich mit den Nazis kompromittiert. Mann beobachtete die Entwicklungen in Deutschland sehr genau; seine Tagebücher belegen, dass er auch die große Bedeutung der Morde vom 30. Juni 1934 scharf erkannte; Hitler ließ damals zahlreiche politische Gegner vor aller Öffentlichkeit liquidieren und trat offen als Mörder auf. Mann wusste nun zwar, dass eine neue politische Auseinandersetzung mit dem Nationalsozialismus unvermeidlich wurde, wollte aber für das Erscheinen seines literarischen Werkes in Deutschland noch etwas Zeit gewinnen. Im Mai 1934 formulierte er die »Hoffnung«,[8] den Essay-Band statt der Republikrede durch einen Beitrag von seiner Amerikareise – vom 18. Mai bis 19. Juni – zu ergänzen. Schon damals erwog er vielleicht einen Cervantes-Essay. Erst im Herbst überarbeitete er dann aber seine Tagebuchnotizen, um den Essayband zu »komplettieren«.[9] Mann schrieb das »Feuilleton« relativ langsam bis Mitte Oktober und war mit dieser »Improvisation«[10] nicht ganz zufrieden. Vielleicht »wurde das bunte Ding nur geschrieben, damit wieder einmal etwas fertig wurde«, notierte er ins Tagebuch.[11]

---

[7] Dazu vgl. Tilman Lahme, Die Manns. Geschichte einer Familie, Frankfurt 2015
[8] Thomas Mann, Tagebücher 1933 bis 1934, Frankfurt 1977, 420
[9] Mann, Tagebücher 1933 bis 1934, 517
[10] Mann, Tagebücher 1933 bis 1934, 534
[11] Mann, Tagebücher 1933 bis 1934, 544

Der *Meerfahrt*-Essay ist ein Werk des politischen Kompromisses. Ein paar Passagen finden sich, die als Distanzierung von »jüdischen Auswanderern« (IX, 443) gedeutet werden können. Das Wort »Emigrant« ist gemieden. Mann lässt einen Mitreisenden – nach Tagebuchnotizen vom 26. Mai 1934 – auftreten, vermutlich einen »Schriftsteller«, der als »Einzelgänger« »nicht ganz geheuer« ist, weil er seine Erste Klasse meidet und lieber in der »Touring Class mit jüdischen Auswanderern« verkehrt. »Ein beunruhigender Mensch. Er reist erster Klasse und nimmt im Smoking an unseren Mahlzeiten teil; aber unseren geistigen Unterhaltungen entzieht er sich auf eine kränkende Weise und begibt sich in fremde, feindselige Sphäre. Man sollte wissen, wohin man gehört. Man sollte zusammenhalten.« (IX, 459) Die Ironiesignale dieser Passagen sind leise und eine Missdeutung ist möglich, als Konzession an den Zensor vielleicht auch beabsichtigt. Aber ist Mann selbst nicht dieser »Einzelgänger«? Reist er nicht damals mit seiner jüdischen Frau nach Amerika als Emigrant auf der Suche nach einer neuen »Heimat«?

Meerfahrt mit ›Don Quijote‹ ist formal betrachtet kein anspruchsvoller Text. Er basiert auf überarbeiteten Tagebuchaufzeichnungen vom 19. bis 29. Mai 1934 von der Schiffsüberfahrt von Frankreich aus nach New York. Es ist Manns erste Amerikareise und »Jungfernfahrt«. Mann bekennt »Lampenfieber« (IX 428), assoziiert die Fahrt nach »Neu-Amsterdam« mit Wagners *Holländer* und auch der Titanic. Er hat sich eine eingehende, möglichst vollständige Lektüre des *Don Quijote* vorgenommen und verschränkt Reise- und Lektüreeindrücke miteinander. Den Liegestuhl auf Deck betrachtet er dabei als »Transposition von Hans Castorps vorzüglichem Liegestuhl« (IX, 434). So knüpft er an Castorps sinnende Betrachtungen über den Menschen an. Dabei plaudert er ziemlich entspannt und anspruchslos. Nur gelegentlich deutet er die Emigrationsfrage an: »Nach Haus, was heißt das überhaupt?« (IX, 440) Mann reflektiert auf romantische Züge des Romans, auf die eigentümliche »Solidarisierung des Autors mit seinem Helden« (IX, 448), auf literarhistorische Nähen zum »spätantiken Roman« (IX, 452), die er im Kontext seines Josephromans auch deshalb sucht, um sich als Epiker in weitere Traditionen jenseits des bürgerlichen Bildungsromans zu stellen. Seinen Josephroman rückt er nah an Cervantes heran und beansprucht so den Rang von Weltliteratur. Er distanziert sich von der Dekadenzliteratur um 1900, für die Hofmannsthals Wort vom Künstler als »krankem Adler« steht (IX, 469), und richtet sich gegen andere geläufige Vorurteile über sein Werk. »Der Ehrgeiz darf nicht am Anfang stehen, nicht vor dem Werk«, meint Mann; »er muss mit dem Werk heranwachsen.« (IX, 471)

Literaturwissenschaftlich sind seine Bemerkungen nicht sonderlich spektakulär. Mann pointiert vor allem Überlegungen zum Romanschluss. »Ich bin geneigt, den Schluss des ›Don Quijote‹ eher matt zu finden« (IX, 472), meint er. »Denn dem Tode Don Quijote's geht ja eine Bekehrung voraus. Der Sterbende gewinnt, o Freude! seinen ›gesunden Verstand‹ zurück« (IX, 473). Das gefällt Mann nicht. »Sicher, es war eine Notwendigkeit, Don Quijote's Seele der Vernunft zu retten, bevor er starb. Aber damit diese Rettung uns recht nach dem Herzen wäre, hätte der Dichter uns seine Unvernunft weniger lieb machen müssen.« (IX, 475) Mit der Ankunft in New York korrigiert Mann diesen Schluss und knüpft dabei mit der Form eines Traumes an Castorps »Traumgedicht« an:

»Mir träumte von Don Quijote, er war es selbst, und ich sprach mit ihm. […] Er nannte sich nicht den Ritter von dem Löwen, sondern Zarathustra. Er war, da ich ihn nun persönlich vor mir hatte, so zart und höflich, dass ich mit unbeschreiblicher Rührung der Worte gedachte, die ich gestern über ihn gelesen: ›Denn als Don Quijote Alonso Quixano der Gute schlechtweg hieß, und auch, als er Don Quijote von la Mancha war, war er immer von sanfter Gemütsart und von liebenswürdigem Umgange, weshalb er nicht nur in seinem Haus, sondern auch von seinen Bekannten geliebt wurde.‹« (IX, 477)

Thomas Mann kommt mit diesem Bild vom »guten« Menschen und europäischer Humanität in der »Gigantenstadt« (IX, 477) an. Er fügt Don Quijote, Zarathustra und den »guten« Menschen ineinander. *Meerfahrt* ist insgesamt, mit *Zarathustra*, ein »Übergang« oder »Untergang«. Mit Cervantes gibt Mann Nietzsches Frage nach dem »Übermenschen« oder der künftigen Gestalt der Humanität eine neue Gestalt. Seine eigene Dichtung vom »Übermenschen« und kommender Humanität artikuliert er aber damals im mythologischen Kontext aus der Perspektive der »Hoffnung Gottes« oder der Engel. Mit dem *Doktor Faustus* macht er dabei auch die Gegenprobe: Engel und Teufel sind ernste Chiffren und Grenzbegriffe seines »Traumgedichts vom Menschen« oder seiner Humanitätsvision. Seine Angelologie ist freilich ironisch. Sein Engeldiskurs zieht Konsequenzen aus der zeitgenössischen philosophischen Anthropologie und neuen Mensch-Tier-Differenz, die die Frage nach der Entwicklung des Menschen aus dem naturalistischen Paradigma heraus in die Kultur- und Religionsphilosophie trieb.

3. Das Circus-Kapitel des *Felix Krull*

Springen wir direkt in das Kapitel hinein, das Nietzsches *Zarathustra* besonders deutlich zitiert. Der Roman *Felix Krull* entstand als work in progress bekanntlich über Jahrzehnte und blieb unabgeschlossen. Mann begann ihn nach *Königliche Hoheit* und unterbrach ihn 1913 zugunsten des *Zauberberg.* Erst ab 1950 schrieb er weiter am Fragment. 1922 veröffentlichte er das *Buch der Kindheit,* 1937 publizierte er bei Querido eine weitere Fassung bis zur Ausmusterung Krulls Mitte des zweiten Buches. Einige Kapitel hielt er als Bravourstücke in seinem Vorlesungsprogramm. Immer wieder stellte er die Weiterführung des *Krull* aber zugunsten anderer Werke zurück, so 1943 zugunsten des *Doktor Faustus,* und veröffentlichte 1954 nur *Der Memoiren erster Teil.* Dieser erste Teil gliedert sich in drei Bücher. Das zweite endet mit dem »Liebeskapitel« der »Apotheose des Jünglings« durch die liebende Dichterin Madame Houpflé.[12] »Aber was noch? Der Roman kann es kaum weiter bringen. Mir hat er eigentlich damit Genüge getan«, notiert Mann am 2. April 1951 dazu ins Tagebuch.[13] Er weiß damals noch nicht, wie er seinen Schelmenroman weiterführen soll. Die Krull-Gestalt war durch den Joseph überholt. Wie Platon suchte Mann ja die Koinzidenz des Guten und des Gerechten. Er wollte zeigen, dass subjektiv glückendes und moralisch-politisch verantwortliches Leben sich nicht ausschließen, sondern dass der Glückliche gut sein kann und Gerechtigkeit als notwendige Bedingung zum Glück gehört. Das Glück will »legitim« sein, meinte Max Weber. Es bedarf der Gerechtigkeit. Der ungerechte Mensch, der Tyrann, ist, nach Platon,[14] auch der unglücklichste und »der rechte Tyrann auch ein rechter Sklave«.[15] Krull aber war vor dem Gesetz ein Hochstapler. Mit dem Liebeskapitel konnte der Roman deshalb nicht enden, dann wäre Krull hinter den Humanitätsstandard des Joseph zurückgefallen. Wie also sollte es weitergehen?

Das Circus- oder Andromache-Kapitel eröffnet das dritte Buch und zeigt Krull neue humane Perspektiven auf. Mann beginnt seine Abfassung am 11. April 1951 wenige Tage nach Abschluss des zwei-

---

[12] Thomas Mann bezog sich auf Georges Manolescu, Ein Fürst der Diebe. Memoiren, Berlin 1905; lohnend wäre auch ein Vergleich der Hotelkapitel mit Vicki Baum, Menschen im Hotel. Kolportageroman mit Hintergründen, Berlin 1929

[13] Thomas Mann, Tagebücher 1951–1953, Frankfurt 1993, 42

[14] Platon, Politeia 576 (9. Buch)

[15] Platon, Politeia 579d

ten Buches. Damals liest er in Adornos *Minima Moralia*. Mann schreibt etwas unlustig und unsicher am Kapitel, führt das Liebesthema in der Verliebtheit der Twentyman weiter, bis er am 23. Mai neue Intuitionen oder »Überlegungen wegen eines Nachtrages über den Circus«[16] hat. Fortan arbeitet er intensiv »am Cirkus«. Am 27. Mai heißt es dann: »Am ›Circus‹, Andromache«.[17] Am 31. Mai schreibt er die »Einschaltung zu Ende« und liest sie am nächsten Tag der Familie mit großem Erfolg vor. Diese »Einschaltung« ist die Zarathustra-Adaption.

Das letzte Kapitel des zweiten Buches zeigte Krull als liebenden Hoteldieb. Das erste Buch des dritten Teiles muss nun eine Schicksalswende initiieren, die von der ordinären kriminellen Laufbahn wegführt. Es markiert deshalb auch die Trennung vom Spießgesellen Stanko. Am Beginn des Kapitels verhökert Krull bei einem Hehler schnell das gestohlene »Liebes-Diebesgut«. Auch als »Inhaber eines Scheckbuches« aber bleibt er weiter als Liftboy im »Dienst«. Mit Stanko zusammen besucht er in seiner Freizeit Cabarets, »Zerstreuungslokale« und Cafés. Ein Besuch im Cirkus Stoudebecker wird ihm dann zum »Erlebnis« (VII, 455). Die Darbietungen führen an die »Grenze des Menschenmöglichen« (VII, 455). »Grundmodell« ist der Salto mortale, »denn mit dem Tode, dem Genickbruch spielen sie alle« (VII, 455). Mann beschreibt die emotionale Erregung des Publikums, erwähnt eine »Truppe von Springern und Equilibristen« (VII, 456): »Was für Menschen, diese Artisten! Sind es denn welche?« (VII, 457) Die erste Antwort findet er dann bei den Clowns, nennt sie »Unholde der Lächerlichkeit«, »koboldhafte Zwitter aus Mensch und närrischer Kunst« (VII, 458). »Alles muss ›menschlich‹ sein für die Gewöhnlichkeit«, meint der Erzähler, »und man glaubt noch wunder wie warmherzig wissend hinter den Schein zu blicken, wenn man das Menschliche dort aufzufinden und nachzuweisen behauptet.« Nicht das Allzumenschliche ist das spezifisch Menschliche, sondern das »Menschenmögliche«: nicht die natürlichen und alltäglichen Bedürfnisse, sondern die kulturellen Möglichkeiten, die diese Natur bietet. Damit gelangt Mann zur Hochtrapez-Künstlerin Andromache.

»War Andromache etwa menschlich, ›La fille de l'air‹, wie sie auf dem langen Programmzettel hieß?« (VII, 458) Sie ist die Attraktion der Show, wirkt wie ein androgyner »Jüngling«, fliegt als Trapez-

---

[16] Mann, Tagebücher 1951–1953, 63
[17] Mann, Tagebücher 1951–1953, 65

künstlerin in Engelsgestalt durch die Lüfte und beherrscht den Salto mortale. Fünf Seiten des Romankapitels widmet Mann ihrer näheren Beschreibung und Krulls staunenden Reflexionen auf die Gestalt. »Totenstille« herrscht bei ihrem Auftritt an den Grenzen des Menschenmöglichen in der Gefahr des Todes. Der Erzähler wiederholt seine Frage an den Leser: »War Andromache etwa menschlich?« (VII, 460). Er muss die Frage wiederholen, weil die banale Antwort sich allzu leicht aufdrängt; er muss eine phänomenologische Haltung staunender Beschreibung und Bewunderung wecken, ein Sehenwollen, das von der Perspektive des Alltags und Allzumenschlichen auf den außerordentlichen Eindruck umstellt. Andromache »fliegt durch die Luft zu dem Partner hinüber«:

»Dies war ihre Art, mit dem Manne zu verkehren; eine andere war bei ihr nicht erdenklich, denn zu wohl erkannte man, dass dieser strenge Körper das, was andere der Liebe geben, an seine abenteuerliche Kunstleistung verausgabte. Sie war kein Weib; aber ein Mann war sie auch nicht und also kein Mensch. Ein ernster Engel der Tollkühnheit war sie mit gelösten Lippen und gespannten Nüstern, eine unnahbare Amazone des Luftraums unter dem Zeltdach, hoch über der Menge, der vor starrer Andacht die Begierde nach ihr verging.« (VII, 460)

Krull gerät darüber in generalisierende Betrachtungen:

»Herrliche Tierleiber, und zwischen Tier und Engel, so sann ich, stehet der Mensch. Näher zum Tier stehet er, das wollen wir einräumen. Sie aber, meine Angebetete, obgleich Leib ganz und gar, aber keuscher, vom Menschlichen ausgeschlossener Leib, stand viel weiter hin zu den Engeln.« (VII, 465)

Es schließt eine Löwendressur an, Krull aber ist mit seinen Gedanken noch bei Andromache und phantasiert über die Beziehung der Trapezkünstlerin zum Löwendompteur: »Kameraden der Todesnähe, das mochten sie sein, aber kein Liebespaar, nein, nein, es wäre ihnen auch beiden schlecht bekommen!« Andromache hätte fehlgegriffen, »wenn sich der Kühnheitsengel zum Weibe erniedrigt hätte, und wäre schmählich zur Erde gestürzt …« (VII, 463) Krull nimmt diese Eindrücke und Betrachtungen intensiv auf und identifiziert sich mit den Artisten:

»Die Menge rings um mich her gor in Lust und Begeisterung, – ich aber, gewissermaßen, schloss mich aus von ihrem Gären und Gieren, kühl wie einer, der sich vom ›Bau‹, vom Fach fühlt. Nicht vom circensischen Fach, vom Salto-mortale-Fach, natürlich konnte ich mich fühlen, aber vom Fache

211

im allgemeineren, vom Fach der Wirkung, der Menschenbeglückung und -bezauberung.« (VII, 463)

Krull entscheidet sich für diese Berufung und distanziert sich so von seinem Hoteldiebkollegen und Spießgesellen Stanko, dem die »Empfänglichkeit« für diesen Beruf fehlt und der nur zur Menge gehört. Die Germanistik deutet den Hochstapler oft als Künstler; Mann spricht aber nicht vom Künstlertum, sondern vom sozialen Beruf Krulls zur »Menschenbeglückung und -bezauberung«. Dieser Beruf ist seine Aufgabe und sein Ziel. Sein Künstlertum, seine Begabung zur Hochstapelei, ist hier das Mittel.

Am Beginn des dritten Buches trennt sich der Hochstapler vom einfachen und gewöhnlichen Kriminellen und gewinnt neue humane Ansichten und Perspektiven. Auf das *Buch der Kindheit* und das Intermezzo als Hoteldieb folgt nun der Übergang zur »Menschenbeglückung«. Es bedarf dabei kaum des Nachweises, dass Mann mit seinem Circus-Kapitel Zarathustras Vorrede herbeizitiert. Auch die *Große kommentierte Frankfurter Ausgabe* verweist knapp darauf. Dort heißt es zur zitierten Stelle »zwischen Tier und Engel, so sann ich, stehet der Mensch«: »Gedanken von Blaise Pascal (*Pensées sur la religion et sur quelque autres sujet*, posthum 1670): L'homme n'est ni ange ni bête. Et le malheur veut que qui veut faire l'ange fait la bête. Die Stelle erinnert auch an Zarathustras Seiltänzerphilosophie. [...] In *Joseph, der Ernährer* (1943) wird der Mensch ›Engeltier‹ genannt«.[18] Viel mehr sagt der Kommentar zu dieser Stelle nicht. Auf Pascal hatte schon Nietzsche verwiesen. Dass Mann Nietzsche mit Pascal expliziert, entspricht seiner rechristianisierenden Rezeptionstendenz. Der Kommentar verweist aus der germanistischen Mann-Literatur einigermaßen irritierend etwa auf Andersens »kleine Seejungfrau«, nicht aber auf die philologisch doch einschlägigere Gestalt der Andromache, der Gattin Hektors, aus Homers *Illias*. Es gibt einige wichtige Gender-Fragen zum Roman. So verwundert es, dass Mann die Amazone ins Hermaphroditische, Transsexuelle und Angelologische hinüberspielt. Gerade im Horizont Homers fällt dies auf, repräsentiert Andromache in der Begegnung mit Hektor doch, nach Wolf-

[18] Thomas Sprecher / Monica Bussmann, Kommentar, zu: Thomas Mann, Bekenntnisse des Hochstaplers Felix Krull, Große Frankfurter Ausgabe Bd. XII.2., Frankfurt 2012, Bd. 12.2, 464; vgl. aber Peter Sloterdijk, Du musst dein Leben ändern, Frankfurt 2009, 183

gang Schadewaldt, geradezu den »Urberuf des Weibes«.[19] Mann erdichtet einen krassen Rollenwechsel: Er transferiert Hektors kriege-
rische Tollkühnheit auf Andromache.

In der *Ilias* kommt es nur einmal, im sechsten Buch, zu einer
Begegnung zwischen Hektor und seiner Gattin: Andromache hat Vater und Mutter sowie alle ihre sieben Brüder bereits im Krieg (durch
Achilles) verloren; sie fleht ihren Gatten deshalb aus »Todessorge«
an, um der Kinder willen in den Mauern der Stadt zu bleiben. Das
»männliche Heldenwesen« und »Heldenungestüm« aber, die Ehre,
treibt Hektor, so Schadewaldt,[20] hinaus. Hektor nimmt den Verweis
auf den Sohn auf und wendet ihn gegen die Mutter: Der Vater wird
im Sohn fortleben, Hektor aber muss sich Achilles stellen. Die Begegnung mit Andromache dient der »Herausarbeitung der Hektor-
gestalt«.[21] Im letzten Buch der *Ilias* begegnet sie dann noch einmal
bei der »Totenklage um den aufgebahrten Leichnam«.[22] Durch die
Ilias wurde Andromache zu einer zentralen Frauenfigur der Weltliteratur, Sophokles und Vergil greifen sie auf, in zahllosen Kunstwerken
lebt sie seither fort. Andromache repräsentiert die schicksalsgeschla-
gene Frau; sie verliert nicht nur Eltern, Geschwister und Gatten, sondern wird nach dem Fall Trojas auch versklavt und erlebt in Vergils
Aneis weitere äußerste Erniedrigung, wenn sie Neoptolemos, dem
Sohn des Achilleus, des Mörders ihres Gatten, als Kriegsbeute zur
Nebenfrau beigegeben wird.

Zahllose Schicksalsschläge hat die Weltliteratur ihr seitdem an-
gedichtet. Mann gibt ihr eine andere Wendung, indem er sie gleichsam vermännlicht und als »Amazone« mit Attributen Hektors aus-
stattet. Krull dagegen ist in seiner »Empfänglichkeit« feminisiert. Die
Mann-Literatur ist hier mit psychoanalytischen Kategorien schnell
fertig, obwohl die Annäherung der Geschlechter, als Tendenz der Moderne von Mann früh beobachtet, unter Gender-Aspekten auch per-
spektivisch interessant sein könnte und Mann an einer Zukunft der
Geschlechter dichtet, die keineswegs frei von Erotik und Sexualität
ist. Man könnte dieses Geschlechterthema im *Krull*-Roman weiter
verfolgen und hier Perspektiven zur Weiterentwicklung des »Traum-

---

[19] Wolfgang Schadewaldt, Hektor und Andromache (1935), in: ders., Von Homers
Welt und Werk. Aufsätze und Auslegungen zur homerischen Frage, Leipzig 1944,
135–161, hier: 146
[20] Schadewaldt, Hektor und Andromache, 146
[21] Schadewaldt, Hektor und Andromache, 154
[22] Schadewaldt, Hektor und Andromache, 156

gedichts« finden. Gerade den *Krull* durchziehen eigenartige Zwie-
und »Doppelbilder«. Das dritte Buch endet nach dem erotisch aufrei-
zenden Stierkampf-Kapitel mit der Ersetzung der Tochter durch die
Mutter: Krull landet im »Reich der Wonne« (VII, 661) am »könig-
lichen Busen« der Madame Kuckuck. Der Stierkampf passt zum Circus-Kapitel. Stierkampf und Salto mortale sind im »Stiersprung«[23]
schon seit minoischen Zeiten, kulturgeschichtlich betrachtet, miteinander verbunden. Im Stiersprung triumphiert der Mensch über
die überlegene Kraft des Tieres, indem er seine Todesangst – das
Thema von Heideggers *Sein und Zeit* – überwindet. Manns gender-
politisch eigenartiger Rollenwechsel Andromaches, die Hektorisie-
rung der Frau, soll hier aber nicht weiter gedeutet werden. Das Circus-Kapitel entwickelt weniger Phantasien als »Überlegungen«. Was
Mann angelologisch erdichtet, ist wohl bedacht und übersetzbar. Er
denaturalisiert den Menschen nicht zum Engel, sondern formuliert
Möglichkeiten kultureller Evolution und Entwicklung. Dafür zitiert
er Nietzsche: »Der Mensch ist ein Seil, geknüpft zwischen Thier und
Übermensch«. Nietzsches Vergleich mit dem Seil ist literarisch nicht
weniger gesucht und riskant als die alte Metapher vom Engel.

4. Zarathustras Vorrede als Quelle des Circus-Kapitels

Um die *Zarathustra*-Adaption nicht auf eine phrasenhaft geläufige
Formel zu verkürzen, sei Nietzsches Vorrede mit dem Circus-Kapitel
näher verglichen: Sie beginnt mit Zarathustras »Untergang« und Ab-
stieg aus dem Gebirge zu den Menschen. Auf dem Weg begegnet er
im Wald einem seltsamen oder seltenen »Heiligen«, der »noch Nichts
davon gehört« hat, »dass Gott toth ist!« (KSA IV, 14) Zarathustra
kommt in der nächsten Stadt auf dem Marktplatz an. Dieser Platz
entspricht Manns Circus. Das Volk ist versammelt, um einen Seiltänzer zu sehen, der Manns Trapezkünstlerin korrespondiert. Zarathustra spricht zum Volk: »Ich lehre euch den Übermenschen. Der
Mensch ist Etwas, das überwunden werden soll.« (KSA IV, 14) »Und
alles Volk lachte über Zarathustra. Der Seiltänzer aber […] machte
sich an sein Werk.« (KSA IV, 16) Zarathustra nimmt das auf, inte-
griert den Seiltänzer rhetorisch geschickt in seine Ansprache und

---

[23] Dazu vgl. Neil MacGregor, Minoischer Stierspringer, in: ders., Eine Geschichte der
Welt in 100 Objekten, München 2011, 151 ff.

sagt: »Der Mensch ist ein Seil, geknüpft zwischen Thier und Übermensch – ein Seil über einem Abgrunde.« (KSA IV, 16) Andromache
fliegt ohne Rettungsnetz. Zarathustra schließt seine »erste Rede« an,
spricht vom »letzten Menschen«, doch die Menge höhnt: »›Gieb uns
diesen letzten Menschen, oh Zarathustra, […] so schenken wir dir
den Übermenschen!‹« (KSA IV, 20) Der Seiltänzer beginnt nun langsam sein Werk und ein »bunter Gesell, einem Possenreißer gleich«
(KSA IV, 21), »wie ein Teufel«, springt in einer Art Salto mortale
über den Seiltänzer hinweg. Der Seiltänzer aber, »als er seinen Nebenbuhler siegen sah, verlor dabei den Kopf und das Seil« (KSA IV,
21) und stürzte in die Tiefe. Zarathustra spricht mit dem Zerschmet-
terten noch letzte Worte. Der Seiltänzer meint: »›Ich bin nicht viel
mehr als ein Thier, das man tanzen gelehrt hat, durch Schläge und
schmale Bissen.‹ ›Nicht doch‹, sprach Zarathustra; ›du hast aus der
Gefahr deinen Beruf gemacht, daran ist nichts zu verachten. Nun
gehst du an deinem Beruf zugrunde: dafür will ich dich begraben.‹«
(KSA IV, 22) Zarathustra verlässt das Volk, das seine Lehre nicht
annimmt. »Eine Mitte bin ich noch den Menschen zwischen einem
Narren und einem Leichnam« (KSA IV, 23), meint er und verlässt die
Stadt, den Leichnam des Seiltänzers schulternd, um »lebendige Gefährten« (KSA IV, 25) zu suchen. Das alles ist bekannt und vielfach
kommentiert worden.

Einige Parallelen wurden angedeutet: Mann ersetzt den Mark-
platz durch den Circus, die Menge durchs Publikum, den Seiltänzer
durch die Trapezkünstlerin, den Teufel durch Engel. Zarathustra
selbst betont den metaphorischen Sinn: Der Seiltänzer repräsentiert
die Aufgabe der Entwicklung des Menschen oder »Menschenmöglichen«. Der Teufel erscheint als »Possenreißer«; Mann sprach vom
Clown. Der Teufel repräsentiert den agonalen Stachel des Wagnisses
und der Herausforderung durch einen »Nebenbuhler«. Der Seiltänzer hat seine Aufgabe ergriffen und seinen »Beruf« gefunden; er
ist deshalb »viel mehr als ein Tier« und erlangt die humane Auszeich-
nung und Ehre eines Begräbnisses. Ähnlich wie Zarathustra hat Krull
die Trapezkünstlerin als Vision erkannt und wird sie nicht vergessen.

Manns erstes Kapitel des dritten Buches endet mit der Trennung
von Stanko, der die gewöhnliche Menge repräsentiert. Schon im
nächsten Kapitel findet Krull dann als Kellner mit Eleanor Twentyman und Lord Kilmarnock durch den »Magnetismus« seiner »Menschenbeglückung« neue »lebendige Gefährten«, wie Zarathustra sie
jenseits der »Menge« sucht. Krull hält freilich keine aufdringlichen

Lehren im prophetischen Gestus eines antichristlichen Evangeliums, sondern kann völlig auf seine sympathetische Natur und Begabung vertrauen. Mit Nietzsche wechselt Mann als Dichter von der Lehre zum Beispiel über. Seine angelologische Auslegung der humanen Zielrichtung lässt sich zwar als christliche Trennung von Eros und Caritas deuten;[24] Krulls »Menschenbeglückung« wirkt aber eher erotisch als caritativ. Das Circus-Kapitel scheint zwar den Übermenschen in Richtung der Engel zu suchen, den Eros zu neutralisieren und Andromache zu entsinnlichen. Die Gesamtbewegung und Zielrichtung des *Felix Krull* aber führt nicht zu einer caritativ entsinnlichten Auslegung der »Menschenbeglückung«. Krull hält seine Liebeserfahrungen fest und antwortet auf die naturgeschichtliche und evolutionistische Betrachtung des Menschen durch den Paläoanthropologen Professor Kuckuck mit interessierter Beschwörung der Liebe und praktischem Beispiel. Am Ende bleibt er aus der »Güte der Reife« auch erotisch »nicht ungetröstet« (VII, 661). Manns Übermensch ist kein Engel, sondern zielt, dem Konzept des Josephromans weiter folgend, auf eine Vermittlung und Versöhnung von Leib und Seele oder »Geist«. Ethisch gesprochen überwindet Krull die Extreme und falschen Alternativen von Egoismus und Altruismus. Er ist kein rationaler Egoist und Narzisst.

Die 2012 erschienene *Große kommentierte Frankfurter Ausgabe* des *Felix Krull* verdeutlicht, wie sehr Thomas Mann die Wiederaufnahme und Weiterführung des Hochstapler-Romans fragwürdig wurde, weil die Krull-Figur, als Schelm- und Hermes-Gestalt vielfältig an Joseph anknüpfend und von der Joseph-Gestalt überboten, ihrem Autor letztlich »überaltert und überholt«[25] erschien. Die Herausgeber Thomas Sprecher und Monica Bussmann schreiben in ihrem Kommentar: »Episch war die Vollendung der Weltreise nicht mehr nötig. Das Zuchthaus-Kapitel war vielleicht sogar ganz unmöglich geworden: Ein Krull, der in den Spuren Josephs ging, musste zum Götterkind ›gesteigert‹ werden und konnte – auch wenn das Hermes-Mythologem das Stehlen sogar vorsah – kaum mehr als gemei-

---

[24] Dazu zeitgenössisch vgl. Heinrich Scholz, Die platonische Liebe und die Liebe im Sinne des Christentums, Halle 1929

[25] Thomas Sprecher / Monica Bussmann, Kommentar, zu: Thomas Mann, Bekenntnisse des Hochstaplers Felix Krull, Große Frankfurter Ausgabe Bd. XII.2., Frankfurt 2012, 24; Material zur Weiterführung gab u.a. das spektakuläre Bankrotteursende von Katias Manns ältestem Bruder; dazu vgl. Juan u. Julia Delius, Erik Pringsheims Tod in Argentinien, in: Thomas Mann-Jahrbuch 25 (2012), 297–331

ner Betrüger im Zuchthaus landen.«²⁶ Weiter heißt es im Kommentar:»Sicher ist, dass nach der Richtung, die die Erzählung genommen hatte, die alten Pläne nicht mehr tel quel hätten umgesetzt werden können. Nach der Entkriminalisierung Krulls in der späten Arbeitsphase wäre alles manifest Kriminelle schwierig geworden.«²⁷

Die Platonisierung Krulls in Richtung auf eine Konvergenz des Guten mit dem Gerechten bricht in Lissabon an der Schwelle zum neuen Kontinent ab. Die kritische Ausgabe des *Krull* belegt, dass Thomas Mann nichts mehr in der Schublade hatte und an eine Weiterführung oder gar Vollendung des *Krull* kaum mehr dachte. Er beschäftigte sich zuletzt vor allem mit Vorträgen und Essays. Nur eine Luther-Novelle oder -Komödie hätte er als Gegenentwurf zum *Doktor Faustus* noch gerne geschrieben. Auch sie wäre eine bedeutende politische Dichtung geworden. Man kann darüber nachdenken, welche Möglichkeiten der *Krull* dennoch jenseits von Lissabon einem vierten Buch oder zweiten Teil südamerikanischer Abenteuer in Richtung des Traumgedichts und der Humanitätsvision bieten konnte. Eine weitere Reifung Krulls als Zusammenführung von Eros und Caritas wäre Mann literarisch gewiss irgendwie möglich gewesen. Der »Zauberer« brauchte eigentlich keine Sorge zu haben, dass ihm nichts mehr einfallen werde. Schon am 14. November 1919 notierte er nach den Lehren Settembrinis ins Tagebuch:»Übrigens gestehe ich mir, dass ich das Buch jetzt auf denselben Punkt gebracht habe, auf dem der ›Hochstapler‹ nicht zufällig stehen geblieben ist. Eigentlich habe ich meinen Sack gelehrt. Die Dichtung hat zu beginnen. Incipit ingenium.«²⁸ Auf sein Ingenium konnte Mann sich trotz abnehmender Kräfte und steigender Selbstzweifel weiter verlassen. Sein »Übergang« war in Lissabon nicht gestrandet. Auch die internen scholastischen Möglichkeiten seines Humanitätsdenkens waren damals noch nicht ausgereizt. Den diversen unberufenen Fortsetzungen des *Felix Krull* ist hier aber keine weitere anzufügen. Es sollte nur gezeigt werden, dass Thomas Mann sein »Traumgedicht vom Menschen« mit Nietzsches *Zarathustra* noch bis in seine letzte publizierte Dichtung bedeutsam fortsetzte.

---

²⁶ Ebd., 56
²⁷ Ebd., 77
²⁸ Thomas Mann, Tagebücher 1919 bis 1921, Frankfurt 1979, 30

XII. Schluss: Konservatismus, Utopismus, Humanismus

Heideggers politisches Denken wurde hier nicht kleinteilig und entwicklungsgeschichtlich rekonstruiert. Es wurde grundsätzlich in den Kontext der Konservativen Revolution gestellt und als eine in nebulöse »Anfänge« rückprojizierte Utopie vom »Übermenschen« betrachtet. Die Intellektuellenpolitik der Konservativen Revolution gab es in diversen Varianten: als Selbstinthronisation avancierter Dichtung (Mann, Hofmannsthal) wie als »autoritäres« politisches Programm und »Zähmungsprojekt« zwischen Demokratie und Diktatur (Jung, v. Papen). Hofmannsthal war zwar zu früh verstorben, um den politischen Missbrauch seiner Rede noch zu erleben; Thomas Mann aber bestätigte die Formel in ideenpolitischer Absicht erneut in voller Kenntnis der antidemokratischen und antiliberalen Instrumentalisierung. Als konservativer Verweis auf einen kulturellen Hintergrundkonsens und eine Erneuerungsressource jenseits »autoritärer« oder gar »diktatorischer« Politik ist die Formel deshalb, im Sinne Manns, weiter verwendbar. Heidegger optierte zunächst für den Nationalsozialismus und formulierte dann mit Hölderlin sein kulturpolitisches Programm des »Schritts zurück« in die Vorsokratik. Nach 1934 wurde bald eine Disjunktion von Konservativer Revolution und Nationalsozialismus in apologetischer Absicht profiliert (Rauschning, Mohler). Manfred Riedels »geheimes Deutschland« schweigt – mit der Linie Goethe-George-Stauffenberg – von dieser Version. Dabei liegt es nahe, das Verhältnis von Konservativer Revolution und »geheimem Deutschland« sukzessiv zu lesen: Der gescheiterten Kollaboration folgte der Widerstand; beide Stichworte bezeichnen Strategien alter Eliten (»Preußentum«, Aristokratie) und elitärer Zirkel des Bildungsbürgertums. Thomas Mann und Heidegger waren sich hier ausnahmsweise in der Ablehnung dieser Kreise und auch im Hinweis auf »kapitalistische« Interessen einig.

Es gibt eine Geschichte des »Übermenschen«: Nietzsches Vision wurde im Expressionismus in die Sehnsucht nach dem »neuen Menschen« übersetzt und die Zwischenkriegszeit antwortete dann mit diversen Humanitätsvisionen. Ernst Jünger sprach vom »Stoßtruppführer« und »Arbeiter«, Heidegger vom »Hirten des Seins« und Heideggerianer; Thomas Mann entwickelte damals die Frage nach den humanen Möglichkeiten und Humanitätstypen der Gegenwart mit größter philosophischer Kraft und Intensität in seinem dichterischen Werk. Felix Krull und Hans Castorp, der biblische Joseph und der Tonkünstler Adrian Leverkühn, Doktor Faustus, sind seine differenziertesten Antworten auf die Frage nach den Bedingungen und Chancen subjektiv glückenden und moralisch-politisch verantwortlichen Lebens. Manns Antwort war für die deutsche Nationalgeschichte letztlich negativ: Grundsätzlich sei es Menschen zwar möglich, ein glückendes und verantwortliches Leben zu führen, meinte er; im Todeszug der deutschen Nationalgeschichte treten das Gute und das Gerechte aber auseinander: Ein moralisch-politisches Dasein, das auch subjektiv als glückend empfunden wird, ist authentisch und integer letztlich nicht möglich. Die anthropologischen Möglichkeiten eines gelingenden Lebens scheitern an den politischen Rahmenbedingungen der deutschen Katastrophe.

1. Konservatismus als revolutionärer Utopismus (Heidegger)

Die hier erörterten Konservativen Revolutionäre verhielten sich praktisch eher revolutionär als konservativ. Starke Revolutionsallergien und Status-Quo-Präferenzen, wie Goethe sie vielfach äußerte, zeigten sie nicht. Selbst Thomas Mann bejahte immer wieder Revolutionen im Zeichen des »Lebens«. So suchte er den Entwicklungen von 1918/19 und – trotz grundsätzlicher Ablehnung – auch den Entwicklungen von 1933, wie seine Tagebücher belegen, mancherlei positive Aspekte abzugewinnen. Die Konservatismusforschung betont das »Dilemma«,[1] dass auch die Konservation oder Bewahrung bestimmter Verhältnisse reformistische Intervention erfordert. Konservatismus ist eine moderne und gegenmoderne Bewegung; er entstand nach 1789 als Antwort auf die Französische Revolution und entwickelte im Verlauf des 19. Jahrhunderts verschiedene Strömungen.

---

[1] Martin Greiffenhagen, Das Dilemma des Konservatismus, München 1971

Henning Ottmann[2] unterscheidet hier typologisch zwischen einem »liberalen Konservatismus« oder »Reform-Konservatismus« (Burke, Gentz, Hegel), »romantischen Konservatismus« (F. v. Baader, Novalis, A. Müller, T. Carlyle, Chateaubriand), »gegenrevolutionären Konservatismus« (Bonald, J. de Maistre, J. D. Cortés, A. Haller) und einem – zeitlich noch etwas später anzusetzenden – »Sozialkonservatismus« (L. v. Stein, A. Wagner, V. A. Huber). Carl Schmitt konstatierte schon 1922, im letzten Kapitel seiner *Politischen Theologie*, *Zur Staatsphilosophie der Gegenrevolution* überschrieben, für die Lage des Konservatismus in der Weimarer Republik einen scharfen Bruch zwischen »Traditionalismus« und »Gegenrevolution«.[3] Entschlossen optierte er für die Gegenrevolution, die der »dynastischen Legitimität« der alten Kronen entsagte und den offenen Schritt in die gegenrevolutionäre »Diktatur« und autoritäre Antworten riskierte.

Der revolutionäre Bruch der »Gegenrevolution« betraf vor und nach 1918 zunächst das Verhältnis zu den abgelebten Dynastien, die 1918 meist kläglich abgetreten waren und abdankten – bis hin zur Mutation des »Reisekaisers« Wilhelm II. zum passionierten Holzfäller –, aber auch das Verhältnis zum Christentum und kirchlicher Konfession, zur Staatsformenfrage, »kleindeutschen« Entscheidung von 1870/71, den überlieferten Einschätzungen der »großen Mächte« und der Option zwischen West und Ost. Die neuen Eckdaten und Koordinaten der Republik erzwangen wesentliche Revisionen früherer Überzeugungen. Während der Nationalismus dabei einen längeren Vorlauf hatte und sich seit der »nationalen Erhebung« von 1812/13 formierte – nachdem Napoleons »große Armee« auf dem Rückzug in russischen Weiten zerfiel –, war die Demokratieerfahrung nach 1918 neu und zwiespältig. Thomas Mann konstatierte ein Ende der alten nationalliberalen Allianz von Demokratie und Nationalismus (vgl. XII, 206 f., 263). Die liberalen Grundlagen und Voraussetzungen von Demokratie erodierten dann bald unter den Hypotheken von »Versailles«, den sozialen, politischen und ökonomischen Krisen der Republik und der Entwicklung der pluralistischen Parteiendemokra-

---

[2] Henning Ottmann, Geschichte des politischen Denkens. Bd. III/3, Stuttgart 2008, 1 ff., hier: 3; zur Übersicht vgl. etwa Hans Lenk, Deutscher Konservatismus, Frankfurt 1989; Klaus v. Beyme, Theorien des Konservatismus und Rechtsextremismus im Zeitalter der Ideologien 1789–1945, Wiesbaden 2013

[3] Dazu vgl. Carl Schmitt, Politische Theologie. Vier Kapitel zur Lehre von der Souveränität, Berlin 3. Aufl. 1979, 67–84

tie zur präsidialen Unregierbarkeit. Der radikale Umbruch schien moderate und »liberale« Lösungen nun auszuschließen.

Von den hier erörterten Autoren vertrat nur Thomas Mann, mit Ottmann zu sprechen, einen moderaten, konzilianten und vermittelnden »Reform-Konservatismus«. Er war, 1875 geboren, allerdings noch ganz im Wilhelminismus der Vorkriegszeit sozialisiert. In seinen – 1918 bei Kriegsende erschienen, 1922 überarbeitet neu publizierten – *Betrachtungen eines Unpolitischen* entwickelte er seinen liberalen Konservatismus (vgl. XII, 257 ff.) als Abgesang auf die »Welt von gestern« (Stefan Zweig). Manns Offenheit für politische Veränderungen und revolutionären Wandel resultierte gerade aus der Ablehnung doktrinärer Überzeugungen: insbesondere des »Radikalismus« der Demokratisierungsparole des »Zivilisationsliteraten«. Mann sah die Differenz von Staat und Nation und bestand auf dem Selbstbestimmungsrecht der Nation auch und gerade in der Staatsformenfrage. Deshalb konnte er den Sturz der Dynastien und Systemwechsel von der konstitutionellen Monarchie zur Weimarer Republik nach 1918 auch bald bejahen und sich im Kampf gegen den militanten Nationalismus, gerade in München, an die Seite der Sozialdemokratie als Staatspartei Weimars stellen. Seine *Betrachtungen eines Unpolitischen* schließen im letzten Kapitel mit einem Gegensatz von »Ironie und Radikalismus«. Mann schreibt (in der Fassung von 1918[4] schon):

»Der geistige Mensch hat die Wahl (soweit er die Wahl hat), entweder Ironiker oder Radikalist zu sein; ein Drittes ist anständigerweise nicht möglich. Als was er sich bewährt, das ist eine Frage der letzten Argumentation. Es entscheidet sich dadurch, welches Argument ihm als das letzte, ausschlaggebende und absolute gilt: das Leben oder der Geist (der Geist als Wahrheit oder als Gerechtigkeit oder als Reinheit). Für den Radikalisten ist das Leben kein Argument. Fiat justitia oder veritas oder libertas, fiat spiritus – pereat mundus et vita! So spricht aller Radikalismus. ›Ist denn die Wahrheit ein Argument – wenn es das Leben gilt?‹ Diese Frage ist die Formel der Ironie. Radikalismus ist Nihilismus. Der Ironiker ist konservativ.« (XII, 568)

Manns verschlungenes und schwieriges Buch ist hier nicht zu analysieren.[5] In der Alternative »Ironie oder Radikalismus« steht Hei-

---

[4] Thomas Mann, Betrachtungen eines Unpolitischen, Berlin 1918, 587
[5] Dazu Verf., Thomas Mann. Künstler und Philosoph, München 2001, 162 ff.; positive Auffassung auch bei Dieter Borchmeyer, Was ist deutsch? Die Suche einer Nation nach sich selbst, Berlin 2017

degger jedenfalls in der ideologischen Front des Radikalismus. Für moderate Töne und einen Ausgleich berechtigter Interessen und Kräfte, für eine »Politik der mittleren Linie«, wie Mann (XII, 257) sie wünschte, hatte er keinen Sinn. Sein Werk ist unbedingt humorlos und ironiefrei. Sein Radikalismus führte ihn über die revolutionäre Parteinahme und Radikalopposition in einen abstrakten Utopismus und eine verstockte Wahrnehmungsverweigerung und Verleugnung der realen Verhältnisse. Sein letzter Stand der Wahrnehmungsverweigerung und Realitätsflucht ist das Spiegel-Gespräch von 1966. Lutz Hachmeister[6] stellte es als »Heideggers Testament« energisch in den Neo-Nationalismus und die braune Renitenz nach 1945. Heidegger propagierte hier erneut einen Totalitarismus der Technik und marginalisierte dagegen alle anderen politischen Fragen. Er meinte:

»Es ist für mich heute eine entscheidende Frage, wie dem heutigen technischen Zeitalter überhaupt ein – und welches – politisches System zugeordnet werden kann. Auf diese Frage weiß ich keine Antwort. Ich bin nicht überzeugt, dass es die Demokratie ist.« (GA 16, 668)

Dem Nationalsozialismus konzediert Heidegger dabei 1966 noch, wie in zahlreichen früheren Notaten, den positiven Versuch einer Antwort auf das »Wesen der Technik«:

»Der Nationalsozialismus ist zwar in die Richtung gegangen; diese Leute aber waren viel zu unbedarft im Denken, um ein wirklich explizites Verhältnis zu dem zu gewinnen, was heute geschieht und seit drei Jahrhunderten unterwegs ist.« (GA 16, 677)

»Diese Leute«, die NS-Chargen, hatten nicht auf den prätendierten »Führer des Führers« gehört. Im Spiegel-Gespräch erneuert Heidegger seine geschichtsphilosophisch überhitzte Form der Traditionskritik. Er postuliert spekulativ, als sprachphilosophisches Argument drapiert, eine »besondere innere Verwandtschaft der deutschen Sprache mit der Sprache der Griechen« (GA 16, 679) und führt aus:

»Meine Überzeugung ist, dass nur von demselben Weltort aus, an dem die moderne technische Welt entstanden ist, auch eine Umkehr sich vorbereiten kann, dass sie nicht durch Übernahme von Zen-Buddhismus oder anderen östlichen Welterfahrungen geschehen kann. Es bedarf zum Umdenken der Hilfe der europäischen Überlieferung und ihrer Neuaneignung. Denken

---

[6] Lutz Hachmeister, Heideggers Testament. Der Philosoph, der Spiegel und die SS, Berlin 2014

wird nur durch Denken verwandelt, das dieselbe Herkunft und Bestimmung hat.« (GA 16, 679)

Die großartigen Formulierungen sind voller Tücken. Beachtlich ist hier, für die Erörterung von Heideggers abstraktem Utopismus, dass von einem »Umdenken« und einer »Neuaneignung« der Überlieferung die Rede ist. Die Fundamentalverwerfung der platonischen »Metaphysik«, des Monotheismus und Christentums ist damit festgehalten. Weil die Kontinuität der europäischen Geschichte also nicht als Argument einsteht, muss die Identität des »Weltorts« von Griechenland und Deutschland durch das sprachchauvinistische Theorem von der »inneren Verwandtschaft« der Sprachen begründet werden, das Heidegger in keiner Weise sprachwissenschaftlich expliziert, sondern für das er nur mündliche Aussagen von Franzosen anführt, die für ihren philosophischen Diskurs auf die deutsche Tradition – und insbesondere wohl Heidegger – rekurrierten. Nicht nur im Spiegel-Gespräch ist Heideggers Konnex von Griechenland und Deutschland völlig spekulativ. Vor allem ist aber zu beachten, dass sein Rekurs auf »Griechenland« sich auf eine unhistorische Vorsokratik kapriziert und alle Aussagen zu diesem »Anfang«, schon mit dem Anspruch auf »Neuaneignung« als »anderer Anfang«, keine historische Einsicht entwickeln. Heidegger verlegt sich deshalb auch auf den religiösen Diskurs und die »Bereitung der Bereitschaft«:

»Nur noch ein Gott kann uns retten. Die einzige Möglichkeit einer Rettung sehe ich darin, im Denken und Dichten eine Bereitschaft vorzubereiten für die Erscheinung des Gottes oder für die Abwesenheit des Gottes im Untergang; dass wir nicht, grob gesagt, ›verrecken‹, sondern wenn wir untergehen, im Angesicht des anwesenden Gottes untergehen.« (GA 16, 671)

Die Heidegger-Forschung sperrt sich gegen eine klare Antwort auf die Frage, von welchem neuen und kommenden Gott Heidegger hier eigentlich spricht. Dabei liegt es mit Nietzsche und Hölderlin nahe, auf Dionysos zu tippen. Heidegger meidet die monotheistische Formel und nennt »einen« Gott unter anderen, den er als »den« anwesenden Gott bestimmt und personifiziert, wenn er von einem »Angesicht« spricht. Der christliche Gott ist hier sicher nicht gemeint. Die Personifikation des Gottes wird durch die prozeduralisierende Rede von »Untergang« und »Ankunft« auch zurückgenommen. Heidegger redet eigentlich nicht substantialistisch von einem bestimmten Gott unter anderen in einem polytheistischen System, sondern von einer religiösen Bewegung: Das »Wesen der Technik«, das Epochensignum ökonomisch-technischer Durchgestaltung und Durchsetzung der Neuzeit, muss seiner Auffassung nach durch die religiöse Erfahrung der Welt als »Ereignis« beantwortet werden. Wenn dieser Prozess ein personales »Angesicht« hat, ist es Heidegger selbst, der seinen Hörern als akademischer Erotiker dionysisch erscheint. Heideggers physiognomische und habituelle Nähe zu Hitler fiel aber schon dem Bruder Fritz auf. Am 3. April 1933 schreibt Fritz an Martin:

»Hitler selbst wächst mit seinen Aufgaben und nähert sich mit Riesenschritten dem Format Mussolinis. Ich weiß nicht, ist es reine Täuschung oder nicht: Manche Haltung und [der] Blick Hitlers auf den jetzigen Bildern erinnern mich oft an Dich. Dieser Vergleich allein führte mich schon manchmal zu der Folgerung, dass Hitler ein außergewöhnlicher Kerl sei.«[7]

2. Konservatismus als Humanismus

Die Konservative Revolution mündete als Gegenrevolution in den abstrakten Utopismus der Selbstinszenierung Heideggers als dionysisches »Ereignis«. Obgleich Heidegger in der frühen Bundesrepublik breit rezipiert wurde, gingen innovative und produktive Anregungen deshalb auch von seinem Werk nach 1945 für die Weiterentwicklung des Konservatismus kaum noch aus. Hatte der Erste Weltkrieg schon einen traditionalen und dynastischen Konservatismus liquidiert, so war der Traditions- und Zivilisationsbruch durch Weltkrieg und Holocaust nach 1945 offenbar. Die deutsche Nationalgeschichte erschien insgesamt als »Sonderweg« und fataler Irrweg.

Zu den Kapitulationsbedingungen gehörte die gänzliche Zerschlagung Preußens und des preußischen »Militarismus«. Rehabilitierungsversuche setzten nach 1945 vornehmlich bei dieser Verantwortung Preußens für den Nationalsozialismus an. Ein zentrales Gegenargument war die »Operation Walküre«, Stauffenbergs Attentat vom 20. Juli 1944, das von der (einstigen) Spitze des Generalstabs (Generaloberst Ludwig Beck) und Teilen der Generalität (insbesondere der Ostfront) und alten Eliten des »preußischen« Militärs ausging. Bedeutende Historiker wie – Heideggers Freiburger Kollege – Ger-

---

[7] Fritz Heidegger am 3. April 1933 an Martin, in: Homolka / Heidegger, Heidegger und der Antisemitismus, 2016, 33

hard Ritter[8] und Hans-Joachim Schoeps[9] traten in den 1950er Jahren für die »Ehre Preußens« und gegen eine Pauschalverdammung der preußischen Geschichte auf. Die Bundesrepublik bekannte sich zur Staatskontinuität und Nachfolge im Verantwortungszusammenhang der deutschen Geschichte. Es gab auch Kontinuitätsposten zur Welt vor 1933: Die Weimarer Republik wurde als »erster Versuch« der Demokratisierung Deutschlands nicht pauschal verdammt, ihr »Zusammenbruch« und Scheitern wurde aber auf die dualistische Struktur der präsidialen Demokratie zurückgeführt, die als labiler Verfassungskompromiss aufgefasst wurde. Der Reichspräsident wurde dabei als »Ersatzkaiser«, Repräsentant und – im Präsidialsystem – Handlanger der alten Eliten gedeutet. Es gab auch Kontinuitäten in der Wirtschaftsverfassung, die aber nun als »soziale Marktwirtschaft« neu aufgefasst und gestaltet wurde. Der Wandel der konfessionellen Verhältnisse zeigte sich schon im ökumenischen Selbstverständnis der neuen CDU. Die Vertreibung und Vernichtung des deutschen Judentums wurde dagegen kaum in ihren Folgen wahrgenommen, die Anwerbung muslimischer »Gastarbeiter« seit den 60er Jahren – unter der Fiktion des Intermezzos – nicht als nachhaltige demographiepolitische Weichenstellung und soziomoralische Verschiebung betrachtet.

Thomas Mann hatte Konservatismus als irenisch-ironisches Balance- und Vermittlungsdenken und Antithese zu allen Spielarten eines doktrinären »Radikalismus« definiert. Sucht man für den neueren bundesrepublikanischen Konservatismus nach vergleichbaren Formeln, so ließe sich auf ein prägnantes Bonmot Odo Marquards verweisen: »Die Geschichtsphilosophen haben die Welt nur verschieden verändert; es kömmt darauf an, sie zu verschonen.«[10] Dass Marquard sich gegen Radikalismus für Ironie entschied, verdankte er

---

[8] Gerhard Ritter, Europa und die deutsche Frage. Betrachtungen über die geschichtliche Eigenart des deutschen Staatsdenkens, München 1948; ders., Carl Goerdeler und die deutsche Widerstandsbewegung, Stuttgart 1954; Staatskunst und Kriegshandwerk. Das Problem des »Militarismus« in Deutschland, 4 Bde., München 1955/68

[9] Hans-Joachim Schoeps, Die Ehre Preußens, Stuttgart 1951; Das andere Preußen, Stuttgart 1952

[10] Odo Marquard, Schwierigkeiten mit der Geschichtsphilosophie, Frankfurt 1974, 13; vgl. ders., Abschied vom Prinzipiellen. Philosophische Studien, Stuttgart 1981; Skepsis in der Moderne. Philosophische Studien, Stuttgart 2007; dazu meine Besprechung in: Philosophischer Literaturanzeiger 61 (2008), 249–251; zur Kritik am »Funktionalismus« der Kompensationstheorie vgl. Henning Ottmann, Der Geist der Geisteswissenschaften, in: Synthesis Philosophica 25 (2010), 101–108

auch Freiburger Studienerfahrungen. In einem Vortrag über *Sprachmonismus und Sprachpluralismus der Philosophie* erinnerte er am Umgang mit Heidegger, wie sehr gerade der Wille zum »Sprachmonismus«, zum terminologischen Jargon, Philosophie in einen sektiererisch-babylonischen Sprachpluralismus führt. Marquard schrieb:

»Für meine Generation – die unmittelbare Generation der Studierenden nach Ende des Zweiten Weltkriegs – war zweifellos Heidegger die Versuchung. [...] Zum Winter 1949 sind drei Studenten der Philosophie – Hermann Lübbe, Karlfried Gründer und ich – [...] aus Münster nach Freiburg gekommen. [...] Wir kamen auch und gerade Heideggers wegen. [...] In der Philosophie war Freiburg ein durch Heidegger missioniertes Gebiet: Alle glaubten – irgendwie – an Heidegger. Aber es gab zugleich mehrere Sekten – die Fink-Sekte, die Müller-Sekte, die Szilasi-Sekte, auch die Welte-Sekte –, die darum stritten, den ›wahren‹ Heidegger zu repräsentieren, was sie – nicht eigentlich bei den Lehrern, aber bei den Schülern – gegeneinander unerbittlich machte: Anstandshalber durfte niemand die jeweils anderen Sekten auch nur besuchen.«[11]

Heidegger hatte den vierten Teil von *Also sprach Zarathustra* als »die Versuchung Zarathustras« betitelt. Er meinte damit die Gefahr einer Bindung an Schüler und Jünger. Wenn Marquard Heidegger als eine solche »Versuchung« für die Studenten bezeichnet, analysiert er im *Zarathustra*-Modell und macht Heidegger für den sektiererischen Heideggerianismus der Adepten mit verantwortlich. Interpretationen vergehen, Editionen bestehen. Die negativen Folgen des Heideggerianismus zeigen sich nicht nur im Interpretationsbetrieb, sondern verdeckter und nachhaltiger noch im Editionsbetrieb. Die Heidegger-Gesamtausgabe ist das gewichtigste und problematischste Erzeugnis der Fraktionen und Gestalten um Heidegger. In der Dialektik von Orthodoxie und Häresie dekonstruiert sich dieser Betrieb heute selbst. Marquard verschrieb sich dagegen der Skepsis, dem Abschied vom Prinzipiellen und dem Pluralismus. Er wurde – neben Hermann Lübbe – ein Hauptvertreter eines liberalen und ironischen, kompensativen Reformkonservatismus in der Bundesrepublik. So beiläufig sein Diktum von der Verschonung der »Welt« daherkommt, ist neben dem irenisch-ironischen Gestus und der Ablehnung der marxistischen Variante des Radikalismus, also dem bundesrepublikanischen

---

[11] Odo Marquard, Sprachmonismus und Sprachpluralismus der Philosophie (2002), in: ders., Skepsis in der Moderne. Philosophische Studien, Stuttgart 2007, 72–82, hier: 74 f.

Antimarxismus, auch der Rekurs auf die »Welt« interessant: Marquard definiert die Sinnbestimmung des Konservatismus hier offenbar »global« und »ökologisch«. Die apokalyptischen Szenarien des älteren Konservatismus standen dagegen noch in der Tradition des religiösen Diskurses[12] und wurden eher appellativ und moralisch aufgefasst. Dass die Existenz- und Substanzerhaltung der »Welt« eine zentrale Sinnbestimmung konservativen Denkens wurde, war seit 1945 vom Basisfaktum und Epochensignum der Atombombe und Nukleartechnik her evident. Dabei wurde allerdings zwischen der realistischen Möglichkeit einer atomaren Selbstvernichtung der »Menschheit« und einer Zerstörung des Planeten Erde insgesamt noch nicht unterschieden. »Welt« galt selbstverständlich als humane und lebenswerte Menschenwelt. Die naturwissenschaftliche Einsicht, dass selbst äußerste Szenarien atomarer Katastrophen die Stellung des Planeten im Sonnensystem voraussichtlich nicht tangieren und auch Formen organischen »Lebens« die Menschheit überdauern – die sprichwörtlichen Ameisen jenseits der Menschen –, war diesem ökologischen Konservatismus noch kein Trost.

Die globale und ökologische Neuausrichtung des Konservatismus wird in ihrer Differenz zum Konservatismus der Zwischenkriegszeit oft nicht hinlänglich bedacht: Sie verabschiedet nämlich die nationalistische Perspektive und gibt auch der Staatsformenfrage und normativen Gesamtausrichtung eine neue Wendung. An die Stelle des »klassischen« Nationalstaats treten »Weltstaat« und »Menschheit« als konservative Optionen. »Globale« Auffassungen politischer Systemfragen wurden im Konservatismus jedoch oft auch antidemokratisch gewendet. Ein »technologischer« Konservatismus verband sich mit elitär-bürokratischen Vorstellungen von konservativen Verwaltungseliten, die die Notwendigkeiten globaler Krisenszenarien verwalten und managen. Auch Heidegger vertrat solche Positionen gelegentlich. Aus dem technokratischen Konservatismus ging das »Elitenprojekt« der EU-Bürokratie hervor. Es setzte auf ein neo-liberales Finanzmanagement, das sich mit Weltbank und EZB institutionalisierte. Der Rechtspopulismus unserer Tage spielt »Nation« und »Demokratie« heute wieder gerne anti-universalistisch und globalisierungskritisch aus. Wie in der Weimarer Republik verbindet sich dieser »Populismus« häufig mit technokratischen und

---

12 Dazu vgl. Johannes Fried, Dies irae. Eine Geschichte des Weltuntergangs, München 2016

caesaristischen Auffassungen autoritärer Regimes. Die Koordinaten eines innovativen Konservatismus wandeln sich zwar, doch viele Strömungen des sog. »Rechtsintellektualismus« und der Lager- und Frontbildungen der »Rechtsparteien« verharren heute weiter in veralteten Fronten, Schablonen und Konzepten. Man muss den Konservatismus deshalb heute vor seinen epigonalen Adepten und willigen Vollstreckern verwahren.

Was also lässt sich nüchtern unter Konservatismus heute verstehen? Und ist der Konservatismus ein Humanismus? Max Weber[13] entwickelte in seiner *Wissenschaftslehre* die Kategorie der »objektiven Möglichkeit«: Politische Denker fragen nach objektiven Entwicklungsmöglichkeiten einer politischen Einheit in gegebenen Verhältnissen. Schon Aristoteles führte ein solches komplexes verfassungspolitisches Bedingungsdenken in seinen vielfältigen Aspekten in seiner *Politik* vor. Die Sinn- und Zielrichtung der Entwicklung von Möglichkeiten oder entelechistisch angelegten Potentialitäten kommt schon in seiner Formel vom gemeinschaftlich »guten Leben« zum Ausdruck: Der Staat ist eine Gemeinschaft, »die um des Lebens Willen entstanden ist und um des vollkommenen Lebens willen besteht«.[14] Die Staatsidentität definiert sich durch die Verfassung[15] und deren Kern ist die Ermöglichung der Regierung:

»Verfassung ist die Ordnung des Staates in bezug auf die Gewalten überhaupt und in bezug auf die oberste von allen. Die oberste Gewalt wird überall durch die Regierung des Staates repräsentiert, und in seiner Regierung wieder liegt seine Verfassung.«[16]

Eine doktrinäre Entscheidung für eine bestimmte Regierungsform lehnt Aristoteles ab. Vielmehr ermöglicht jede Staatsform eine gemeinwohlorientierte Regierung. Es gibt »gute« Demokratien (»Politie«), Aristokratien und Monarchien. Freilich gibt es auch Verfallsformen, in denen die Regierung in die eigene Tasche wirtschaftet und das Interesse und Wohl der Bürger nicht achtet. Politik kann

---

[13] Max Weber, Die ›Objektivität‹ sozialwissenschaftlicher und sozialpolitischer Erkenntnis, in: Gesammelte Aufsätze zur Wissenschaftslehre, Tübingen 1922, 146–214; ders., Objektive Möglichkeit und adäquate Verursachung in der historischen Kausalbetrachtung, ebd. 266–290
[14] Aristoteles, Politik 1252b; hier zitiert nach der Meiner-Übersetzung von Eugen Rolfes, Hamburg 1958, 88
[15] Aristoteles, Politik 1276b
[16] Aristoteles, Politik 1278b

immer nur die »relativ beste Verfassung« anstreben. Nur »relative Gerechtigkeit« ist allenfalls möglich, meinte Mann lapidar (XII, 268), und das hängt von vielfältigen Bedingungen ab. Politisches Denken ist circumstativ; es denkt in Umständen, Konstellationen und Lagen. Zahlreiche Aspekte führte Aristoteles aus. Die Geschichte des politischen Denkens kennt auch viele exemplarische Analysen der verfassungssoziologischen Voraussetzungen verfassungspolitischen Denkens. Montesquieu gab im 18. Jahrhundert ein Beispiel. Aristoteles zielte in seiner Politik nicht zuletzt auf die Beziehungen und Erziehung der Bürger. Er dachte die »Staatsfreundschaft« (Dolf Sternberger)[17] von den bürgerlichen Verhältnissen und dem »Verfassungspatriotismus« der Bürger her. Dieses »bürgerliche« Verfassungsdenken ist heute noch vorbildlich. Es kennzeichnet einen liberalen Konservatismus.

Immanuel Kant sprach einst von Bedingungen der Möglichkeit. Diese schlichte Unterscheidung möchte ich für den Konservatismus übernehmen: Konservatismus stellt anthropologische Möglichkeiten in die historisch-politischen Rahmenbedingungen zurück; er fragt nach den Bedingungen der Möglichkeit humaner Existenz, entwickelt komplexe Bedingungsanalysen und lässt sich knapp als Bedingungsbewusstsein und Politik der Ressourcenschonung definieren. Man kann auch von einem ausgeprägten Sinn für die Kontingenz, Fragilität und Endlichkeit des politischen Lebens sprechen. Ein humanistischer Konservatismus fragt nach den politischen Bedingungen der Möglichkeit eines gelingenden Lebens. Hegel sprach hier von einem Primat der »Sittlichkeit« und »lebendigen Verhältnisse« vor der moralischen und juridischen Reflexion. Ein guter Staat ermöglicht nicht nur Demokratie (Identifikation und Partizipation), sondern auch liberale (grundrechtlich gesicherte) Freiheit vom Staat. Thomas Mann formulierte dies deutlich, indem er Freiheit von der Politik wünschte. Und er erfuhr an sich, dass gerade das »unpolitische« Leben, die relative Freiheit vom Staat, eine hochstufige politische Leistung ist, die Engagement voraussetzt. Seine *Betrachtungen eines Unpolitischen* formulierten diesen liberalen Konservatismus, den Willen zur Frei-

---

[17] Aristoteles wurde im 20. Jahrhundert u. a. von Dolf Sternberger eindrucksvoll aktualisiert, der sich dabei in der Nachfolge Arendts sah und ein Politikverständnis, das anti-institutionelle Einschläge und Schlagseiten hatte, stärker auf die Institutionen verwies. Mehrere Bände sind für dieses neo-aristotelische Verfassungsdenken innerhalb von Sternbergers gesammelten Schriften besonders einschlägig: so die Bände GS II, III, IV, X.

heit vom Staat, in weitläufigen polemischen Auseinandersetzungen mit dem jakobinisch politisierten Zeitgeist, der die Liberalität nicht als letzte Sinnbestimmung und Aufgabe eines demokratischen Staatswesens begreift. Bei Hegel heißt es:»Unter Patriotismus wird häufig nur die Aufgelegtheit zu außerordentlichen Aufopferungen und Handlungen verstanden. Wesentlich aber ist die Gesinnung, welche in dem gewöhnlichen Zustande und Lebensverhältnisse das Gemeinwesen für die substantielle Grundlage und Zweck zu wissen gewohnt ist.« (VII, 413) Politikdidaktiker unterscheiden hier mitunter den interessegeleiteten rationalen»Interventionsbürger«, der okkasionell agiert, vom dauererregten und engagierten Aktivbürger.

Für die Epoche der »konservativen Revolution« entwickelte Thomas Mann die Frage nach den Bedingungen und Möglichkeiten eines gelingenden, subjektiv glückenden und moralisch-politisch verantwortlichen Lebens beispielhaft: Er ging dabei vom »Verfall« der Verhältnisse aus, reflektierte – von frühen Gestalten des Scheiterns (Friedemann, Mindernickel) her – zunächst auf die anthropologische Möglichkeit eines subjektiv glückenden Lebens (Felix Krull) und stellte diese Frage nach den anthropologischen Möglichkeiten dann in den historisch-politischen Bedingungsrahmen zurück. Was er mit dem Josephroman für die abendländische Weichenstellung – eigentlich aber als Rückprojektion einer humanistischen Utopie – dabei grundsätzlich positiv beantwortete, sah er für die Gegenwart der deutschen Nationalgeschichte, mit Castorp und Leverkühn, negativ. Humane Perspektiven und Humanitätsvisionen kann nur entwickeln, wer die »lebendigen Verhältnisse« realisiert. Von den vielfältigen Konzeptionen des »Übermenschen«, die nach Nietzsche entwickelt wurden, ist Thomas Manns Werk am ehesten politisch und philosophisch vertretbar und vorbildlich. Mann hat auch das Stichwort von der »konservativen Revolution« initial in die Weimarer Debatten geworfen und, wie gezeigt, gegen die nationalistische Vereinnahmung programmatisch erneuert. Wenn der Grundansatz der Konservativen Revolution, als politisch-philosophische Frage nach den Bedingungen und Möglichkeiten eines gelingenden Lebens, heute noch eine Zukunft hat, dann nur auf dem Niveau und in den Spuren Thomas Manns. Heideggers Konstruktion des Heideggerianers ist dagegen als Zukunftskonzept dogmatisch verfehlt.

Siglenverzeichnis

Einige Kürzel erörterter Autoren werden in den jeweiligen Kapiteln erklärt. Heidegger wird hier nach der *Gesamtausgabe* (GA) zitiert, Goethe nach der *Hamburger Ausgabe* von Erich Trunz, Nietzsche nach den von Karl Schlechta herausgegebenen *Werken in drei Bänden* (München 1966), der von Colli / Montinari herausgegebenen *Kritischen Studienausgabe in fünfzehn Bänden* (KSA) sowie der *Kritischen Studienausgabe sämtlicher Briefe Nietzsches* (KSB), Thomas Mann nach den *Gesammelten Werken in 13 Bänden* (Frankfurt 1974), Gadamer nach den *Gesammelten Werken* (GW 10 Bde., Tübingen).

AH Hannah Arendt / Martin Heidegger: *Briefe 1925–1975 und andere Zeugnisse*, hrsg. Ursula Ludz, Frankfurt 1999

BH Rudolph Bultmann / Martin Heidegger: *Briefwechsel 1925–1975*, hrsg. Andreas Großmann / Christof Landmesser, Frankfurt 2009

HB Martin Heidegger / Elisabeth Blochmann. Briefwechsel 1918–1969, hrsg. Joachim W. Storck, Marbach 1990

HH *›Mein liebes Seelchen!‹ Briefe Martin Heideggers an seine Frau Elfride 1915–1970*, hrsg. Gertrud Heidegger, München 1970

HIB Martin Heidegger / Imma von Bodmershof: *Briefwechsel 1959–1976*, hrsg. Bruno Pieger, Stuttgart 2000

HJ Martin Heidegger / Karl Jaspers: *Briefwechsel 1920–1963*, hrsg. Walter Biemel / Hans Saner, Frankfurt 1990

HL Martin Heidegger / Karl Löwith: *Briefwechsel 1919–1973*, hrsg. Alfred Denker, Freiburg 2017

JH Ernst Jünger / Martin Heidegger: *Briefwechsel 1925–1975*, hrsg. Günter Figal, Stuttgart 2008

Nachweise

1. Langfassung eines Vortrags für die von Eva Marlene Hausteiner, Grit Straßenberger und Felix Wassermann organisierte Tagung »Politische Stabilität« der DVPW-Theoriesektion, 14.–16. März 2018 in Bonn
2. Vortrag vom 12. Juni 2016 auf dem Nietzsche-Kolloquium »Nietzsche und die Konservative Revolution« in Oßmannstedt
3. Teilabdruck in: Harald Seubert / Klaus Neugebauer (Hg.), Auslegungen. Von Parmenides bis zu den Schwarzen Heften, Freiburg 2017, 137–148
4. Unveröffentlicht
5. Gekürzt und erweitert aus: Philosophischer Literaturanzeiger 70 (2017), 119–124
6. Vortrag auf der Heidegger-Tagung Meßkirch 2017; unveröffentlicht
7. Vortrag vom 7. Mai 2016 auf der Jahrestagung der Martin Heidegger-Gesellschaft in Wien; Teilabdruck in: Harald Seubert / Klaus Neugebauer (Hg.), Auslegungen. Von Parmenides bis zu den Schwarzen Heften, Freiburg 2017, 148–166
8. Vortrag von 18. März 2016 auf der Jahrestagung der Ernst Jünger-Gesellschaft zum Thema »Ernst Jünger und das Judentum«, gekürzte Fassung in: Jünger-Debatte 1 (2017), 23–35
9. Unveröffentlicht
10. In: Neue Rundschau 127 (2016), 102–121
11. In: Renate Reschke (Hg.), Nietzscheforschung 22 (2015), 187–200
12. Unveröffentlicht